NORWEGEN

entdecken & erleben

Herausgeber: „abenteuer & reisen" / WDV Wirtschaftsdienst OHG
Gestaltung: Studio Klaus von Seggern, München

Printed in Germany.
1. Auflage 1995

NORWEGEN

entdecken & erleben

VON

CHRISTIAN NOWAK

abenteuer & reisen

INHALT

INFORMATIONEN NORWEGEN

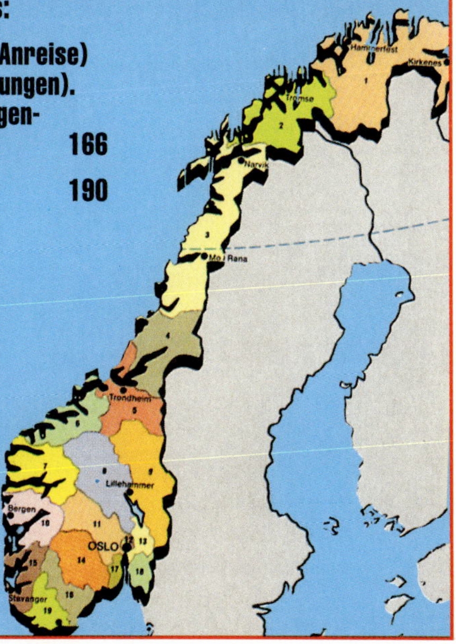

1 Oslo

Norwegens Pulsschlag

Die Stadtgrenzen bilden Wald und Meer: Oslo gilt als die grünste Hauptstadt Europas! Wo ein Fünftel der norwegischen Bevölkerung wohnt, konzentrieren sich auch Wirtschaft und Kultur.

Wo einst die Wikinger mit ihren Schiffen in See stachen, brod

Erstaunlich ist die fast zeitlos wirkende Form dieses Wikingerschiffes im Vikingskiphuset.

eute das Leben wie in allen großen europäischen Metropolen.

uch in der Innenstadt von Oslo tost der Verkehr wie in anderen europäischen Großstädten.

ebendiges Treiben am Spätnachmittag in der „Karl Johan", der Prachtstraße von Oslo.

Glückskinder sind alle, die übers Wasser nach Oslo komme

Eine Dampferfahrt durch den Oslofjord auf dem Weg nach Oslo läßt die landschaftliche Schönheit Norwegens ahn

Nach der langen Fjordfahrt landet man direkt im Zentrum.

Alle Wege führen nach **Oslo**! Wer mit dem Auto nach Norwegen kommt, wird die Hauptstadt des Landes sogar gleich am Anfang auf dem Programm haben, nur diejenigen, die mit der Fähre über Südnorwegen kommen, erreichen Oslo eventuell erst nach einer Rundfahrt durchs Land. Beim Anflug auf den Flughafen Oslo-Fornebu hat man eine gute Aussicht über die Stadt und ihre besonders reizvolle Lage zwischen Fjord und Wald.

Aber wahre Glückskinder sind all diejenigen, die über das Wasser nach Oslo kommen. Schon 100 Kilometer südlich des Stadtzentrums läuft das Schiff in den **Oslofjord** ein, aber der Übergang vom offenen Meer zum Fjord ist hier unmerklich, und auch an seiner engsten Stelle kann der Oslofjord nicht mit der Dramatik der steilen Fjordwände des Westens konkurrieren. Die ersten **Schären** sind nur vereinzelte Stecknadelköpfe, die in weiter Ferne aus dem Wasser ragen. Noch ist die Fahrrinne fast ohne Horizont,

Fridtjof Nansen vor seinem Schiff, der Fram.

wie der Ozean. Die Stecknadelköpfe werden zahlreicher und bald zu flachen, blankgeschliffenen Hügeln. Das Ufer rückt immer näher, und wie farbige Punkte tauchen die ersten Häuser in der grünen Landschaft auf. Ein Großstädter, der gelernt hat, mit Wohnsilos zu leben, muß neidisch werden auf diese „Bestwohnlagen", die in Norwegens Hauptstadt eher der Normalfall sind.

Zwischen den Städten Horten und Moss passiert das Schiff den ersten Engpaß, danach weitet sich der Oslofjord aber noch einmal zu einer Bucht, bevor er sich endgültig zum engen **Drøbaksund** verengt. An dieser Stelle läßt sich die Einfahrt nach Oslo so gut kontrollieren, daß sogar die friedfertigen Norweger nicht widerstehen konnten: Sie bauten hier eine Festung. **Oscarsborg** erlangte im Zweiten Weltkrieg traurige Berühmtheit: Am 9. April 1940 war der deutsche Kreuzer „Blücher" mit mehr als 2000 Mann Besatzung an Bord auf dem Weg nach Oslo, als ihn Kanonen und Torpedos vor Drøbak versenkten. Nur die Hälfte der Besatzung überlebte den Angriff. Auch heute noch liegt das Wrack auf dem Grund des Oslofjordes, allerdings sind seine Tanks mittlerweile so stark durchgerostet, daß sich die Norweger wegen des Öls ernsthafte Gedanken um eine Bergung machen.

Von Drøbak ist es dann nicht mehr weit bis Oslo. Die enge Fahrrinne ist wie ein Nadelöhr auf dem Weg in die Hauptstadt, durch das jedes Jahr viele Tausend Schiffe, vom kleinen Kutter bis zum Fährriesen, hindurch müssen. Jetzt endlich weitet sich der Blick auf die Hauptstadt selbst, die Häuserzeilen drängen sich um den hufeisenförmigen Fjord und ziehen sich die bewaldeten Berghänge hinauf. Die erste Visitenkarte Oslos ist die einer grünen Stadt am Wasser. Auch das Wahrzeichen der Hauptstadt, das Rathaus aus roten Klinkern, zeigt sich dem Schiffsreisenden ohne Scham wegen seiner plumpen und klobigen Form.

Wer mit dem Auto kommt, dem bleibt nur die E 6 als Zufahrt nach Oslo. Auf der rechten Seite der Straße stehen einige Häuser, die tapfer der pausenlos vorbeibrausenden Autolawine widerstehen, und der Blick aus dem linken Autofenster fällt auf Industrieanlagen, Bahngleise und Kais. Oslo als größter Hafen des Landes kann seine Besucher nicht anders willkommen heißen, denn Schiffahrt und Handel sind immer noch die Lebensnerven des Landes, und deshalb geht Zweckmäßigkeit allemal vor Schönheit.

Ein Besuch auf dem **Tryvannsturm**, dem Fernsehturm Oslos macht die häßlichen Hafen-

Der Hauptbahnhof zeigt Oslos Anspruch, eine europäische Metropole zu sein.

Nicht mal zwanzig Minuten mit der Straßenbahn, und man steht mitten in der Natur: in der „Marka", der Oslomark.

Beim Plausch in der Frühlingssonne.

anlagen jedoch schnell vergessen. Von der 600 Meter hoch über dem Fjord gelegenen Aussichtsplattform schweift der Blick über endlose Wälder, im Verhältnis dazu erscheint das Stadtgebiet winzig klein.

Ausgangspunkt für einen Stadtbummel ist der **Hauptbahnhof**. Auf die neue Bahnhofshalle könnte so mancher Flughafen neidisch werden, so gelungen zeigt sich der Bahnhof architektonisch. Es ist skandinavisch sauber hier, und auch das „Narvesen"-Restaurant ist ausnahmsweise kein Sammelplatz für gescheiterte Existenzen. Die Architektur des Gebäudes ist ein erster Hinweis darauf, daß Oslo gern in den Kreis der modernen europäischen Metropolen aufgenommen werden möchte.

Der **Jernbanetorget**, der Platz vor dem Bahnhof, ist Oslos innerstädtischer Verkehrsknotenpunkt, hier treffen sich alle Straßenbahnlinien, und die Busse kommen und gehen im Minutentakt.

Unübersehbar steht hier das **Oslo Plaza-Hotel**, dessen schlanker Turm mit seiner verspiegelten Glasfassade eher zu New York passen würde. Zum Glück ist das Gebäude ein Osloer Einzelstück und gilt eher als ein mißglücktes Experiment.

Vom Bahnhof aus führt die **Karl Johan**, die Lebensader und Achse der Stadt, geradewegs auf das Schloß zu. Sie ist die Antwort auf hartnäckige Behauptungen, Oslo sei eine langweilige Stadt, Norwegens Hauptstadt habe nur Provinzialität zu bieten. An einem sonnigen Sommertag ist die Fußgängerzone voll von Menschen, und die Geschäfte und Boutiquen versuchen all das zu verkaufen, was der moderne Mensch so zu brauchen glaubt. Auch die Straßencafés suggerieren südliches Flair. Und noch eine Überraschung: Ausnahmsweise trinken die Norweger mal keinen Kaffee. Bier ist das Sommergetränk ihrer Wahl – koste es, was es wolle.

Auf der rechten Seite tauchen als erstes die **Basarhallen** auf. In den Arkaden verstecken sich kleine und kleinste Läden: eine bunte Mischung vom Antiquitätenhändler bis zum Zeitungsladen, aber auch der Obst- und Gemüsehändler und die Kleinkunst sind dort zu Hause. Spätestens hier ist festzustellen, daß das alte Vorurteil, es gäbe in Norwegen kein frisches Obst, längst hinfällig ist. Diese Zeiten sind endgültig vorbei. Vor zehn Jahren war der Blick ins Obstregal manchmal noch recht deprimierend, heute herrscht überall pralle Fülle. Auch Exoten wie Kiwis, Papayas, Granatäpfel und Melonen, die allesamt nicht in norwegischen Treibhäusern wachsen, gibt es an jeder Ecke. Der Jet aus Chile, Argentinien und Südafrika macht's möglich.

Friedliche Betriebsamkeit auf der „Karl Johan" – die berittene Polizei ist meist arbeitslos.

Gleich hinter den Basarhallen schiebt sich die **Domkirke** ins Blickfeld. In dieser 1697 eingeweihten Kirche steht die größte Orgel des Landes. Außerdem sind eine Altarwand und eine Kanzel im Barockstil zu bewundern.

Im Grand Café trank schon Ibsen seinen Kaffee.

Mittlerweile hat auch die von italienischen Piazzas und griechischen Stränden bekannte Karawane der fliegenden Händler den hohen Norden erreicht: Porträtmaler, Sonnenbrillenverkäufer, Zopfflechter und „temporary tattoos“, Tätowierungen zum Ausprobieren für die Vorsichtigen, haben Hochkonjunktur. Auch die Straßenmusikanten geben ihr ganzes Repertoire zum besten: Vom Querflötenspieler, der im Straßenlärm völlig untergeht, über den zeitlosen Gitarrenspieler, der nostalgische Beatleslieder singt, bis zur professionellen Musik-Show mit Clown, Action und Akrobatik ist alles vertreten.

Auf halbem Weg zum Schloß öffnet sich die Karl Johan zu einer schmalen Grünanlage und dem **Storting**, dem Parlamentsgebäude. Das altehrwürdige Gebäude mit dem runden Mittelteil, den beiden Seitenflügeln und den löwenbewachten Auffahrten wirkt aber eher filigran. In ihm soll ein ganzes Parlament Platz haben? Welch ein bescheidenes Land! Nur die norwegische Fahne auf dem Dach läßt ahnen, daß im Storting hin und wieder getagt wird, ansonsten wirkt der Bau wie bei zwanzig Besuchen in Oslo zuvor: verlassen und unbewohnt. Nirgendwo schwarze Staatskarossen oder Dienstwagen mit Stern und Flagge, die vorfahren und eilige Parlamentarier abladen. Der Rasen vor dem Storting ist fest in der Hand der Sonnenanbeter. Eine Bannmeile, wie sie für den Deutschen Bundestag selbstverständlich ist, kennen die Norweger nicht. Selbst die Kurdendemonstration, direkt vor dem Storting auf dem **Eidsvolls Plass**, bringt niemanden aus der Ruhe. Aber auch die Demonstranten benehmen sich in Oslo gesittet: Sie tragen ein paar Transparente und lösen sich bald danach wieder auf. Liegt hier das Paradies für die paar berittenen Polizisten?

Auf der anderen Straßenseite steht das **Grand Hotel**, ein Treffpunkt historischer Berühmtheiten. Dies gilt besonders für das im Erdgeschoß untergebrachte **Grand Café**, in dem Henrik Ibsen seinen Stammplatz hatte und wo auch Edvard Munch und viele andere Künstler ihren Kaffee tranken. Der Innenraum mit dem großen Gemälde von Christian Krogh ist heute eine Mischung aus Wiener Kaffeehaus und luxuriösem Speisesaal. Im Sommer jedoch drängen sich die meisten Besucher viel lieber auf den unbe-

Im eher schlicht wirkenden Storting tagt das norwegische Parlament.

quemen Stühlen draußen auf dem schmalen Bürgersteig. Der Winter ist die bessere Zeit, dem Grand Café einen Besuch abzustatten. So gemütlich muß es hier im letzten Jahrhundert gewesen sein. Vielleicht kommt ja ein Ibsen-Nachfolger herein und setzt sich mit grimmiger Miene an seinen Tisch.

Auf der rechten Seite der Karl Johan folgt dann die **Universität** und, mitten in der Grünanlage, das **Nationaltheater**, vor dessen Eingang die respektgebietenden Figuren von Bjørnsterne Bjørnson, Henrik Ibsen und Ludvig Holberg Wache halten. Nur die Möwen kennen keine Achtung vor den Größen der norwegischen Kultur.

Oslos Lebensader endet im Nordwesten mit dem **Schloß**, einem 1848 fertiggestellten Empirebau, der von einem großen Park umgeben ist und damals für den norwegisch-schwedischen König Karl Johan gebaut wurde. Die Innenräume bleiben der Königsfamilie vorbehalten, hier sind Besucher unerwünscht, denn sogar Monarchen zum Anfassen wollen gelegentlich ungestört sein. Dafür ist aber der Schloßpark eine für alle offene Oase der Ruhe nach der Hektik der Geschäftsstraße.

verkauft werden. Die „kleine Nußschale" mutet wie ein Anachronismus inmitten der ausgedehnten Hafenanlagen an.

Über dem Fjord thront die **Festung Åkershus**, die erstmals um 1300 in der Stadtgeschichte erwähnt wurde. Aus dieser Zeit sind aber nur noch einige Mauern übriggeblieben. König Christian IV. ließ Åkershus im 17. Jahrhundert umbauen und machte aus der mittelalterlichen Burg ein Renaissance-Schloß. Aber schon im 18. Jahrhundert hatte keiner mehr Interesse an dem Bau, und er verfiel. Seine wechselvolle Geschichte setzte sich im Zweiten Weltkrieg fort, als die Deutschen die Festung in Beschlag nahmen und ihr Hauptquartier in Åkershus einrich-

Gleich hinter dem roten Klinkerbau des Osloer Rathauses beginnt die Hafenmole.

Den Hafen überragt das rote **Rathaus**. Was ist über diesen Klinkerbau nicht schon alles geschrieben worden? Selbst die Osloer sind gespaltener Meinung, geht es um seine Ästhetik. Aber kein Weg führt am Wahrzeichen der Stadt vorbei. Quadratisch und praktisch von außen, überrascht der zur 900-Jahr-Feier im Jahr 1950 eingeweihte Bau mit großen Wandgemälden im Innern. Den Vorplatz des monumentalen Klinkerbaus zieren pralle Skulpturen. Der Rathausplatz, im Sommer autofrei, liegt unmittelbar am Fjord, an Hafenromantik erinnert aber nur noch ein kleines Fischerboot, auf dem „reker", frische Krabben,

Fast südliches Flair prägt die „Via Veneto des Nordens": Auf der „Karl Johan" zwischen Schloß und Bahnhof gibt man sich weltmännisch.

teten. Heute wird die Festung von der norwegischen Regierung zu Repräsentationszwecken genutzt, die Grünanlagen zwischen den Burgwällen sind eine bei Osloern und Touristen beliebte Parkanlage mit einem schönen Blick über den Hafen und das Rathaus.

Zum Abschluß des ersten Stadtrundganges noch die **Åker Brygge**, das neue Zentrum der Stadt, das der Karl Johan ernsthaft Konkurrenz macht. Am Hafenbecken **Pipervika**, direkt am Rathausplatz, ist aus den alten Hafenanlagen eine moderne Glitzerwelt entstanden. Exklusive Geschäfte unter Glaskuppeln, Galerien, Pubs und Restaurants – kurz, alles was teuer ist, ist in Åker Brygge zu finden. Im Sommer spielt sich das Leben vor der Tür ab, die ganze Mole besteht aus einer langen Reihe von Lokalen, und sonnenhungrige Menschen geben sich dem Biergenuß aus Pappbechern hin. Vor allem die Jugend amüsiert sich, denn Musik gibt es live und gratis von der Dixieland-Band auf dem Ponton nebenan. Der Blick auf den mit Booten übersäten Oslofjord läßt fast so etwas wie Hafenromantik aufkommen. Auch die Ausflugsdampfer, die Touristen durch den Fjord schippern, und die Boote zur Museumsinsel **Bygdøy** starten von hier.

Von der Anlegestelle auf Bygdøy ist es nur ein kurzer Weg bis zum **Vikingskiphuset**, in dem drei Schiffe und archäologische Funde aus der Wikingerzeit ausgestellt sind. Die Schiffe stammen aus Oseberg, Gokstad und Tune. Von dem Tune-Schiff sind nur noch Reste erhalten, aber die anderen beiden sehen noch so gut aus, als ob sie gleich in See stechen könnten. Wahrscheinlich sind sie nur deshalb noch in solch gutem Zustand, weil in ihnen Mitglieder von Königsfamilien der Wikinger zusammen mit Schmuckstücken, Tieren, Lebensmitteln und Sklaven beigesetzt worden sind. Die Schiffe mit den Grabbeigaben wurden mit Erde und Steinen bedeckt und so über 1000 Jahre hinweg konserviert. Schließlich sollten die Boote die Verstorbenen unbeschadet ins Reich der Toten bringen. Das Gokstad-Schiff ist schlicht und hochseetüchtig. Mit solchen Schiffen haben die Wikinger wohl einst Amerika entdeckt. Das Oseberg-Schiff dagegen ist an Bug und Heck mit prächtigen Schnitzereien verziert. Vor allem die Form der Wikingerschiffe ist einfach perfekt, sie sind ästhetische Meisterwerke der frühen Menschheit.

Die meisten Norweger empfinden Oslos Rathaus nicht gerade als schön.

Wo sich Geschichte und Tradition Norwegens konzentrieren: Bygdøys Museen gewähren umfassenden Einblick in Kultur und Entdeckertaten.

Auf Bygdøy haben auch die jüngeren norwegischen Entdecker und ihre außergewöhnlichen Transportmittel ihren „Hafen" gefunden. Im **Kon-Tiki-Museum** stehen die Fahrzeuge Thor Heyer-

Thor Heyerdahls „Ra II“ im Kon-Tiki-Museum.

dahls, der mit dem Balsafloß Kon-Tiki und fünf Mann Besatzung 1947 von Peru bis nach Polynesien segelte. Außerdem ist das Schilfboot „Ra II“ ausgestellt, mit dem er 1970 von Marokko nach Barbados segelte. Mit seinen Fahrten wollte er beweisen, daß auch primitive Boote, wie sie schon seit Jahrtausenden von der Menschheit gebaut wurden, die Weltmeere überqueren können.

Den Abenteurern der arktischen Gewässer ist das **Framhuset** gewidmet. Die „Fram“, 1893 gebaut, ist ein dickbäuchiges, gedrungenes Holzschiff, das für den Einsatz im Treibeis lediglich mit ein paar Eisenschienen am Bug verstärkt wurde. Auf ihr fuhren neben Fridtjof Nansen auch Otto Sverdrup und Roald Amundsen. Kein Schiff drang jemals so weit in die nördlichen und südlichen Polgewässer vor wie die „Fram“. Der Abstieg in den Holzbauch des Schiffes und in die Quartiere der Mannschaft ist eine nostalgische Reise in die Zeit der großen Helden, die davon träumten, die Pole zu erobern.

Bygdøy beherbergt aber nicht nur einen einzigartigen Museumskomplex, es gehört auch zu den grünen Vororten, wohin sich die Osloer nach Ladenschluß zurückziehen. Wenn in der Karl Johan das geschäftige Treiben erlischt, streben die Menschen zu ihren Einfamilienhäuser, die von üppig grünen, gepflegten Gärten umgeben sind. Die Museumsinsel ist ein Refugium der Reichen. Auch Bygdøy hat natürlich seinen Badestrand am Fjord, verborgen in einer Parkanlage. Ein Blick auf die Nummernschilder der Autos auf dem Parkplatz enthüllt, daß sich offenbar kein ausländischer Tourist aus den Museen an diesen Strand verirrt hat.

Von Bygdøy ist es nur ein kurzes Stück zum **Frognerparken**, einer großen Parkanlage nordwestlich des Stadtzentrums. Denn neben den Wäldern in der Nähe profitieren die Osloer auch von den zahlreichen „grünen Lungen“ im Stadtgebiet. Statistiker haben ausgerechnet, daß es insgesamt acht Quadratkilometer sind. Der Frognerparken ist von all diesen innerstädtischen Grünflächen eine der größten, ein Teil davon ist die **Vigelandsanlegget**. Die Vigeland-Anlage ist das Vermächtnis des Bildhauers Gustav Vigeland (1869–1943). In einem jahrelangen Arbeitsrausch hat er Hunderte von teilweise riesigen Figuren geschaffen. Höhepunkt der Skulpturenlandschaft ist der Monolith, eine 17 Meter hohe Steinsäule aus ineinander verschlungenen Menschenleibern. Um den Monolithen herum stehen weitere Steinkolosse, überlebensgroße nackte Menschen jeden Alters. Unterhalb dieser Steinsäule plätschert ein Brunnen, dessen Schale von einem Kreis starker Männer,

Sommerliches Grün im Bogstad Gård, einem beliebten Ausflugsziel.

Vorgängern der Bodybuilder, getragen wird. Die Figuren und Skulpturen sind vielleicht nicht jedermanns Geschmack. In ihrer einfachen Monumentalität erinnern sie stark an die deutsche Kunst unter dem Nationalsozialismus in den dreißiger und vierziger Jahren. Für die Norweger ist der Frognerparken ein Eldorado für Jogger, Radfahrer und Spaziergänger. Auch Liebespaare treffen sich gern bei den Steinriesen und schmiegen sich in die Rundungen der Figuren. Die Kinder machen Klimmzüge an den Skulpturen, und die Möwen setzen Vigelands Werken ohne jeden Respekt immer wieder weiße Hüte auf.

Schon vom Ufer des Fjords aus fällt die markante Silhouette der **Holmenkollenschanze** ins Auge. Vom Frognerparken aus fährt die Holmenkollenbahn bis fast zur Sprungschanze, deren kühn geschwungener Schanzentisch sich nicht ängstlich, wie die Neubauten in Lillehammer, an den Berg lehnt, sondern stolz Profil zeigt. Der Turm bietet eine einzigartige Aussicht über die Stadt und läßt immer wieder den Mut der Skispringer bewundern, die sich von hier aus in die Tiefe stürzen. Die Schanze beherbergt darüber hinaus das **Skimuseum**, das die komplette Geschichte von Skiern, Bindungen und Wachs erzählt. Wer könnte nach dem Besuch des Skimuseums noch daran zweifeln, daß die Norweger das Skilaufen erfunden haben?

Oslo hat seinen Namen im Lauf der Geschichte mehrfach gewechselt. Die allererste Ansiedlung am Fjord wurde Aslo genannt, was so viel wie Ebene der Götter oder Gottesfeld bedeutet. Danach hieß die Stadt dann Oslo, bis der Dänenkönig Christian IV. sie nach dem Großbrand von 1624 in Christiania umtaufte. Ab 1877 wurde die Schreibweise in Kristiania geändert, und erst 1925 bekam die Stadt ihren alten Namen Oslo wieder.

Das Stadtgebiet umfaßt 454 Quadratkilometer – reichlich Platz für 460.000 Menschen. Berlin, das ebenfalls in dem Ruf steht, eine grüne Stadt zu sein, hat ungefähr die doppelte Fläche zur Verfügung, muß darauf aber fast vier Millionen Menschen unterbringen. Das Verkehrschaos haben auch die Osloer nie in den Griff bekommen, trotz jahrzehntelanger verbissener Bautätigkeit. Mittlerweile ist fast die ganze Innenstadt untertunnelt, aber die Hoffnung, die Blechkolonnen würden sich dann etwas schneller vorwärtswälzen, hat sich nicht erfüllt. Die Fahrt durch die Stadt während der Rushhour ist genauso strapaziös und zeitraubend wie in jeder anderen Großstadt. Auch die elf Kronen, die jeder Autofahrer zahlen muß, wenn er ins Zentrum will, hindern niemanden daran, dorthin zu fahren.

Mehr als die Hälfte der norwegischen Hauptstadt ist vom Wald der **Oslomark** bedeckt, und versteckt in den Wäldern liegen mehr als 300 Seen, Ziele für Erholungssuchende vor allem im Sommer. Auf der Wasseroberfläche des Nöklevann, direkt an der östlichen Stadtgrenze und mitten im Wald gelegen, blühen Seerosen. Ein Idyll vor den Toren der Großstadt. Am Ufer gibt es ein paar Felsen und einige kleine Wiesen. Hier sonnen sich die Osloer nach Feierabend, wenn sich die Karl Johan leert. Als Naturschützer ist man geneigt, die Leute sofort vom See zu verjagen, sie stören schließlich die Vögel und zertrampeln bestimmt die Ufervegetation.

Aber die Osloer baden hier schon seit Jahrzehnten, und dem See hat es nicht geschadet. Wahrscheinlich leidet die Natur hier weniger als anderswo, weil fast jeder Norweger seinen eigenen See hat und so die Natur nicht überstrapaziert wird.

Beim Skispringen auf der Holmenkollen-Schanze.

Ein Ausflug nicht nur für Skisportinteressierte: Vom Holmenkollen hat man einen herrlichen Blick über Oslo.

Sonnenhungrige Norweger am Huk-Strand auf der Insel Bygdøy

Im Vigelandsanlegget wartet eine wahre Skulpturenlandschaft auf erholungsbedürftige Besucher.

HAUPTSTADT AM FJORD

„Os!o – You won't believe it!" – mit diesem reißerischen Slogan vermarktet die Kapitale am Oslofjord ihre touristische Vielseitigkeit. Die wirtschaftliche Führungsposition der angeblich „grünsten Hauptstadt Europas" ist unbestritten, aber daneben hat das frühere Kristiana noch mehr zu bieten – Kultur, Prunk-Boulevards, Nachtleben, und nicht zu vergessen: den breiten grünen Gürtel der Oslomark.

Rund um den Oslofjord liegen die Provinzen Østfold, Åkershus, Vestfold und die Hauptstadt Oslo selbst. Trotz der für norwegische Verhältnisse dichten Besiedlung hat die Region einen hohen Freizeitwert. Viele Freizeitaktivitäten spielen sich auf dem Wasser ab.

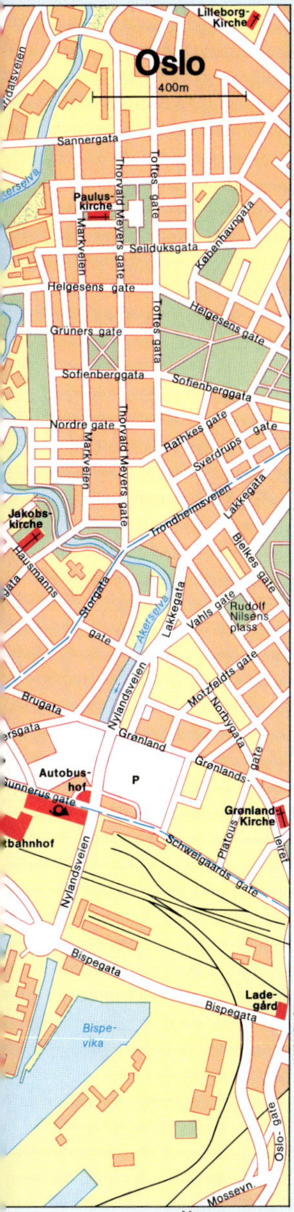

Auch der bis zu 50 km breite Waldgürtel der Oslomark bietet weitläufige Oasen der Ruhe, die man so nah bei der Hauptstadt nicht unbedingt erwartet.

INFORMATIONEN

NORWEGEN INFORMATIONSZENTRUM
Vestbaneplassen 1
N-0250 Oslo
Tel. 22 83 00 50
Fax 22 33 43 89

ÅKERSHUS REISELIVSRÅD
Schweigaardsgt. 4
N-0185 Oslo
Tel. 22 05 58 75

Äußerst empfehlenswert: die Oslo-Kortet. Für 110 NOK (2 Tage 190 und 3 Tage 240 NOK) bietet sie einen Tag lang freien Eintritt zu allen Museen und Sehenswürdigkeiten, unbegrenzte Fahrten mit Straßenbahn, Bus, U-Bahn, Boot und Fähren im Großraum Oslo sowie kostenloses Parken auf allen städtischen Parkplätzen.
Außerdem bekommem Inhaber der Oslo-Karte noch viele weitere Ermäßigungen.
Sie ist in den meisten Hotels, auf Campingplätzen, im Touristenbüro, an Kiosken und Tankstellen jederzeit erhältlich.

MUSEEN

Museumsinsel Bygdøy (Boote vom Rådhusplass):

KON-TIKI-MUSEUM
Heyerdahls Kon-Tiki-Floß und das Papyrusboot Ra II.
9 – 18 Uhr.

NORWEGISCHES SEEFAHRTS-MUSEUM
Reichhaltiges Anschauungsmaterial über Fischfang, Bootsbau, Seefahrt, Tiefseearchäologie und viele Bootsmodelle. 10 – 19 Uhr.

NORWEGISCHES VOLKSMUSEUM
Freilichtmuseum mit vielen alten Holzgebäuden. 10 – 18 Uhr.

OSCARSHALL
Lustschloß König Oscars I. im englisch-gotischen Stil.
So 11 – 16 Uhr.

WIKINGER SCHIFFSHALLE
Zwei vollständig erhaltene Wikingerschiffe aus dem 9. Jahrhundert, viele Funde aus Wikingergräbern.
9 – 18 Uhr.

FRAM-MUSEUM
Polarschiff Fram, mit dem Fridtjof Nansen durchs Nordpolarmeer fuhr. 9 – 18 Uhr.

Weitere Museen in Oslo:

ARCHITEKTURMUSEUM
Josefinesgt. 32
Wechselnde Ausstellungen über norwegische Architektur ab 1900.
Di – Fr 11 – 16 Uhr; Sa u. So 12 – 16 Uhr.

BARNEKUNSTMUSEUM
Lille Frøensvei 4
Kinderkunst aus 150 Ländern, Zeichnungen, Gemälde und Skulpturen. Dazu Aktivitäten für Kinder.
Di – Do u. So 11 – 16 Uhr.

BYMUSEUM OSLO
Frognerveien 67
Im Herrenhof im Frognerparken, Ausstellungen zu Wachstum und kulturellem Leben der Hauptstadt.
Di – Fr 10 – 18 Uhr; Sa u. So 11 – 17 Uhr.

ETHNOGRAPHISCHES MUSEUM
Frederiksgt. 2
Wechselnde Ausstellungen zu außereuropäischen Kulturen.
Di – So 11 – 15 Uhr.

FORSVARSMUSEET UND HEIMATFRONTMUSEUM
Festung Åkershus
Dokumentation der Besetzung Norwegens während des Zweiten Weltkrieges.
Mo – Fr 10 – 18 Uhr; Sa u. So 11 – 16 Uhr.

HENIE-ONSTAD-KUNSTZENTRUM
Høvikodden, 12 km westlich der City. Größte Sammlung moderner Kunst in Norwegen, Stiftung der Eiskunstläuferin Sonia Henie und ihrem Mann Nils Onstad.

IBSEN-MUSEUM
Arbins Gate 1
Ibsens Wohnung in Oslo von 1895 bis zu seinem Tod.
Di – So 12 – 15 Uhr.

MUNCH-MUSEUM
Tøyengata 53
Umfassender und repräsentativer Querschnitt durch das Werk des Expressionisten Edvard Munch.
Mo – Sa 10 – 18 Uhr;
So 12 – 18 Uhr.

NATIONALGALERIE
Universitetsgt. 13
Größte Sammlung norwegischer und ausländischer Kunst.
Mo, Mi, Fr, Sa 10 – 16 Uhr;
Do 10 – 20 Uhr; So 11 – 15 Uhr.

POST-MUSEUM
Kirkegt. 20
Große Briefmarkensammlung, Dokumentation der 350jährigen Geschichte der Post.
Mo, Di, Mi, Fr 10 – 15 Uhr;
Do 10 – 18 Uhr.

SKI-MUSEUM
Holmenkollen, Kongeveien 5
Geschichte des Skilaufs, der Polexpeditionen Nansens und Amundsens. In der Skisprungschanze.
Mai u. Sept. 10 – 17 Uhr;
Juni u. Aug. 9 – 20 Uhr;
Juli 9 – 22 Uhr.

VIGELAND-MUSEUM
Nobelsgt. 32
Atelier und Wohnung des Bildhauers Gustav Vigeland.
Di – Sa 10 – 18 Uhr;
So 12 - 19 Uhr.

SEHENSWÜRDIGKEITEN

BOTANISCHER GARTEN
Sarsgt. 1
Parkanlage, Gewächshaus, botanisches Museum.
Mo – Fr 7 – 20 Uhr;
Sa u. So 10 – 20 Uhr.

ÅKERSHUS SCHLOß UND FESTUNG
Åkersgata
Mittelalterliche Burg, umgebaut zur Festung und zum Renaissanceschloß.
Festungswälle von 6 – 21 Uhr geöffnet, Ausstellungen Mo – Fr 10 – 16 Uhr, Sa u. So 11 – 16 Uhr.

DAMSTREDET
Fredensborgveien
Reizvoller Stadtteil mit alten Häusern aus dem 19. Jahrhundert.

Obelisk in Vigelandsanlegget.

DOMKIRCHE
Stortorvet 1
Sehenswerte Altartafel, Schnitzereien, Decken- und Glasmalereien.
10 – 16 Uhr.

VIGELAND-PARK
Auch Frognerparken genannte Parkanlage mit 200 Skulpturen Gustav Vigelands. Tram-Linie 2 in Richtung Majorstuen.
Rund um die Uhr geöffnet.

STRÄNDE

HUK UND PARADISBUKTA
Auf Bygdøy, bekanntester Badeplatz Oslos mit großem Parkplatz, Bus Nr. 30.

ROLFSTANGEN
In der Nähe des Flughafens Fornebu.

ULVØYA UND HVERVENBUKTA
An der Ostseite des Oslofjordes, gut zu erreichen über die E 6.

HOVEDØYA
Unbewohnte Insel direkt vor dem Stadtzentrum im Oslofjord.
Kurze Bootstour von Vippetangen bei der Festung Åkershus. Sehenswerte Ruinen eines Zisterzienserklosters.

LANGØYENE
Wunderschöne Badeinsel mitten im Fjord, Boote von Vippetangen.

BOGSTADVANNET
Großer Badesee in der Oslomark, direkt am Campingplatz Bogstad.

SOGNSVANN
Großer Badesee an der nördlichen Stadtgrenze, U-Bahn Nr. 13.

NØKLEVANN
Kleiner Waldsee, etwa 15 km östlich vom Zentrum.

UNTERKUNFT

Die Liste der guten Hotels ist lang, doch die Unterkünfte sind allgemein sehr teuer. Alle Osloer Hotels lassen sich in der Touristeninformation buchen. Im Hauptbahnhof gibt es eine Vermittlung von Privatzimmern, allerdings ist keine Vorbestellung möglich.

GRAND HOTEL
Karl Johansgt. 1
Tel. 22 42 93 90

NOBEL
Karl Johansgt. 33
Tel. 22 42 74 80
Zwei der feinsten Adressen in Norwegen. Luxus im altehrwürdigen Stil.
DZ etwa 1000 NOK.

VIKA ATRIUM HOTEL
Munkedamsvn. 45
Tel. 22 83 33 00

DET NYE CITY HOTEL
Skippergt. 19
Tel. 22 41 36 10
Zwei Mittelklassehotels; gepflegt und zentral. DZ etwa 500 NOK.

OSLO VANDRERHJEM HARALDSHEIM
Haraldsheimvn. 4.
Die Jugendherberge ist nicht nur für junge Leute eine preiswerte Alternative.
Tel. 22 15 50 43.

COCHS PENSJONAT
Parkveien 25. Tel. 22 60 48 36.

ELLINGSENS PENSJONAT
Holtegaten 25. Tel. 22 60 03 59.

CAMPINGPLÄTZE

BOGSTAD CAMPING
Mit Hüttenvermietung. Großer und fast immer voller Platz, aber komfortabel und nahe am Badesee.
Ganzjährig geöffnet.
Tel. 22 50 76 80.

EKEBERG CAMPING
Ekebergvn. 65, geöffnet vom 1.6. – 31.8., gute Zentrumslage.

STUBLJAN CAMPING
In der Herzenbukta, gut 10 km südlich vom Zentrum, geöffnet vom 1.6. – 31.8.
Tel. 22 61 27 06.

RESTAURANTS

Die Stadt hat mittlerweile vor allem in der Innenstadt eine Unmenge von Cafés, Pubs und Restaurants zu bieten. Da jedoch die Besitzer sehr häufig wechseln, sind nur „vorsichtige Empfehlungen" möglich.
Essen und Trinken ist in Oslo generell ein teures Vergnügen – außer in Selbstbedienungsrestaurants.
Häufig gilt ein Mindestalter, meistens liegt es zwischen 18 und 22 Jahren.
Fast alle Lokale sind bis Mitternacht, manche auch noch länger geöffnet.

GRAND CAFÉ
im Grand Hotel, Karl Johansgt. 31.
Der Klassiker unter den Cafés, hier scheint die Zeit stillzustehen.

CAFÉ BACCHUS
Dronningensgt. 27.
Stilvolles Café im alten Eisenbahngebäude in den Basarhallen.

CAPPUCCINO
Dronningensgt. 27.
Oslos gemütlichstes Freiluftcafé. Wie eine Oase hinter der Domkirche.

DA VINCI BAR
Grensen 10.
Italienischer Luxus in einem 100 Jahre alten Gebäude.

DET GAMLE RAADHUS
Nedre Slottgt. 1
Ältestes Restaurant von Oslo. Norwegische Spezialitäten.

KRISTIANIA
Kristian IV's gt. 12
Schloßatmosphäre des 18. Jahrhunderts.

STORTORVETS GJESTGIVERI
Grensen 1.
Das Gebäude aus dem 18. Jahrhundert hat eine Tradition als Restaurant seit 1881.

SYDVESTEN
Kirkegt. 30.
Fischrestaurant der Oberklasse im Stil einer nordnorwegischen Fischerhütte.

LEKTER'N
Stranden 3.
Eine der größten Touristenattraktionen auf Åker Brygge. Viel Trubel und Live-Musik.

Der verschneite Eingang zum Park Hotel in Holmenkollen.

AUSFLÜGE

BLAAFARVEVAERKET UND KOBALTGRUBEN
Åmot i Modum, etwa 70 km westlich von Oslo.
Das königliche Blaufärbewerk wurde 1770 gegründet, in den Gebäuden gibt es Ausstellungen bekannter skandinavischer Maler.
10 – 20 Uhr.

FREDRIKSTAD
Besterhaltene Festungsstadt Nordeuropas, an der Mündung des Glomma-Flußes, etwa 40 km südlich von Oslo.
1567 von König Frederik II. gegründet. Altstadt mit Festungsgraben, Zugbrücke, Wällen und Stadttoren. Außerhalb ist das Kongsten Fort sehenswert.
Historische Führungen in der Hauptsaison Mo – Fr 11, 12.30; 14.00 und 15.30 Uhr; Sa 11 und 13 Uhr; So 12.30 und 14.30 Uhr.
Vor Fredrikstad liegt das Schärengebiet Hvaler. Die Inseln sind alle mit Brücken verbunden und bieten viele schöne Badestrände.

FESTUNG FREDRIKSTEN
In Halden südöstlich von Oslo auf einem Hügel hoch über der Stadt.

Insider News

GLASHÜTTE HADELAND
In Jevnaker, etwa 60 Min. westlich von Oslo, steht die älteste Glashütte Norwegens (in Betrieb seit 1762). Man kann den Glasbläsern bei der Arbeit zusehen und anschließend das größte Glasmuseum Skandinaviens besichtigen.

2 Der Süden

Die norwegische Riviera

Die Schärenküste am Skagerrak ist das Badeparadies der Norweger. Weiße Dörfer, Strände und Sonne lassen an das Mittelmeer denken.

Besterhaltenes altes Dorf Europas", mit diesem Titel durfte sich **Lyngør** 1991 schmücken. Ist dies bloß eine Auszeichnung, um ein größeres Stück vom Touristenkuchen abzubekommen, oder handelt es sich vielleicht wirklich um ein sehenswertes Dörfchen? Der erste Blick auf die Landkarte macht Appetit, denn Lyngør liegt auf einer Insel vor der norwegischen Südküste, ziemlich genau in der Mitte zwischen Larvik und Kristiansand, dort also, wo es die schönsten Küstenstädtchen gibt.

Das Dorf liegt im Meer, auf einer Handvoll Felsen mitten im Gewirr des Schärengartens. Doch obwohl nur einen Katzensprung vom Festland entfernt, sucht man eine Brücke vergebens. Wer nach Lyngør will, muß das Wassertaxi oder das Linienschiff nehmen, das aber nur Platz für 20 Passagiere hat. Das Auto bleibt zurück, Lyngør ist eine exklusive Oase für Fußgänger.

Der erste Kontakt mit dem Kleinod im Meer bildet „Den Blå Lanterne", ein imposantes, weiß-blau gestrichenes Holzhaus direkt an der Bootsanlegestelle. Es ist ein Restaurant der gehobenen Preisklasse, Cafe mit Sonnenterrasse und Inselmuseum in einem. Im zweiten Stock der „Blauen Laterne" hat der Besitzer Asbjørn Andersen die Vergangenheit Lyngørs in die Gegenwart hinübergerettet. Nicht nur auf seine gute Küche, auch auf das kleine Museum ist er mächtig stolz. Die Gäste speisen direkt im Museum, an dessen Wänden alte Fotografien hängen und von den Zeiten erzählen, als die Schiffe noch unter geblähten Segeln fuhren. In der „Blauen Laterne" schlägt das Herz der vier Inseln Holmen, Odden, Lyngørsiden und Steinsøya, die sich der Einfachheit halber Lyngør nennen. Asbjørn Andersen blättert in einem dicken Ordner, in dem die Geschichte jedes einzelnen Hauses auf Lyngør dokumentiert ist. Wer hat wann wo gewohnt, und wann haben Häuser den Besitzer gewechselt – jedes Detail ist vermerkt. Mit viel Mühe ist so eine fast lückenlose Inselhistorie entstanden.

Inmitten der Schärenlandschaft liegt Lyngør, Europas besterhaltenes altes Dorf.

An der „Blauen Laterne“ beginnt auch der Panoramaweg über die Inseln. Er schlängelt sich zwischen den Häusern hindurch, anscheinend nur zu dem Zweck angelegt, den neugierigen Besuchern alle Sehenswürdigkeiten der Insel schnellstmöglich zu präsentieren. Eigentlich wurde er aber für die Einheimischen gebaut, damit sie ihre Nachbarn besuchen können.

Weiß ist auf Lyngør die alles dominierende Farbe, ein rot gestrichenes Haus ist die Ausnahme, und das einzige Haus in Schweinchenrosa läßt stummen Protest, vielleicht sogar Anarchie vermuten. Hier zeigt sich die typische Südküstenarchitektur besser als in jedem Werbeprospekt.

Lyngør ist aber kein Kunstprodukt für Touristen und auch kein frisch gestrichenes Museumsdorf. Hier leben Menschen, die ihre Blumenbeete liebevoll und mit Eifer vom Unkraut befreien, die am Nachmittag auf der Terrasse mit Blick aufs Meer sitzen, Kaffee trinken und am Abend den Grill anwerfen. An einem sonnigen Julitag trübt nichts die Idylle, das Wasser glitzert in der Sonne, und die Blüten glänzen in südländischer Üppigkeit.

Aber Lyngør war nicht immer solch eine Idylle. Seine wechselvolle Geschichte begann schon zur Sagazeit, als die Küste besiedelt wurde. Ab 1800 erlebte Lyngør dann einen regelrechten Bauboom, und in dem geschützten Hafen lagen oft mehr als 100 Boote. Der Wohlstand war auf die Inseln gekommen, die Häuser wurden jetzt zweistöckig gebaut, teilweise im zeitgeistigen Stil des Empire, dann im sogenannten Schweizerstil mit reichhaltigen Verzierungen. Mit Natursteinen wurden Terrassengärten angelegt, denn schon damals war der Platz auf den Inseln knapp und jeder Quadratmeter kostbar. Zu Beginn des 20. Jahrhunderts kam der Rückschlag: Plötzlich war die Zeit der Segelschiffe vorbei, und Lyngør verpaßte den Anschluß an die moderne Zeit. Schnell war der Wohlstand dahin, die Menschen begannen wegzuziehen – auf der Suche nach Geld und Arbeit gingen viele aufs Festland. Von den Häusern blätterte die Farbe ab, und allmählich fiel Lyngør in einen Dornröschenschlaf.

Heute leben wieder 110 Menschen auf den vier Inseln, nicht als Sommergäste, sondern das ganze Jahr über. Sie haben sich eine Schule, ei-

Wie ein Vorposten im Meer – eine typische Küstenlandschaft in Sørland.

Kein Photograph läßt Lyngør links liegen. Aber das pittoreske Dorf ist kein Museum, die romantische Idylle gibt es immer noch!

nen Lebensmittelladen, eine Post und eine Bootsverbindung zum Festland erkämpft und damit anscheinend ihre Zukunft auf Lyngør gesichert.

Die alteingesessenen Bewohner von Lyngør bieten eine Inselwanderung an, auf der sie von vergangenen Zeiten erzählen und so die Touristen für eine Weile an der Inselgemeinschaft teilhaben lassen – ein Angebot, das schon mehrere Tausend Besucher begeistert hat.

Wieder zurück auf dem Festland steht die Zeit plötzlich nicht mehr still, und die Ruhe findet ein jähes Ende. Auf der Mole von **Gjeving** sind die Baumaschinen dabei, dem Meer ein paar Quadratmeter Land abzuringen und Platz für Eigentumswohnungen zu schaffen. Einige Meter weiter fressen sich die schweren Maschinen durch die Felsen. Hier entsteht eine neue Straße, die zu einer kleinen Einfamilienhaussiedlung führt. Vor dem Bau der Häuser mußten riesige Felsbrocken weggesprengt werden, was den Charakter der Schären total verändert hat.

Schaut man auf diese gravierenden Eingriffe in die Natur, hat sich Lyngør den Titel des bestbewahrten altes Dorfes redlich verdient.

Lyngør ist eine Perle, aber die norwegische Südküste gleicht einer ganzen Perlenkette. Zwischen Larvik und Kristiansand liegen sie, die typischen Küstenstädte des Südens: Kragerø, Risør, Tvedestrand, Arendal, Grimstad oder Lillesand. Was für ein Kontrast zu den Gehöften in den Tälern im Landesinnern: War dort das Leben oft geprägt von Armut und dem harten Klima, ist die Südküste seit jeher sonnenverwöhnt, und man sieht den Häusern an, daß die Menschen hier gute Zeiten gesehen haben. Bootsbau und Holzhandel brachten im letzten Jahrhundert reichlich Geld an die Südküste.

Romantische Abendstimmung im hufeisenfömigen Hafen von Risør.

Und noch ein Superlativ: „Norwegens bester Ort für Bootstouristen“ – eine Auszeichnung verliehen an **Risør** im Jahr 1990. Auch dieser Titel geht völlig zu Recht an den kleinen Ort an der Südküste. In Risør liegen die Yachten, Segelschiffe und Kutter nicht irgendwo außerhalb, sondern sind Mittelpunkt des sommerlichen Treibens im Ortskern. Rings um den hufeisenförmigen Hafen stehen zweistöckige, strahlendweiße aristokratische Herrenhäuser. Kein Betonneubau verschandelt das Zentrum, Videotheken, Tankstellen und Supermärkte prägen ausnahmsweise mal nicht das Stadtbild. Hier erlebt man keine hektisch drängelnden und schiebenden Menschenmassen, den ruhigen Straßencafés merkt man an, daß Risør die Bootstouristen gut verkraftet.

Blütenweiße Fassaden und das Kobaltblau des Meeres – an der breiten Uferpromenade von Risør treffen die Farben des Südens aufeinander.

In **Kragerø** geht es sehr viel geschäftiger zu: Hier sind die Gassen noch schmaler als in den anderen Küstenorten, und auch die typischen weiß gestrichenen Häuser stehen noch enger beieinander als anderswo. Das verlangt Fußgängern und Autofahrern viel gegenseitige Toleranz ab. Am Hafen und auf dem Wasser pulsiert das Leben, die Kneipen und Restaurants sind bis auf den letzten Platz gefüllt, und die Boote kommen und gehen im Minutentakt. Ob nun gerade das Kragerø-Festival läuft oder die internationale Ski-Elite mit Rollskiern durch die Straßen hetzt, der Ort gibt sich jung und lebendig.

Doch wer in Kragerø ohne Boot unterwegs ist, fühlt sich früher oder später eingesperrt, denn die Schönheit der Schärenlandschaft zeigt sich erst vom Wasser aus. Dort gibt es keine Enge mehr, die Straßen und Wege enden plötzlich nicht mehr in Sackgassen, schon das kleinste Boot eröffnet völlig neue Perspektiven. So wird Kragerøs Hafen zum Sprungbrett in die Freiheit der 2000 bunten Sommerhäuser, die überall auf den Inseln und Inselchen auf Besucher warten.

Südnorwegen besteht aber nicht nur aus Schären und malerischen weißen Holzhäusern, sondern bietet auch ein Kontrastprogramm. Dazu gehört das **Setesdal**, das bei Kristiansand am Meer beginnt und auf dem Fjell bei **Hovden** endet. Zu beiden Seiten des Tales gibt es Berge mit weit über 1000 Metern Höhe, wo im südlichen und mittleren Norwegen bereits die Grenze zwischen Wald und Fjell liegt. Steht die Südküste in dem Ruf, fast mediterranes Wetter zu haben, ist Hovden, einige Kilometer weiter nördlich gelegen, ein bekanntes Skigebiet, in dem die Wintersaison viele Monate dauert.

Und dann gehört zum Süden, zum **Sørland,** natürlich noch die Provinz mit dem klangvollen Namen **Telemark**.

Eine Möglichkeit, Telemark gemächlich zu erkunden, ist eine Fahrt auf dem Telemark-Kanal, die auf Veteranenschiffen von Skien nach **Dalen** führt. Dies ist eine malerische Reise von der Küste ins Landesinnere und gleichzeitig ein schönes Stück Nostalgie.

Eng drängen sich die Häuser am Hafenbecken von Kragerø, wo Einheimische und Touristen sich treffen.

Es ist sieben Uhr morgens, und die „Victoria" macht sich am Kai von **Skien** startklar für die Strecke nach Dalen. Trotz ihres Alters – sie ist immerhin Jahrgang 1882 – sieht sie noch ganz gut aus. Zur gleichen Zeit macht sich die „Henrik Ibsen", ebenfalls schon recht betagt, am anderen Ende des Telemark-Kanals in Dalen zur Abfahrt bereit.

Über Skien liegt ein eigenartiger Geruch, den man immer und immer wieder in die Nase bekommt, während man auf die Abfahrt der „Victoria" wartet. Der Geruch erinnert an nasses Holz, aber ihm fehlt der würzige Duft frisch geschlagener Kiefernstämme, stattdessen ist etwas Unangenehmes beigemengt. Verantwortlich dafür ist die Papierfabrik gegenüber, die pro Jahr 600.000 Kubikmeter Holz zu Papier und Zellulose verarbeitet, wobei es anscheinend nicht ohne den Einsatz von Chemie abgeht.

Die Daten des Telemark-Kanals sind schnell genannt: Auf einer Länge von 105 Kilometern sind 18 Schleusenkammern nötig, um den Höhenunterschied von 72 Metern zu überwinden. Von Skien nach Dalen dauert die Fahrt mit den Veteranenschiffen gut zehn Stunden.

Der „Kanal" besteht eigentlich zum größten Teil aus natürlichen Wasserwegen, die durch zwei Kanäle miteinander verbunden wurden. Der eine Abschnitt hebt die Schiffe mit vier Schleusen vom **Skienfjord** in den **Norsjø**. In dem 1892 fertiggestellten Bandak-Kanal müssen die Schiffe dann durch weitere vierzehn Schleusenkammern.

Diese Fakten sind nicht besonders aufregend, denn sie erzählen nichts von der Geschichte des Telemark-Kanals und von der Faszination alter Schiffe.

Heute ist der Kanal eine Touristenattraktion, aber seine eigentliche Bestimmung war, der Industrie auf die Beine zu helfen. Die berühmte Eisenhütte, das „Ulefoss Jernverk", sollte durch den Kanalbau und den dadurch gezähmten Fluß mit Wasserkraft versorgt werden. Die Eisenhütte in **Ulefoss** ist ein Stück norwegischer Industriegeschichte und ein Betrieb mit Tradition, der schon seit 1657 Eisen produziert. Noch heute tragen deshalb viele der Kanaldeckel in Norwegen die Signatur „Ulefoss".

In Skien werden Baumstämme für die hier ansässige Papierfabrik angelandet.

Auch das Sägewerk in Ulefoss profitierte von dem Kanal, denn die Holzstämme, die aus den Wäldern Telemarks hierher geflößt wurden, kamen jetzt viel besser den Fluß hinunter. Vor der Fertigstellung des Kanals war die **Vrangfoss-Stromschnelle** zwei Kilometer lang, und in der engen Schlucht verkeilten sich die Baumstämme oft derartig ineinander, daß das Chaos sich nicht mehr entwirren ließ. Die Reibung war manchmal so groß, daß die Stämme Feuer fingen.

Auf dem Abschnitt zwischen Skien und Nordsjø wird auch heute noch nach dem Motto „Zeit ist Geld" geflößt. Deshalb wurde dieser Abschnitt modernisiert und mit vollautomatischen Schleusen versehen.

Ganz anders geht es auf dem Bandak-Kanal zu, wo das Flößen 1979 eingestellt wurde. Wer ein Auge auf die Technik der Schleusenanlagen wirft, erkennt sofort, daß sie niemals modernisiert wurde. Die gesamte Technik stammt noch aus dem letzten Jahrhundert.

Wenn sich die „Victoria" langsam in die Schleusenkammern hineinmanövriert, fallen sofort die aus großen Steinquadern gemauerten Schleusenwände und die hölzernen Tore ins Auge. Die Holztore werden von zwei Schleusenwärtern mit einer ausgeklügelten, aber verblüffend simplen Hebelkonstruktion ohne viel Kraftaufwand geöffnet und geschlossen. So wandern die Schiffe mit jeder Stufe ungefähr fünf Meter den Berg hinauf. Ein Glück, daß sich diejenigen nicht durchgesetzt haben, die den Kanal zuschütten wollten, als die Ära des Holzflößens zu Ende war.

Während die Technik der Schleusen über 100 Jahre auf dem gleichen Stand blieb, hat sich die Landschaft um den Kanal herum verändert: Für die Bauarbeiten mußte der Wald auf beiden Seiten der Wasserstraße abgeholzt werden. Inzwischen sind die Bäume größtenteils nachgewachsen. Die Schiffe mitten im Wald vermitteln den Eindruck, als ob der Telemark-Kanal schon immer Teil der Landschaft gewesen ist.

Ohne die tägliche Ladung Touristen wäre dieses nostalgisch stimmende Bauwerk wahrscheinlich nicht erhalten geblieben. Heute werden solche Kanäle nicht mehr gebaut, denn sie können den Wunsch nach einem immer schnelleren Reisetempo nicht befriedigen. So stellt der Telemark-Kanal ein Relikt aus einer Zeit dar, als die Menschen noch auf Schiffen und Wasserwegen fuhren, die Ruhe und Gelassenheit ausstrahlten.

Die Fahrt auf dem 100 Jahre alten Telemark-Kanal führt zehn Stunden lang durch alle Landschaftsformen des Südens.

Ganz schön eng geht es zu in dieser Schleuse des Telemark-Kanals während der Fahrt durch den Süden.

Telemark – das soll auch die Wiege des modernen Skisports und des Telemarkschwunges sein. Das behaupten zumindest die Prospekte. Dieser Behauptung läßt sich im Herzen der Provinz Telemark nachspüren, genaugenommen in dem kleinen Ort **Morgedal**.

Der Mann, dem Morgedal alles zu verdanken hat, heißt Sondre Norheim, der 1825 ganz in der Nähe, in Øvrebø, geboren wurde.

„Sondre, Sie wären jetzt stolze 170 Jahre alt, was empfinden Sie, wenn sie sich Morgedal heute anschauen?"

„Eigentlich hat sich gar nicht so viel verändert, ein paar Straßen und Häuser sind dazugekommen, aber Morgedal ist immer noch ein ziemlich verschlafener Ort. Nur das 'Norsk Skieventyr', das im letzten Jahr eröffnet wurde, sorgt für ziemlichen Trubel. Diese Mischung aus Museum und Souvenirladen gab es zu meiner Zeit noch nicht, aber einige der alten Skier, die sie ausgestellt haben, kommen mir recht bekannt vor."

„Sie haben ja sicherlich schon gehört, daß in Telemark die Wiege des modernen Skilaufs stehen soll und Sie für seinen Siegeszug verantwortlich sind."

„Es ist schon komisch, wenn ich in dem Buch blättere, das sie über mich geschrieben haben. Ich fühle mich natürlich geschmeichelt, daß sich jemand so viel Mühe gemacht hat, mein Leben Stück für Stück zu rekonstruieren. Nach meiner Auswanderung nach Amerika kannte mich in Nord-Dakota eigentlich keiner mehr, und ich hätte nicht im Traum daran gedacht, einmal als Vater des Skilaufs zu gelten.

Morgedal – wo das Skifahren erfunden wurde.

Das Denkmal von Sondre Norheim in Morgedal.

Ein bißchen stolz bin ich ja schon darauf, daß das Olympische Feuer vor „meinem" Museum brennt. Auch daß sie mir zu Ehren für die Olympischen Spiele 1952 in Oslo, 1960 in Squaw Valley und in Lillehammer 1994 das olympische Feuer in meinem Heimatdorf entzündet haben. Ich habe zwar nie an Olympischen Spielen teilnehmen können, und obwohl die Spiele anscheinend ein riesiger Jahrmarkt geworden sind, wären sie schon eine Herausforderung für mich gewesen. Aber dafür bin ich leider mindestens 100 Jahre zu früh geboren."

„Sie galten als Tüftler und wagemutiger Bursche, der mit seinen Wunderskiern auch schon mal vom Dach eines Hauses sprang."

„Was man in meiner Jugend als Skier bezeichnete, waren nur zwei lange Bretter, aber da ich stets gern an allem herumgebastelt habe, kam ich irgendwann auf die Idee, die Bindungen um die Hakken herumzulegen. So ließen sich mit den Skiern gleich weitaus elegantere Schwünge fahren. Damit war die Zeit des Telemarkschwungs gekommen, der ja heute erstaunlicherweise wieder in Mode kommt. So ein wagemutiger Bursche war ich gar nicht! Damals war noch die Zeit der Universaltalente, also versuchte ich mit den Skiern auch schon mal einen kleinen Sprung. Wenn ich sehe, von was für hohen Schanzen die Skiflieger sich heute in die Tiefe stürzen, wird mir ganz flau im Magen. Mächtig stolz bin ich aber auf die Erfindung der Telemarklandung, die bei allen Skispringern immer noch als die eleganteste gilt."

NORDISCHER BADESPASS

Norwegen – ein Badeparadies? Strandleben in Skandinaviens Süden? Hinter den Schären liegt ein Badeparadies, wie man es in diesen Breiten nicht vermutet! Auch wenn die Saison kurz ist! Und von den malerischen Küstenorten mit ihren Fischervierteln und Hafenpromenaden ist es nicht weit bis zu den dramatischen Wasserfällen und majestätischen Felswänden im Hinterland.

Zum Süden Norwegens werden die Provinzen Vest-Agder, Aust-Agder und Telemark gerechnet. Die Landschaft ist vielfältig. An die zerfurchte Küstenlinie mit den unzähligen vorgelagerten Schären und Inseln schließt sich ein durch Täler stark gegliedertes, bewaldetes und wasserreiches Hügelland an. Mit den Setesdalheiene, den Ausläufern der Hardangervidda, dem Blefjell und dem Gaustatoppen gibt es aber auch karge Fjellregionen.

Im ehemaligen Opernhaus in Kristiansand residiert heute McDonalds.

INFORMATION

VEST-AGDER REISELIVSRÅD
Postboks 770
Vestre Strandgate 23
N-4601 Kristiansand
Tel. 38 07 45 00
Fax 38 02 69 57

AUST-AGDER REISELIVSRÅD
N-4800 Arendal
Tel. 37 01 73 00
Fax 37 01 73 65

TELEMARK REISER
Postboks 743
N-3703 Skien
Tel. 35 53 03 00
Fax 35 52 70 07

■ Skien

Die Hauptstadt der Provinz Telemark ist seit Jahrhunderten ein wichtiger Handels- und Industrieplatz. Seit 1873 ist die hiesige Union- Papierfabrik das beherrschende Unternehmen.
Seit dem 16. Jahrhundert richteten zahlreiche Brände schlimme Verwüstungen in der Stadt an. Das letzte große Feuer brach 1886 aus. Danach mußte fast der gesamte Stadtkern neu aufgebaut werden. Nur in Snipetorp, einer Straße oberhalb des Zentrums, stehen noch einige alte Häuser. Obwohl Ibsen nur wenige Jahre seiner Kindheit in Skien verbracht hat, schmückt sich die Stadt gern mit dem großen Dichter.

SEHENSWÜRDIGKEITEN

BREKKEPARK
Das Bezirksmuseum der Provinz Telemark ist im Stil eines englischen Landschaftsgartens mit Teichen und Blumenbeeten angelegt. Mittelpunkt des Museums sind ein alter Herrenhof mit verschiedenen Sammlungen und ein Freilichtmuseum mit Gebäuden aus Telemark. Täglich 10 – 18 Uhr.

SKIEN-KIRCHE
Sie ist mit den beiden Türmen der beherrschende Bau im Zentrum. 1894 nach dem großen Brand gebaut, beherbergt sie eine der größten Orgeln des Landes.

LEKELAND
Großer Abenteuerspielplatz für Kinder. Planschbecken, Rutsche, Goldgräberanlage, riesige Sandkästen. Täglich 11 – 18 Uhr.

IBSENS VENSTØP
Am 28. März 1828 wurde Henrik Ibsen in Venstøp, 4 km von Skien, geboren. Auf dem Hof hat er einen Teil seiner Kindheit verbracht. Das liebevoll eingerichtete Museum zeigt alles Wissenswerte über Ibsen. Auch der Dachboden, der in seinem Stück „Die Wildente" eine Rolle spielt, ist dort zu finden. Täglich 10 – 18 Uhr.

UNTERKUNFT

HØYERS HOTEL
Reichhaltiges Frühstücksbuffet. Komfortables Mittelklassehotel in Skien. DZ etwa 600 NOK. Kongensgt. 6, Tel. 52 52 05 40.

AUSFLÜGE

TELEMARK-KANAL
Tägliche Abfahrten mit Veteranenschiffen von Skien nach Dalen um 8 Uhr morgens. Fahrtdauer etwa 11 Std. Man kann auch nur bis Lunde mit dem Schiff fahren und mit dem Bus am Nachmittag nach Skien zurückkehren.

■ Kristiansand

Norwegens fünftgrößte Stadt (65.000 Einwohner). Sie wurde 1641 von dem dänischen König Christian IV. an der Otra-Mündung gegründet. Der Stadtkern ist nach den Vorstellungen der Renaissance mit einem schachbrettartigen Straßenmuster entstanden. Der regelmäßige Grundriß und die breiten Straßen sollten bei Bränden ein Ausbreiten des Feuers verhindert. Längst hat Kristiansand diese engen Grenzen gesprengt, aber die „Quadratur" ist immer noch gut zu erkennen.

SEHENSWÜRDIGKEITEN

POSEBYEN
Das Holzhausviertel Posebyen liegt am nordöstlichen Ende der Gyldenløvesgate und ist eine der größten städtebaulichen Sehenswürdigkeiten des Landes.

DOMKIRCHE
Mitten im Zentrum steht die imposante neugotische Domkirche mit ihrem 70 m hohen Turm.
Täglich 9 – 14 Uhr.

FESTUNG CHRISTIANSHOLM
Die Festung Christiansholm wurde um 1670 von Fredrik III. mit 5 m starken Mauern erbaut.
Täglich 9 – 21 Uhr.

NATURPARK RAVNEDALEN
Der Naturpark Ravnedalen liegt nordwestlich des Zentrums unter einer 100 m hohen Felswand. Im Sommer finden in Ravnedalen viele Feste, Konzerte und Theateraufführungen statt.

DYREPARK
11 km östlich der Stadtmitte liegt der Dyrepark, eine Kombination aus Zoo und Freizeitpark.
Täglich 9 – 18 Uhr.

AUSFLÜGE

SETESDAL
Das Setesdal wird in seiner ganzen Länge vom Fluß Otra durchzogen. Es gehört zu den schönsten und bekanntesten Tälern in Norwegen. Evje, die Mineralienstadt, liegt 60 km nördlich von Kristiansand. In den Gemeinden Evje und Iveland gibt es mehr als 400 Gruben und Steinbrüche, von denen einige für Besucher geöffnet sind. Informationen erteilt das Touristenbüro in Evje.
Den nördlichen Abschluß des Setesdal bildet der Gebirgsort Hovden. In den Hochmooren um Hovden haben die Wikinger die Eisenverhüttung gelernt. Das Hovden-Eisengrubenmuseum und der Lehrpfad vermitteln mit Hilfe von Rauch, Geräusch- und Lichteffekten einen Eindruck von der frühen Eisenherstellung.

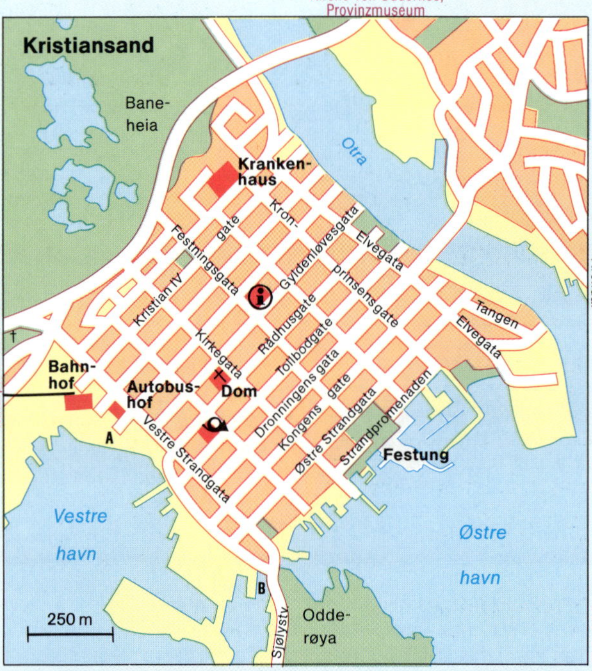

A ANLEGESTELLEN nach Hirtshals und Hanstholm (Dän.) B Fischereihafen

UNTERKUNFT

NORGE
Dronningsgt. 5, Kristiansand,
Tel. 38 02 00 00.
Komfortables Hotel in zentraler Lage. DZ etwa 500 NOK.

GRENADEREN MOTELL
4660 Evje, Tel. 37 93 04 00.
2 km vom Setesdal Mineralienpark.
Swimmingpool, Diskothek.
DZ etwa 480 NOK.

REVSNES HOTEL
4680 Byglandsfdjord,
Tel. 37 93 43 00.
Am Südende des Byglandfjordes. Große Terrasse und Park direkt am See. DZ etwa 400 NOK.

■ Kragerø

Bekanntester Ort im Süden, der sich jung und lebendig gibt. Das Kragerø-Festival mit Folklore und Musik, das Skifestival Ende Juni und Norwegens größte Gospelveranstaltung, das Schären-Gospel Anfang Juli, sorgen für Trubel. Ehemalige Künstlerkolonie. Edvard Munch malte hier seinen berühmten Sonnenuntergang.

BERG-KRAGERØ-MUSEUM
Das Berg-Kragerø-Museum beherbergt eine umfangreiche kulturhistorische Sammlung.
Di – Fr 12 – 15 Uhr; So 12 – 17 Uhr.

JOMFRULAND
Die langgestreckte Insel Jomfruland legt sich schützend vor Kragerøs Schären. Hier geht es deutlich ruhiger und gemütlicher zu. Ein weißer Sandstrand auf der Landseite und Schären auf der Seeseite machen das Natur-

In Morgedal, wo der Telemarkschwung erfunden wurde.

reservat zum Kleinod. Täglich gibt es mehrere Bootsverbindungen von und nach Kragerø.
„Det Gamle Fyrtårn", der alte Leuchtturm von Jomfruland aus dem Jahr 1836, ist zu besichtigen.
Mo – Sa 12 – 16 Uhr;
So 12 – 18 Uhr.

■ Arendal

Arendal wird in den Prospekten gern als „Venedig des Nordens" angepriesen, weil die Stadt einst auf sieben Inseln erbaut wurde, die mit Brücken verbunden waren. Heute sieht man nicht mehr viel von den Kanälen und Brücken. Sie verschwanden beim Neuaufbau nach den zahlreichen Bränden. Nur im Altstadtviertel Tyholmen sind noch einige prächtige Holzbauten erhalten geblieben. Das Rathaus von Arendal ist im Empirestil erbaut und eines der größten Holzgebäude Norwegens.

■ Grimstad

Grimstad wetteifert mit Skien um den Ruf als Ibsen-Stadt.

IBSEN-HAUS
Gleichzeitig Stadtmuseum von Grimstad. Umfangreiche Ibsen-Sammlung. Die alte Apotheke, in der er einst angestellt war, ist dort ebenso zu besichtigen wie sein Arbeits- und Eßzimmer.
Mo – Sa 11 – 17 Uhr;
So 13 – 17 Uhr.

IBSENIANA-FESTIVAL
Mitte August in Grimstad. Es werden in einem Steinbruch Stücke des Dichters aufgeführt.

NØRHOLM
6 km südwestlich von Grimstad befindet sich der Herrenhof Nørholm, den der Schriftsteller Knut Hamsun 1918 erwarb und bis zu seinem Tod bewohnte. Das Haus ist gegenwärtig nicht zu besichtigen.

■ Mandal

Südlichste Stadt Norwegens. Mitte August findet im Ort das bekannte Schalentier-Festival statt. Abwechslungsreiches Unterhaltungsprogramm. Längstes Schalentier-Buffet der Welt, das „geplündert" werden darf. Mandal hat außerdem noch einen 2 km langen Sandstrand zu bieten, an den sich ein Küstenwald mit Campingplatz anschließt.

■ Lindesnes

Der Leuchtturm in Lindesnes markiert den südlichsten Punkt des norwegischen Festlandes. An dieser Stelle wurde der erste Leuchtturm Norwegens gebaut, von hier sind es 2518 km bis zum Nordkap. Der Leuchtturm ist zwar nicht besonders spektakulär, trotzdem ist er eine der meistbesuchten Touristenattraktionen des Landes.

UNTERKUNFT

GRIMSTAD HOTEL
Kirkegt. 3, Grimstad,
Tel. 37 04 47 44, DZ etwa 750 NOK.

INTER NOR SOLBORG HOTEL
Nesevn. 1, Mandal, Tel. 38 26 66 66,
DZ etwa 950 NOK.

INTER NOR TYHOLMEN HOTEL
Teaterplassen, Arendal,
Tel. 37 02 68 01.
DZ etwa 1100 NOK.

Insider News

MINERALIENFIEBER
Auf dem Mineralsti, dem Mineralienpfad von Evje, kann jeder auf die Suche nach Mineralien gehen. Alternativ dazu kann man einheimische und ausländische Mineralien im Setesdal Mineralienpark kaufen.

3 Fjordland

Die Finger des Meeres

Tief recken sich die Fjorde ins Land, denn das Meer hat längst die von Gletschern geformten Täler vereinnahmt. Sie bilden Küstenlandschaften von großartiger Schönheit und atemberaubender Dramatik.

Meer und Berge trennen die Menschen. Der Nachbar woh

Steil ragen die Felsen links und rechts über der spiegelglatten Wasseroberfläche des Simafjords empor.

Ein einzigartiges Naturschauspiel bieten die Wasserfälle am Låtefoss, die sich vom Gletscher zu Tal stürzen.

m gegenüberliegenden Ufer oder jenseits des Gletschers.

…it ins Landesinnere zieht sich der Kjøsnesfjord.

…gediente Fischreusen vor einer Fischerhütte.

…dörfliche Idylle am Kjøsnesfjord.

Die Fjorde sind die Seele der norwegischen Landschaft. Die unendliche Folge der vielfingrigen Einschnitte reicht vom **Oslofjord** im Süden bis zum **Varangerfjord** an der russischen Grenze. Kein Land in Europa übertrifft Norwegens 21.000 Kilometer Küstenlinie, zu der die Inseln noch einmal 35.000 Kilometer beisteuern könnten.

Aber auch wenn das ganze Land aus Fjorden besteht, nirgendwo sind sie länger, tiefer, majestätischer, wilder und imposanter als in Westnorwegen, dem eigentlichen Fjordland.

Die letzten Eiszeiten haben an den Fjorden besonders hart gearbeitet und diese grandiose Landschaft modelliert. Selbst große Kreuzfahrtschiffe wirken zwischen den Felsriesen wie unbedeutende weiße Punkte auf der Wasseroberfläche.

Das Fjordland hat es seinen Bewohnern nie leicht gemacht. Zwar ist das Klima durch den Golfstrom recht mild, aber Fjorde und Fjells stellen häufig unüberwindbare Hindernisse dar. Auch heute noch sind die Straßen der Fjorde wegen in kleine Stücke zerhackt, die nur durch Fähren mit viel Aufwand miteinander verbunden werden können. Die Fjorde widersetzen sich dem Brückenbau meistens erfolgreich, und die Ufer sind so schmal, daß jeder Meter Straße in den Fels gesprengt werden muß. Bis zum heutigen Tag schlängeln sich Pkws, Wohnwagen und Lkw entlang der gefalteten Fjordufer. Geradlinigkeit ist hier nicht zu verwirklichen, die Natur ist einfach stärker.

Der Bau einer Eisenbahn wurde erst gar nicht ernsthaft in Betracht gezogen, so groß waren die Schwierigkeiten bei der Bergenbahn gewesen.

In diesem Landstrich haben Gebirge und Wasser die Menschen seit jeher getrennt, der Nachbar wohnt auch heute noch am anderen Ufer des Fjordes oder gar jenseits des Gletschers. Deshalb hat jedes Tal im Lauf der Zeit seinen eigenen Dialekt entwickelt, und diese kleinen Unterschiede im Tonfall verraten auch heute noch die Herkunft der Menschen.

Fruchtbares Land ist knapp im Westen, allenfalls ein schmales Stück am Ufer oder ein paar

Quadratmeter, die in schwindelerregender Höhe an der Felswand kleben, überläßt das Fjordland seinen Bewohnern zum Leben.

Knapp sieben Stunden dauert es heute, um mit der **Bergenbahn** von Oslo nach Bergen, der größten Stadt an der Westküste, zu kommen. In einer Zeit, in der TGV und ICE die Maßstäbe setzen, sind sieben Stunden Fahrtzeit für 470 Kilometer wahrlich nicht rekordverdächtig. Aber die Kilometer haben es in sich, hier ist keine Rennstrecke, und auch mit unzähligen Tunneln konnte die Landschaft nicht endgültig der Trassenführung unterworfen werden. Kurz vor **Finse** überquert der Zug die Grenze zur Fjordprovinz Hordaland, und schon fangen die Schwierigkeiten an.

Regelmäßig bleiben die Züge oben auf der Hardangervidda, trotz des Einsatzes riesiger Schneefräsen, im Schnee stecken. Anscheinend wehrt sich die Natur hartnäckig gegen eine ganzjährige Bahnverbindung zur Küste. Doch die Passagiere sind es gewohnt und tragen die Verzögerung mit Humor. Trotzdem beteuern Lokführer und Schaffner immer wieder mit Engelsgeduld: „Es geht immer ein Zug!" Auch nach der Hardangervidda fährt der Zug mehr im Tunnel als im Tageslicht. Wer die Aussicht genießen möchte, wird schnell vom Stroboskopeffekt genervt. Licht an, Licht aus, innerhalb von Sekundenbruchteilen wird das Auge gewaltsam von der Landschaft getrennt, um nach einigen Sekunden gleich wieder mit einem neuen See, einer neuen Perspektive konfrontiert zu werden. Die Reise ins Fjordland wird so zu einer langen Reihe von Momentaufnahmen, aus denen sich ein Gesamtbild erst langsam zusammenfügt.

Verschnaufpause während der aufregenden Fahrt mit der Flåmbahn.

Vielleicht ist das heutige Reisetempo einfach zu hoch, und man hätte doch lieber die Eröffnungsfahrt 1908 mitmachen sollen. Damals brauchte die Bergenbahn noch 21 Stunden von Kristiania nach Bergen, inklusive einer Schiffspassage über den **Krøderen-See**.

Zu den größten Attraktionen im Flåmsdal gehören die imposanten Wasserfälle des Rjoandefossen und des Kjosfossen.

Nach dem großen Erfolg der Bergenbahn beschloß das Storting 1923 euphorisch eine weitere Erschließung des Fjordlandes mit den Stichstrecken nach Granvin am Hardangerfjord und nach **Flåm** am Auerlandsfjord. Die Flåmbahn wurde ein Meisterwerk des Eisenbahnbaus, bei dem die Technik die Herausforderung der Natur angenommen und dem Gebirge einen Schienenstrang aufgezwungen hat. Allerdings ist die Strecke nur 20 Kilometer lang, wovon sechs Kilometer Tunnel in den Fels gesprengt werden mußten. Nach Fertigstellung der Flåmbahn haben die Eisenbahnbauer das Fjordland gemieden und nicht mehr versucht, die Landschaft mit weiteren Gleisen zu zerstören.

Mehrmals täglich quält sich die **Flåmbahn**, vollbeladen mit Touristen, durch das steile und enge Gebirgstal die 900 Höhenmeter zum Fjord hinunter und wieder hinauf. An den schönsten Aussichtspunkten fährt der Zug besonders langsam oder hält sogar an. Vatnahalsen ist wohl der berühmteste Aussichtspunkt: mit Blick ins **Flåmtal**, das fast das ganze Jahr von schneebedeckten Bergen eingerahmt ist.

Der **Sognefjord** wirkt keineswegs wie ein kaltes, nordisches Gewässer. Wer etwas Phantasie hat, könnte ihn auch für den Gardasee halten. Aber der Sommer ist kurz am Sognefjord, und so taugt der Vergleich mit dem Gardasee nur für wenige Monate. Die Vegetation an seinen Ufern scheint das zu wissen und beeilt sich, als ob sie Angst hätte, den Anschluß zu verpassen. Alles drängt zu einer ungewohnten Gleichzeitigkeit: An den Hängen blühen noch die Obstbäume, da reifen schon die Erdbeeren, und kurz darauf werden die Kirschen geerntet. Frühling, Sommer und Herbst verschmelzen hier zu einer einzigen kurzen Jahreszeit.

Der Sognefjord war schon immer eine wichtige Verkehrsader. Wenn die Reisenden nach dem beschwerlichen Weg durch Valdres und über das Filefjell erst einmal den Sognefjord erreicht hatten, waren sie schon fast in Bergen. In Laerdal oder Skjolden bestiegen sie dann das Schiff und ließen sich den Rest des Weges verwöhnen.

Balestrand lag verkehrsgünstig und kam deshalb schon früh mit neugierigen Reisenden in Berührung. Mitte des vorigen Jahrhunderts erlebte die große Zeit der Romantik ihre Blüte, und Rousseaus „Zurück zur Natur!“ fand auch in Norwegen Gehör, wobei die wilde Natur in Westnorwegen bestens zur Zeitströmung paßte. Die Pioniere des Tourismus waren vom Sognefjord so begeistert, daß sie phantastische Reiseschilderungen mit nach Hause brachten, was jedes Jahr mehr Menschen an die Fjorde lockte. Die „Balestrandmaler“, eine Handvoll in- und ausländischer Landschaftsmaler, spielten bei der Entwicklung des Tourismus eine entscheidende Rolle, und um die Jahrhundertwende blühte der Fremdenverkehr in Balestrand so richtig auf. Der Fremdenverkehr brachte Geld und legte schon zu dieser Zeit den Grundstein für die Souvenirindustrie. Handgewebte Teppiche, Tischtücher und Wanddekorationen wurden von den Frauen in Heimarbeit gefertigt und an die Touristen verkauft. Auch die Bauern verkauften ihre Produkte lieber an die Touristen als an den Nachbarn im nächsten Ort.

Doch die Zeit der Pioniere war schnell vorbei. Bald folgten Reisende mit gehobenen Ansprüchen, was die meisten norwegischen Gastwirte aber völlig überforderte. Sie konnten sich nicht mit ihren ausländischen Gästen verständigen und hatten auch eher rauhe Umgangsformen.

Anders **Ole Kvikne**, der 1877 den alten Gasthof in Balestrand kaufte und sich mit Eifer an die Arbeit machte. Schon einige Jahre später war

Eines der idyllisch gelegenen Ferienhäuser in Balestrand im Frühling.

Kvikne's Hotel eines der größten und modernsten Touristenhotels in Norwegen. Auch heute noch bietet die Holzfassade im Schweizerstil direkt am Fjord einen herrlichen Anblick. Der moderne Anbau dagegen ist eine architektonische Fehlleistung.

In der Zeit vor dem Ersten Weltkrieg entwickelte sich Balestrand allmählich zu einem Touristenort ersten Ranges. Erst kamen die Engländer, dann die Deutschen, und alle zusammen machten den einst ruhigen Ort in den Sommermonaten zu einem beliebten Tummelplatz illustrer Gäste.

Auch schon damals war es für Fremdenverkehrsorte üblich, sich mit wichtigen Persönlichkeiten zu schmücken. Der König von Siam, der Prinz von Ägypten und Kaiser Wilhelm II. waren hofierte Gäste – es war die „Kaiserzeit" in Balestrand. Der Ausbruch des Ersten Weltkrieges sorgte jedoch für ein abruptes Ende dieses monänen Treibens in Balestrand. Die Reichen kamen nicht mehr, und die Pracht verblaßte schnell.

Heutzutage erinnern neben der Fassade des Kvikne's Hotels noch einige prachtvolle Künstlervillen im Schweizerstil an die lebendige Zeit um die Jahrhundertwende. Die **St. Olavs Church** wurde 1897 extra für die Touristen aus England errichtet. Der Versuch der Baumeister, eine Stabkirche zu bauen, ist dabei allerdings etwas danebengegangen.

Der Abstecher zum 1476 Meter hohen **Dalsnibba** gehört zu jeder Fahrt nach Westnorwegen. Von diesem Aussichtsberg hat man alles im Blickfeld: die Straße, die in weiten Kurven zum Fjord hinabführt, natürlich den Geirangerfjord, und den **Ørnevegen**, den „Adlerweg", dessen enge Serpentinen am gegenüberliegenden Berghang kleben.

Von hier sind es nur noch 16 Kilometer bis zum berühmten **Geirangerfjord,** dem bekanntesten Fotomotiv Norwegens, dem schönsten Fjord des Landes, der Touristenattraktion schlechthin. Man steuert Geiranger mit einer gehörigen Portion Skepsis an, denn der Trubel kann an dem kleinen Ort nicht spurlos vorübergegangen sein. Auf dem Weg zum Fjord wartet aber erst einmal der nächste Fotostop am **Flydalsjuvet**: Von hier werden also die berühmten Kalenderbilder geschossen, doch auch Amateurfotografen kommen hieran nicht vorbei. Auf dem Wasser liegen die Kreuzfahrtschiffe, manchmal sind es fünf zur gleichen Zeit. 1994 haben von Mitte Mai bis Mitte September 106 Kreuzfahrer den Weg in den Geirangerfjord gefunden. 300 Einwohner soll Geiranger haben, im Winter mag das wohl stimmen, aber im Sommer steigt die Einwohnerzahl explosionsartig an, wenn die 3000 Touristenbetten belegt sind. Einige dieser Betten sind in mehrstöckigen Betonburgen untergebracht, was dem angeblich schönsten Fjord Norwegens etwas von seinem Image nimmt. Im Ort selbst herrscht ein wohlgeordnetes Chaos und eine für Norwegen untypische Betriebsamkeit. Die Fähre aus **Hellesylt** entläßt gerade Dutzende von Autos, während die nächste Blechschlange schon wieder auf die baldige Abfahrt wartet. Booteweise quellen Leute von den Kreuzfahrtschiffen an Land, um die einträchtig am Hafen versammelten

Das beliebteste Fotomotiv in ganz Norwegen, der Geirangerfjord.

Souvenirläden in Augenschein zu nehmen. Dem ziellosen Schlendern durch die Souvenirtempel, vorbei an Norwegerpullovern, Trollen, Tischdecken, Käsehobeln und anderen „typisch norwegischen" Produkten, folgt die obligatorische Tasse Kaffee auf der Sonnenterrasse. Währenddessen wartet das Wasserflugzeug am Kai auf Mitflieger, die sich den Geirangerfjord einmal von oben ansehen wollen.

Wer mit dem Auto nach Geiranger kommt, hat es besonders schwer, denn bevor er mit dem Besichtigungsprogramm starten kann, muß erst noch ein Parkplatz her. Geiranger hat zwar den Paradefjord schlechthin zu bieten, ansonsten ist der Ort jedoch für die meisten nur eine Durchgangsstation, die nach Minuten oder Stunden abgehakt ist.

Die Straße am Ufer entlang gipfelt im **Ørnevegen**, dessen Serpentinen die Autofahrer den steilen Berghang hinauf nach Eidsdal bringen. Von einer der letzten Serpentinen läßt sich dann schließlich noch ein Blick in den S-förmigen Geirangerfjord werfen. Der Blick zurück ist traumhaft, wenn das sonnenbeschienene, strahlend weiße Schiff langsam zwischen den Felswänden im Dunstschleier verschwindet, wünscht man, an Bord zu sein und an den vielgepriesenen Wasserfällen mit den klangvollen Namen „Brudesløret", der Brautschleier, „De Syv Søstre", die Sieben Schwestern, und „Friaren", der Freier, vorbeizufahren.

Die Fahrt auf der „Golden Route" führt dann weiter durch eine grüne Almenlandschaft, mit der Fähre über den Nordalsfjord und schließlich durch das dünnbesiedelte Valldal und das Meirdal zum **Trollstigen**.

Dieses Meisterwerk der norwegischen Straßenbauer wurde 1936 durch eine der wildesten Landschaften gebaut. Elf Serpentinen falten das Asphaltband kunstvoll zusammen, so daß es am Hang Platz hat. Irgendwo auf der Strecke stürzt der Wasserfall **Stigfoss** direkt neben der Straße 180 Meter in die Tiefe. Zur Linken taucht die Bergkette mit den wilden Fünfzehnhundertern Karitind, Dronningen, Kongen und Bispen auf. Den Höhepunkt bilden die **Trolltindane**, die Trollzinnen, mit ihrem charakteristischen Profil aus Nadeln und kleinen Türmchen. Früher sollen die Trolltindane unförmige Trolle mit rüsselförmigen Nasen, kleinen Augen und struppigen Haaren aus Moosen und Wurzeln gewesen sein. Der Sage nach haben sie zu einer Hochzeitsgesellschaft gehört, die auf dem Weg zur Kirche getrödelt hat. Als die Sonne am nächsten Tag aufging, wurden die Prozession zur Strafe für ihr Säumen in Stein verwandelt.

Vom Tal die Berghänge hinauf schlängeln sich die Serpentinen des Trollstigen.

Selbst die berühmten Kalenderbilder vom Geirangerfjord lassen die riesigen Dimensionen des bekanntesten norwegischen Fjordes nur erahnen.

Der **Hardangerfjord** ist zwar nicht der längste Fjord – diesen Superlativ beansprucht der Sognefjord für sich, – aber für viele ist er der „König der Fjorde“. Kommt man Ende Mai zum **Sørfjord**, einem der zahlreichen Nebenarme des königlichen Hardangerfjordes, sind die Abhänge voll von weiß- und rosablühenden Obstbäumen, und die Wiesen am Fjordufer strotzen vor bunten Frühlingsblumen. Die Berge tragen alle noch eine dicke Schneekappe. In **Lofthus**, dem Zentrum des Obstanbaus, stehen 400.000 Obstbäume in voller Blüte. Immerhin macht dies ein Fünftel des gesamten norwegischen Obstbaumbestandes aus.

Der Obstanbau an den sonnenverwöhnten Osthängen des Sørfjordes hat eine lange Tradition. Zisterziensermönche kamen im 13. Jahrhundert nach Lofthus und machten ihr Kloster zu einem Obst- und Gemüsegarten. Mit der Reformation aber war ihre Zeit in Norwegen abgelaufen, und auch der Obstanbau geriet für gut 100 Jahre in Vergessenheit. Erst im 18. Jahrhundert besannen sich die norwegischen Bauern auf die Arbeit der Mönche und nahmen fortan den Obstanbau wieder in die eigenen Hände, auch wenn sie die Techniken zur Aufzucht und Veredlung von Obstbäumen wieder neu erlernen mußten.

Heute verkaufen die Bauern ihre Äpfel, Birnen, Pflaumen und Kirschen am liebsten direkt an der Straße. Von den blühenden Obstplantagen bei Lofthus sind es nur wenige Kilometer bis nach **Kinsarvik**. Dieser Ort am Sørfjord ist der Ausgangspunkt für einen Tagesausflug durch das Kinsotal auf die Hardangervidda. Das **Kinsotal** gehört zu den wildesten und wohl schönsten Landschaften in Westnorwegen. Es beginnt hoch oben auf der Hardangervidda und endet bei Kinsarvik am Sørfjord. Der Kinsofluß führt immer viel Wasser und überwindet in mehreren Stufen und Wasserfällen die 1000 Meter Höhenunterschied von der Hardangervidda bis zum Fjord. Die Wanderung durch das bis heute weitgehend naturbelassene Kinsotal bietet immer wieder faszinierende Ausblicke auf die drei großen Wasserfälle: den **Nyastølfoss**, den **Nykkjesjøfoss** und den **Søtefoss**. Der Søtefoss gehört zu den spektakulärsten Wasserfällen Norwegens mit einer Gesamthöhe von 273 Metern, wobei die Wassermassen immerhin 176 Meter senkrecht zu Tal stürzen. Die Gischt der tosenden Wasserfälle überzieht die ganze Umgebung mit einem feinen Schleier aus kleinsten Tröpfchen, was einer üppigen Vegetation den Weg bereitet. Feuchtigkeitsliebende Pflanzen finden sich zwar häufig in der Nähe von Wasserfällen,

Still und einsam, aber naturverbunden ist das Leben am Sørfjord.

König der Fjorde: Der Hardangerfjord ist nicht nur wegen seiner eindrucksvollen Szenerie bekannt, sondern auch wegen der Obstbaumblüte.

aber selten in so üppiger Vielfalt wie im Kinsotal. Zu beiden Seiten des Flusses sind die Felsbrocken mit einem dicken Moosteppich überzogen, und auch die Bäume sind mit langen Bärten aus Moosen und Flechten behangen. Während des Aufstiegs bietet sich anfangs noch eine gute Aussicht auf den immer kleiner werdenden Fjord, bis sich dann die **Hardangervidda** ankündigt. Die Landschaft wird zunehmend karger, die Bäume bleiben zurück, und die baumlose Hochebene mit den gerundeten Bergkuppen beherrscht die Landschaft.

Auf der Karte muß man schon ein Weilchen suchen, bis man die kleine Insel **Runde** in dem Küstenlabyrinth vor Ålesund gefunden hat, und nur der millimetergroße Zusatz „Fuglefjell“, **Vogelfelsen**, läßt auf etwas Sehenswertes schließen. Runde ist zwar seit den frühen achtziger Jahren mit einer kühnen Brückenkonstruktion an das Straßennetz angebunden, aber ganz ohne Fähre geht es dann doch nicht ab, denn zwischen Sulesund und Hareid hat sich der Fjord bisher erfolgreich gegen einen Brückenbau gewehrt.

Wo man in Runde auch hinkommt, taucht der Name Goksøyr auf: Die 26 Holzhäuser auf der Ostseite der Insel tragen alle den Namen dieser Sippe, Ola Goksøyr fährt mit dem Boot hinaus zu den Vogelfelsen, Knut Asle Goksøyr kümmert sich auf dem Campingplatz eifrig um die zahlreichen Touristen, und in Christineborgs Turisthotell ist es natürlich Frau Christine Goksøyr, die das Sagen hat. Alle machen ihren Job hervorragend. Die vielen Stammgäste, die sich Jahr für Jahr wieder mit Ferngläsern und Teleobjektiven einfinden, werden wie alte Freunde aufs herzlichste begrüßt.

Zwischen Mitte Mai und Ende August ist Hochsaison auf Runde, sowohl für die Touristen als auch für die Vögel. In dieser Zeit bekommen die knapp 200 Einwohner nämlich Besuch von ungefähr 500.000 Seevögeln und einigen tausend Ornithologen. Norwegens südlichster Vogelfelsen mit seiner nach Westen steil abfallenden Wand ist Schauplatz eines ohrenbetäubenden Spektakels.

Endlich auf dem Boden: Papageientaucher.

Zwei Möglichkeiten gibt es, an die brütenden Vögel heranzukommen: vom Wasser her mit Ola Goksøyrs kleinem Boot „Rundebranden“ oder durch einen Aufstieg auf das 300 Meter hohe Plateau der Insel und einen Spaziergang entlang der Steilküste.

Von Olas Boot aus, das wie immer abenteuerlich in den Wellen schaukelt, ist der Blick in das Erdgeschoß und die unteren Etagen des Vogelhochhauses am besten. Ola Goksøyr kennt natürlich die interessantesten Plätze entlang der steilen Küste, wo die schwarzen Krähenscharben ihre ausgebreiteten Flügel vor dem nächsten Tauchgang trocknen. Alle Vögel, die hier im Sommer brüten, finden in den Gewässern vor Runde reichlich Nahrung, egal ob sie auf Plankton aus sind oder lieber die Fischschwärme plündern, die mit dem warmen Golfstrom nach Norden ziehen. Die Papageientaucher starten ihre Tauchgänge eher gemütlich von der Wasseroberfläche aus, während sich die Baßtölpel wie Raketen ins Wasser bohren.

Knut Asle Goksøyr umsorgt wie immer seine Gäste auf dem Campingplatz. Wenn Schlechtwetter aufzieht, geht er von einem Zelt zum nächsten und prüft die Abspannleinen. Am Abend versammelt er dann seine Gäste in einem kleinen Raum auf dem Campingplatz, zeigt einen Film über Runde und erzählt von den Vogelfelsen.

Die Insel südwestlich von Ålesund stellt den Brutplatz für 500.000 Meeresvögel dar, die in 40 verschiedenen Arten vorkommen. Heute steht das gesamte Gebiet unter Naturschutz.

Früher bildeten die Felsen eine randvoll gefüllte Speisekammer für die Einheimischen: Einen Strick um den Bauch geschlungen, seilten sie sich wagemutig über die feuchten Klippen ab und stopften sich die Taschen mit Vogeleiern voll, und selbst der eine oder andere unglückliche Papageientaucher landete im Topf.

Heute können sich die **Papageientaucher** mit ihren Clownsgesichtern in

Ruhe in den oberen Stockwerken des Vogelfelsen ihre Bruthöhlen suchen. Wenn sie von dort zu einem Beutezug starten, muß man jedesmal Angst um die ungeschickten Flieger haben, denn sie schlagen verzweifelt mit den Flügeln, gewinnen dabei aber kaum an Höhe. Sie bemühen sich zwar nach besten Kräften, doch ihre Flügel sind anscheinend nur dazu da, den Absturz zu mildern. Erstaunlicherweise kommen sie aber immer heil auf der Wasseroberfläche an. Kehren sie dann mit einem Schnabel voll zappelnder Fische zurück, beginnt die Zitterpartie von neuem. Die roten Schwimmfüße ängstlich vorgestreckt legen sie eine erbärmliche Landung auf dem harten Boden hin und verschwinden dann eilends zur Fütterung ihrer vor Hunger schreienden Jungen in der Höhle. Stundenlang könnte man zwischen ihnen sitzen und ihre Ungeschicklichkeit bestaunen, die im Gegensatz zu den beeindruckenden Flugkünsten der Baßtölpel, Schmarotzerraubmöwen, Sturmmöwen, Eissturmvögel und Seeadler steht.

Ein Aufschrei ging durchs Land, als bekannt wurde, daß auf den **Prekestolen** eine Seilbahn gebaut werden sollte. Jedes Jahr sind es 60.000 Touristen, die sich auf den Weg zu Norwegens bekanntestem Aussichtspunkt, der Kanzel aus Fels hoch über dem Lysefjord, machen. Von Einsamkeit kann da kaum mehr die Rede sein, und man könnte meinen, die paar Touristen mehr, die die Seilbahn auf die Kanzel bringen würde, störten auch keinen mehr. Den Norwegern geht es aber nicht um ein paar Touristen mehr oder weniger, ihnen geht es um das Wie. Zum Prekestolen gibt es seit Ewigkeiten einen Wanderweg. Zwei Stunden dauert die Tour durch die hügelige Mittelgebirgslandschaft. Unterwegs liegen einige Felsbrocken im Weg, 300 Höhenmeter sind zu überwinden. Wenn dann kurz vor dem Ziel die imponierende Silhouette ins Blickfeld kommt, weiß jeder, wofür er geschwitzt hat. Ein Lift, der in nur zwei Minuten die 600 Meter vom **Lysefjord** bis zur 25 mal 25 Meter großen, brettebenen Felskanzel überwindet, würde nach einhelliger Meinung der Seilbahngegner die Natur verschandeln und darüber hinaus die Intensität des Naturerlebnisses mindern. Diese fast quadratische Felskanzel, deren Wände nicht nur senkrecht abbrechen, sondern teilweise sogar überhängen, ist ein Symbol für die wilde norwegische Natur. Unvergleichlich ist der Ausblick auf den grünen Lysefjord für jeden, der auf dem Bauch vorsichtig bis an die Kante robbt und die Ausflugsboote tief unten wie Spielzeuge vorbeifahren sieht.

Wer's mag – der schwindelerregende Ausblick herab vom Prekestolen.

Auf dem Vogelfelsen von Runde versuchen die clowngesichtigen Papageientaucher unverdrossen, das Fliegen zu lernen.

FJORDE & WASSERFÄLLE

Fast die ganze Westküste Norwegens ist von Fjorden eingekerbt. Am eindrucksvollsten jedoch sind sie in Vestland, oft Fjordland genannt. Tief ins Festland hinein schlängeln sich diese oft atemberaubend engen Meeresbuchten bis zu eisgrauen Gletschern und tosenden Wasserfällen.

Westnorwegen besteht aus den vier Provinzen Rogaland, Hordaland, Sogn og Fjordane, Møre og Romsdal und hat rund eine Million Einwohner. Fjorde, Inseln und Schären dominieren die Landschaft. Im Landesinnern warten mit dem Folgefonn-Gletscher, der Hardangervidda und dem Romsdalen aber auch wilde Hochgebirgsregionen.

INFORMATION

ROGALAND REISELIVSRÅD
Øvre Holmegt. 24
N-4006 Stavanger
Tel. 51 89 50 02
Fax 51 89 50 01

HORDALAND OG BERGEN REISELIVSRÅD
Slottsgt. 1
N-5003 Bergen
Tel. 55 31 66 00
Fax 55 31 52 08

SOGN OG FJORDANE REISELIVSRÅD
Postboks 299
Parkvegen 3
N-5801 Sogndal
Tel. 57 67 23 00
Fax 57 67 28 06

MØRE OG ROMSDAL REISELIVSRÅD
Postboks 467
N-6501 Kristiansund
Tel. 71 67 39 77
Fax 71 67 00 70

■ Stavanger

100.000 Einwohner hat die geschäftige Ölmetropole zwischen den drei Fjorden. Das Geld aus

Heilbutt frisch auf dem Markt.

dem Erdöl hat Stavanger in den Bau moderner Häuser gesteckt. Aber auch viele der alten Holzbauten wurden stilgerecht restauriert.

SEHENSWÜRDIGKEITEN

GAMLE STAVANGER
Gamle Stavanger mit vielen Häusern aus dem 18. und 19. Jahrhundert liegt in unmittelbarer Nähe des Hafenbeckens.

VALBERGTÅRNET
Vom Valbergtårnet, dem ehemaligen Brandwachturm, schweift der Blick über den gesamten Hafen.

DOMKIRCHE
Die Domkirche wurde in 12. Jahrhundert im anglonormannischen Stil erbaut und ist die einzige mittelalterliche Kirche Norwegens, die unverfälscht erhalten geblieben ist.

MUSEEN

KONSERVENMUSEUM
Das Konservenmuseum ist in einer ehemaligen Fabrik untergebracht und zeigt anschaulich, wie die Ölsardinen um die Jahrhundertwende in kleine Blechdosen gepreßt wurden, was Stavanger einen beträchtlichen Reichtum bescherte.
Di – Sa 11 – 15 Uhr;
So 11 – 16 Uhr.

ROGALAND-KUNSTMUSEUM
Das Rogaland-Kunstmuseum, südwestlich vom Zentrum am Mosvatnet, beherbergt mit 1500 Bildern norwegischer Maler eine der größten Sammlungen einheimischer Künstler.
Di – Do 10 – 14 Uhr und 18 – 21 Uhr; Fr 10 – 14 Uhr,
Sa 11 – 15 Uhr; So 11 – 17 Uhr.

Weitere sehenswerte Museen in Stavanger sind: Das Seefahrtsmuseum, das Stavanger-Museum, das Archäologische Museum und die alten Herrenhäuser Breidablikk und Ledaal.

UNTERKUNFT

GRAND HOTEL
Klubgt. 3, 4001 Stavanger,
Tel. 51 89 53 00.
Eine der besten Adressen im Zentrum von Stavanger. Eleganz im klassischen Stil. DZ etwa 900 NOK.

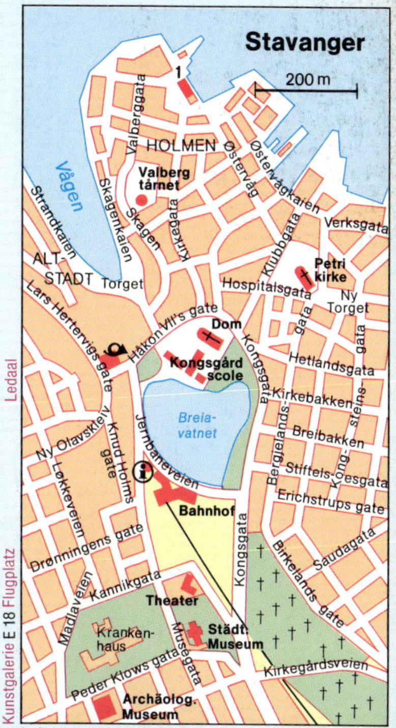

1 Anlegestelle der Hurtigrute

HAVLY HOTEL
Valberggt. 1, Tel. 51 89 67 00.
Preiswertes Mittelklassehotel in zentraler Lage. DZ etwa 500 NOK.

RESTAURANTS

STRAEN FISKERESTAURANT
Srandkaien.
Eines der wenigen Fischrestaurants der Stadt.

N.B. SØRENSENS DAMPSKIPSEXPEDITION
Skagen 26.
„Agent für selected food and drinks" – das Versprechen wird gehalten!

Wachsende Ungeduld kurz vor der Ankunft mit der Autofähre.

AUSFLÜGE

SKUDNESHAVN
Alter Fischerort südlich von Haugesund auf der Insel Karmøy. Weiße Holzhäuser aus dem letzten Jahrhundert, verwinkelte Gassen und der Hafen machen das Dorf zur Touristenattraktion.
Regelmäßiger Bootsverkehr von Stavanger.

KLOSTER UTSTEIN
Norwegens besterhaltenes Kloster, auf der Insel Mosterøy, nördlich von Stavanger.
Regelmäßige Ausflüge von Stavanger. Täglich 13.– 16 Uhr.

FJORDE

SOGNEFJORD & HARDANGERFJORD
Die beiden größten und längsten Fjorde Norwegens reichen jeweils rund 200 km ins Land hinein. Viel spektakulärer sind aber die kleinen Fjorde mit engen Schluchten und senkrechten Wänden.

LYSEFJORD
Der 40 km lange Lysefjord bei Stavanger ist eingerahmt von blanken Felswänden. An seinem Ende liegt der kleine Ort Lysebotn. Wer mit dem Schiff über den Fjord fährt, kommt am Prekestolen vorbei.
Von Lysebotn führt ein Wanderweg zur 1000 m hohen Felswand des Kjeragveggen. Mit dem Auto geht es über die 27 Haarnadelkurven der Lysefjordstraße ins Gebirge und weiter ins Setesdal.

AURLANDSFJORD & NÆRØYFJORD
Ausläufer des Sognefjords. Der 18 km lange Nærøyfjord soll der engste Fjord Europas sein, die Felswände an seinen Ufern sind über 1000 m hoch. Von Aurland führt der Snøvegen mit fantastischer Aussicht über den Fjord nach Lærdal. Die Serpentinenstraße ist häufig bis zum Frühsommer wegen Schnee gesperrt.

GEIRANGERFJORD
Nebenarm des Storfjords, der bei Ålesund beginnt. Die beste Möglichkeit zu einer Kurzkreuzfahrt über Norwegens bekanntesten Fjord bietet die Fähre von Hellesylt nach Geiranger. Ein Rundflug ist durchaus lohnend, besonders wenn die kleine Maschine zwischen den engen Felswänden hindurchfliegt. Flydalsjuvet und Ørneveien bieten die klassische Aussicht auf den Geirangerfjord.

WASSERFÄLLE

Westnorwegen ist das Land der Wasserfälle. Überall fließt das Wasser von den Felswänden, für genügend Nachschub sorgen häufiger Regen und das Schmelzwasser von den Hochplateaus.

FEIGUMFOSS
Nahe Gaupne am Lustrafjord. Von der Straße 55 ist der Wasserfall am gegenüberliegenden Fjordufer zu sehen und bereits zu hören. In der Hauptsaison Bootstouren von Gaupne zum Feigumfoss und zur Stabkirche in Urnes. Von Feigum sind es noch 20 Min. Fußweg bis zum 218 m hohen Wasserfall.

LÅTEFOSS
15 km nördlich von Odda auf der Straße 13 am langgestreckten Sørfjord. Sein Wasser kommt von der Hardangervidda, sammelt sich aber erst im Låtevatn. 400 m lange Wassertreppe,der letzte Teil ist 165 Meter hoch. Die Straße führt genau am Wasserfall vorbei. Ein schmaler Weg führt von der Brücke zu einem weiteren Aussichtspunkt. Auf dem Weg nach Odda liegen eine Reihe weiterer Wasserfälle: Espelandsfoss, Vidfoss, Strandsfoss und Tjødnadalsfoss.

MARDALSFOSS
Norwegens höchster Wasserfall mit einer freien Fallhöhe von 297 m in der Nähe des kleinen Ortes Isfjorden am Romsdalsfjord. Auch dieser Wasserfall steht im Dienst der Wasserkraft und wird nur zur Touristensaison „angeschaltet".

STEINDALSFOSS
3 km westlich von Norheimsund, direkt an der Straße 7 nach Bergen. Er hat zwar nur eine Fallhöhe von knapp 50 m, ein Pfad hinter dem Wasserfall garantiert jedoch das „echte" Wasserfallerlebnis.

TVINDEFOSS
In Kaskaden und Stufen schießt das Wasser des Tvindefoss zu Tal. An der E 16, 15 km nördlich von Voss gelegen.

VETTISFOSS
Wanderung zum Vettisfoss: von Øvre Ardal fährt man zum Parkplatz in Hjelle. Dann auf einem Traktorweg in 1 ¼ Std. bis zur Touristenstation Vetti. Bereits entlang des Weges stürzen mehrere sehenswerte Wasserfälle zur Einstimmung in die Tiefe. Von Vetti sind es noch einmal 20 Min. bis zum Fuß des 275 m hohen Wasserfalles. Zunächst scheint die Natur völlig intakt, aber bei genauerem Hinsehen offenbart sich hier ein Lehrpfad in Sachen Waldsterben. Schon in Øvre Ardal fällt auf, daß fast alle Bäume, besonders an den oberen Berghängen, vollständig kahl sind. Verursacher ist eines der größten Aluminiumwerke Europas, dessen Fluoremissionen der ganzen Gegend schon erheblichen Schaden zugefügt haben.

VØRINGFOSS
Norwegens bekanntester Wasserfall. An der Straße 7 bei Eidsfjord. 182 m Fallhöhe. Die beiden Aussichtspunkte bei der Vøringfoss Kafeteria und beim Fossli Hotel bieten nur den wenig spektakulären Blick von oben auf den Wasserfall, trotzdem herrscht hier der größte Trubel. Beeindruckender ist der Blick von unten auf das herabstürzende Wasser.
Ein Stück weiter unten im Mabøtal weist an einem kleinen Parkstreifen ein Schild den Weg zum Vøringfoss. Von dort sind es noch 30 Min. Fußweg bis zur tosenden Gischt direkt am Wasserfall.
Das Sima-Kraftwerk reguliert den Zufluß zum Vøringfoss. Erst nach heftigen Protesten haben die Kraftwerkbetreiber zugesichert, daß der Fall während der Touristensaison genügend Wasser bekommt.

WEITERE HÖHEPUNKTE

KANNESTEIN
Die Insel Vagsøy ist durch eine Brücke mit dem Festland verbunden.
Vom Hauptort Maløy folgt man der Straße nach Oppedal bis zum Hinweisschild zum Kannestein. Hier hat das Meer an der wilden Küste einen Stein mit solidem Fuß, dünnem Bein und oben einer tischförmigen Platte modelliert.

TROLLKYRKIA
Ausgangspunkt für die Tour zur „Trollkirche" genannten Höhle ist Molde. Von dort fährt man 23 km auf der Straße 64 in Richtung Norden bis zu einem Parkplatz. Nach 1,5 Std. auf einem ansteigender Fußweg gelangt man zur Höhle, die ihre Entstehung dem Zusammenspiel von Kalkstein, Marmor und Wasser verdankt.
Ein Teil der dreigeteilten Höhle ist über Metalleitern zu erreichen. Im Innern der Marmorgrotte plätschert ein kleiner Wasserfall.

ROMSDAL
Wer vom Trollstigen oder von Åndalsnes kommt, sollte nicht versäumen, wenigstens ein Stück in das Romsdal hineinzufahren, denn das dünnbesiedelte, enge Tal wartet gleich am Anfang mit spektakulären Bergen auf.
Auf der linken Seite ragt das mächtige Romsdalshorn und auf der rechten Seite die Trollveggen, die höchste senkrechte Felswand Europas, auf. Sie mißt vom Fuß bis zum Gipfel 1800 m. Gekrönt wird die Wand von den Trolltindane, den Trollzinnen.
Hier gibt es einige sehr schwierige Klettertouren. Die Erstbegeher benötigten 1965 zwei Wochen, bis sie auf dem Gipfel standen. 1980 hat sich der erste mit einem Fallschirm in die Tiefe gestürzt, aber nach einigen tödlichen Unfällen ist das Fallschirmspringen aus der Wand seit 1986 verboten.

BARONIE ROSENDAHL
Ludvig Rosenkrantz hat die Baronie 1665 am Hardangerfjord bauen lassen. Um 1850 wurde dann der Landschaftspark nach englischem Muster angelegt. Im gepflegten Garten blühen Rosen, Rhododendren und Dahlien. Die Baronie Rosendahl ist einer der wenigen Herrensitze Norwegens.
Das Anwesen ist heute Museum und Ort für Kulturveranstaltungen. Täglich 10 – 17 Uhr.

SELJA
Die Ruinen eines Benediktinerklosters liegen auf der kleinen Insel Selja, nördlich von Maløy.
Von Selje gibt es täglich Ausflüge zum Kloster.

LYSEKLOSTER
Das Kloster ist gut von Bergen aus zu erreichen. Vom Busbahnhof braucht der Fana-Bus ungefähr 45 Minuten. Das Lysekloster war die erste Zisterzienserabtei in Norwegen und wurde 1146 von englischen Mönchen gegründet.

UNTERKUNFT

UTNE HOTEL
Utne, Tel. 53 66 69 83.
Das Hotel aus dem Jahr 1722 liegt direkt am Hardangerfjord. Es stellt ein Stück norwegischer Kulturgeschichte dar.
DZ etwa 830 NOK.

KVIKNE'S HOTEL
Balestrand, Tel. 57 89 11 01.
Historisches Hotel mit exklusivem Service. Viel Atmosphäre.
DZ etwa 990 NOK.

WALAKER HOTEL
Solvorn am Lustrafjord,
Tel. 57 68 42 07.
Kleines elegantes Hotel mit Tradition. Familie Walaker führt das Haus bereits in 9. Generation.
DZ etwa 850 NOK.

FLEISCHER'S HOTEL
Voss, Tel. 56 51 11 55.
Belle-Epoque-Fassade aus dem Jahr 1889. Direkt am Vangsvatn.
DZ etwa 900 NOK.

Insider News

KJEÅSEN
Hoch über dem Simadalen und dem Eidfjord klebt die Kjeåsen-Alm am Berghang. 600 m über dem Fjord gibt es ein paar Quadratmeter fruchtbaren Weidelandes, das seit Jahrhunderten bewirtschaftet wird.
Beim Bau des Simadalen-Kraftwerkes wurde ein Tunnel in den Berg gesprengt, der der Alm erstmals eine Straßenverbindung brachte. Früher mußte alles über den steilen Klettersteig auf den Berg geschafft werden. Der einstündige Aufstieg zu der bis vor kurzem einsamsten Alm der Welt beginnt direkt beim Kraftwerk Simadalen.

Hundert Jahre Zuverlässigkeit

Zwischen Bergen und Kirkenes verkehren sie seit 1893 ebenso regelmäßig wie zuverlässig: die Postschiffe der Hurtigroute.

POST

Ob Nebel, Sturm oder klirrende Kälte während der Polarnacht – die Schiffe der **Hurtigroute** kommen nicht aus dem Rhythmus. Seit 100 Jahren pendeln sie entlang der Küste von **Bergen** nach **Kirkenes** und wieder zurück. Trotz der 2500 Seemeilen langen Reise durch das Gewirr von Inseln und Schären vor Norwegens Westküste sind die Schiffe die Zuverlässigkeit selbst. Jeden Tag macht sich in Bergen ein Schiff auf den Weg, läuft auf seiner elftägigen Reise 70 Häfen an und startet dann sofort aufs neue. Schiffe und Besatzung nehmen das Wort „hurtig", das auch im Norwegischen soviel wie „schnell" bedeutet, sehr ernst. Wer die Strecke von Bergen nach Kirkenes schon einmal mit dem Auto gefahren ist, wird kaum schneller gewesen sein.

Eine Fahrt auf der Hurtigroute halten viele für „die schönste Seereise der Welt", die Norweger sprechen eher respektvoll von der Reichsstraße Nr.1. Denn die Schiffsverbindung von Bergen nach Kirkenes ist immer noch eine der wichtigsten Lebensadern für den dünnbesiedelten Norden, sie versorgt die Menschen mit Post und allen Dingen des täglichen Lebens, bringt Familienangehörige und Freunde nach Hause und läßt auch Touristen ein Stück Norwegen mit den Norwegern gemeinsam erleben.

Die „Kong Harald" nimmt Kurs auf.

Schon zu einer Zeit, als es noch keine täglichen Flugverbindungen in jedes größere Dorf gab, als das Straßennetz noch dünn war und im Winter Schneestürme ein Vorwärtskommen unmöglich machten, kämpften sich die Schiffe der Hurtigroute unbeeindruckt vom Wetter von Fjord zu Fjord. Ohne diese Schiffslinie entlang der – durch den **Golfstrom** – ganzjährig eisfreien Küste wäre eine Besiedlung des Nordens kaum möglich gewesen. Sie verhinderte auch eine noch stärkere Abwanderung in den Süden. Mit der Eröffnung der durchgehenden, regelmäßigen Schiffsverbindung erhielt der Norden das Gefühl, am Leben im Süden teilnehmen zu können, nicht mehr auf Grund der geographischen Lage von der Zivilisation ausgeschlossen zu sein.

In den großen Städten Ålesund, Trondheim, Bodø, Tromsø und Hammerfest nehmen die Menschen die Ankunft der Schiffe heute kaum noch zur Kenntnis, auch wenn diese, wie um Aufmerksamkeit heischend, laut tutend in den Hafen einlaufen. Aber für die kleinen Dörfer entlang der Küste ist die tägliche Ankunft des Schiffes immer noch etwas Besonderes. Wer kann, schaut am Hafen vorbei, denn der Postsack könnte ja den langersehnten Brief enthalten. Oder vielleicht taucht das neue Fahrrad aus dem Schiffsbauch auf?

Die „Vesterålen" kündigt sich schon aus der Ferne mit ihrer lauten

Nicht mehr lange, und die Fahrt auf der Hurtigroute kann beginnen.

Schiffssirene an, und wenige Minuten später manövriert der Kapitän den rot-weißen Kasten an die Kaimauer von **Ålsund**, die Mannschaft wirft die Leinen. Dann öffnet das Schiff seine Pforten, und die Passagiere hasten von Bord. Einige werden von Freunden begrüßt, sie sind zu Hause, andere wollen die drei Stunden Aufenthalt nutzen, um der Stadt einen Kurzbesuch abzustatten. Aus der engen Ladeluke taucht ein Auto auf, im Gegenzug dafür verschwinden einige Paletten Limonade, Kaffee und Waschmittel im geräumigen Bauch des Schiffes, auf jede Kiste mit schwarzem Filzstift der jeweilige Zielhafen gekritzelt. Die Mischung aus Frachter, Kreuzfahrtschiff und Nahverkehrsmittel ist auch heute noch das Markenzeichen der Hurtigroute.

Die mittlerweile dritte Generation der Schiffe unterscheidet sich doch erheblich von ihren Vorgängern – auch ein Unternehmen mit Tradition kann sich dem Fortschritt nicht entziehen. Das allererste Schiff, das den Namen „Vesterålen" trug und erstmals am 2. Juli 1893 von Trondheim ablegte, war noch ein richtig altmodischer Dampfer. Die zweite „Vesterålen" präsentierte sich schon erheblich moderner und tat seit den fünfziger Jahren mit ihren Schwesterschiffen, der „Polarlys", der „Finnmarken" und der „Nordstjernen" ihren Dienst. Es waren keine Luxusschiffe, eher robuste Küstenfrachter. Die Anzahl der Passagiere war noch überschaubar, und wenn mal ein Auto mit mußte, wurde es mit dem Kran an Deck gehievt. Die Schiffe verströmten einen herben Charme, waren sie doch nicht zum Amüsement der Touristen gebaut worden, sondern sollten im harten Alltagseinsatz die Menschen an der zerfurchten Küste versorgen. Ihre gediegene Atmosphäre an Bord begründete den legendären Ruf der Hurtigroute. Die neue „Vesterålen" ist viel größer und komfortabler. Sie kann zwar doppelt so viele Passagiere befördern, aber die Panorama Lounge, mag man von hier aus auch bei Regen und Sturm den Rundumblick trocken genießen können, wirkt steril und langweilig. Im großen und ganzen unterscheidet sich die „Vesterålen" kaum von den großen Fähren, die zwischen Dänemark, Schweden und Finnland pendeln. Bei den neuesten Flaggschiffen, der „Richard With" und der „Kong Harald", ist dieser Trend noch deutlicher zu erkennen. Sie versuchen zwar, den Passagieren etwas von dem exklusiven Luxus der guten

Ein überwältigender Anblick bietet sich bei der Anfahrt auf die Lofoten-Inseln.

Elf Tage lang dauert die Fahrt auf der Hurtigroute, für viele die vielleicht schönste Seereise der Welt.

alten „Titanic“ zu vermitteln, ähneln aber viel eher einem glitzernden Spielsalon in Las Vegas.

Das Leben an Bord bestimmt der Fahrplan. Legt das Schiff an oder ab, versammeln sich alle Passagiere an der Reling und schauen auf den Hafen. Nach dem Ablegen kehrt schnell wieder Ruhe ein, jeder sucht sich einen Liegestuhl auf dem Sonnendeck, wobei natürlich immer ein paar zu wenig da sind. Träge geht der Tag seinen Gang, hin und wieder ein Blick durchs Fernglas, bei schönen Motiven der Griff zur Kamera.

Im Sommer ist die Hurtigroute fest in deutscher Hand, bei Landausflügen ist für die deutschsprachige Fraktion ein ganzer Bus reserviert, die Norweger teilen sich einen Bus mit den englischsprachigen Gästen.

Kapitän **Gunnar Holm** hat heute einen ruhigen Tag, bei blauem Himmel und Windstille ist die Wasseroberfläche spiegelglatt, und die Sicht reicht bis zum unendlich weiten Horizont. Seine Kommandobrücke hat nichts mehr von alter Seefahrerromantik, nüchterne Technik wohin das Auge blickt, selbst das traditionelle Steuerrad ist durch kalte Knöpfe und Hebel ersetzt worden.

Bei der Frage nach den nächsten 100 Jahren der Hurtigroute wird der Kapitän nachdenklich. Für ihn ist das Idyll des ewig fahrenden Paternosters vor der Küste ein trügerisches Bild, denn eigentlich ist die Institution Hurtigroute in finanziellen Schwierigkeiten.

Die berühmten alten Holzhäuser entlang der Hafenstraße Bryggen in Bergen.

Schon seit geraumer Zeit ist sie ein enormes Zuschußunternehmen, Jahr für Jahr wird es mit 20 Millionen staatlichen Kronen unterstützt. Gunnar Holm: „Ich finde diese Subventionen mehr als gerechtfertigt, schließlich hält die Hurtigroute doch das ganze Land zusammen.“ Die Höhe der Subventionen relativiert sich auch sehr schnell, wenn die Kosten, die der Straßenbau in Norwegen verschlingt, einmal ehrlich dagegengehalten werden.

„Neutrale“ Rechner kommen jedoch zu dem Schluß, daß nur etwa zehn Prozent der Bevölkerung von den Schiffen profitieren, aber alle dafür zahlen müssen, weshalb sich speziell in Oslo Widerstand gegen die laufenden Subventionen regt.

Sorge um seinen Arbeitsplatz schwingt also mit, wenn Kapitän Holm über die Pläne des Parlaments spricht, die Postdampfer innerhalb von zehn Jahren auf eigene Füße zu stellen, um die Fahrpreise schrittweise den wirklichen Kosten anzupassen. Aber werden sich dann noch alle ein Ticket auf seinem Schiff leisten können? Die Idee, aus Rationalisierungsgründen Streckenänderungen vorzunehmen, ruft bei ihm nur noch heftiges Kopfschütteln hervor: „Die Hurtigroute

„Reichsstraße Nr. 1“ nennen viele Norweger die Hurtigroute, weil sie früher die einzige Verkehrsverbindung zwischen Bergen und Kirkenes war.

Zum Abschied spielt er ein Ständchen am Hafen.

wäre nicht mehr das, was sie in den letzten 100 Jahren war." Dieses Festhalten an der alten Route ist für ihn keine Fortschrittsfeindlichkeit, sondern gesundes Traditionsbewußtsein.

Als Ersatz oder vielmehr als Ergänzung für die Hurtigroute wird seit Jahren der Bau einer Bahnstrecke von Bodø über Tromsø nach Kirkenes diskutiert. Die Kosten sind aber kaum kalkulierbar und stehen in keinem Verhältnis zum wirtschaftlichen Nutzen. „Mit diesem Geld", so Kapitän Holm, „könnten wir die Hurtigroute jahrzehntelang am Leben erhalten."

Die „Richard With" ist das neue Flaggschiff der Flotte. Mit dieser Schiffstaufe kam der Gründervater der Hurtigroute zu späten Ehren, denn er war es, der die Idee einer durchgehenden Schiffsverbindung von Bergen in den hohen Norden hatte. Schiffe, die die Küstenroute befuhren, gab es schon seit Jahrhunderten, aber während des dunklen Polarwinters ruhte der Verkehr, und viele der kleinen Küstenorte waren dann völlig von der Umwelt abgeschnitten.

With stammte aus Tromsø und gründete im Jahr 1881 in Stokmarknes die **Vesterålens Dampskibsselskap**, deren Schiffe zwischen den Lofoten, Vesterålen und Senja verkehrten. Seine Idee war ein großer Erfolg, deshalb sollte der fahrplanmäßige Verkehr auf eine wöchentliche Verbindung zwischen Trondheim und Hammerfest ausgedehnt werden. Also kaufte Richard With die „Vesterålen" und machte am 2. Juli 1893 die erste Fahrt mit ihr. In Trondheim erregte die „Vesterålen" kaum Aufmerksamkeit, aber in den neun Häfen, die das Schiff unterwegs anlief, herrschte überall ausgelassene Freude. Noch heute gilt der 2. Juli in Nordnorwegen als der „Tag der Unabhängigkeit".

Dann kam der Winter, aber With und sein Lotse hatten während der Sommermonate gute Arbeit geleistet, jeden Felsen entlang der Küste hatten sie kartografiert und waren damit bestens für die dunkle Jahreszeit gerüstet. Im folgenden Jahr beteiligten sich weitere Schiffahrtsgesellschaften an dem Liniendienst, der 1898 bis nach Bergen verlängert wurde. Damit war die Hurtigroute endgültig etabliert.

Eine Fahrt von Bergen nach Kirkenes beginnt mit dem nächtlichen Einschiffen um 22 Uhr in Norwegens „heimlicher Hauptstadt" – Zeit genug also für einen Bummel durch Bergen, eine der stimmungsvollsten norwegischen Städte, der allerdings nicht ganz zu Unrecht nachgesagt wird, es regne dort unablässig. Ausgangspunkt für alle Unternehmungen ist der **Fischmarkt** direkt am Hafenbecken. Hier begutachten Ein-

Auch dieser stolze Schoner wird sich schon bald auf die Hurtigroute begeben.

heimische und Besucher an den Ständen die verschiedenen Früchten des Meeres. Bergenser und Fremde legen dabei allerdings ganz unterschiedliche Vorlieben an den Tag, Touristen entscheiden sich für ein Fischbrötchen oder bestenfalls für eine Tüte frischer Shrimps, während die Bergenser doch lieber einen ganzen Fisch oder ein lebendes Schalentier mit nach Hause nehmen. Vom Fischmarkt ist es nur ein Katzensprung zur alten Hafenstraße **Bryggen** mit ihren berühmten Holzhäusern, an denen leider pausenlos die Autos vorbeibrausen. Gemütlicher geht es da schon im **Hanseatischen Museum** zu, das in engen, dunklen Räumen die Blütezeit der Hanse dokumentiert.

Nachts macht sich das Schiff auf seine lange Reise in Richtung Norden. Es geht an **Florø** vorbei, und Frühaufsteher können einen Blick auf den fast 900 Meter hohen, senkrecht aus dem Meer aufsteigenden **Hornelen** werfen, der laut Überlieferung der mittsommerliche Hexentanzplatz sein soll. Gegenüber befindet sich die bronzezeitliche Kultstätte **Vingen** mit vielen steinzeitlichen Felszeichnungen. Auf dem Weg von Maløy nach Torvik taucht auf der rechten Seite die kleine Insel **Selja** auf, bekannt für die malerische Ruine eines Benediktinerklosters und für die Sage von der irischen Königstochter Sunniva, die im 10. Jahrhundert vor den Wikingern hierher geflüchtet war.

Malerischer Sonnenuntergang bei Ålesund.

Den nächsten längeren Aufenthalt legt das Schiff in **Ålesund** ein, wo die Zeit gerade für einen Ausflug über die 400 Stufen auf den Hausberg Aksla reicht. Die Stadt, auf drei Inseln erbaut, „verdankt" ihr heutiges Aussehen dem großen Brand im Jahre 1904, nach dem die Häuser im Jugendstil wiederaufgebaut wurden. Viele alte Häuser sind heute stilgerecht restauriert und geben der Stadt ihr charakteristisches Aussehen. Von Ålesund führt die Route weiter zu den Sunnmøre-Alpen, nach **Molde**, das von 87 schneebedeckten Gipfeln umgeben ist, und schließlich nach Kristiansund und Trondheim.

Norwegens drittgrößte Stadt **Trondheim** ist der Hurtigroute sechs Stunden Aufenthalt wert. Wenig Zeit, um auch nur die Highlights der Stadt zu besichtigen! Trondheims größte Sehenswürdigkeit ist der **Nidaros-Dom**, Skandinaviens größte mittelalterliche Kirche. Der Dom soll um 1320 über dem Grab Olav des Heiligen errichtet worden sein, sein Querschiff zeigt sich heute im normannischen Stil, das Hauptschiff ist gotisch. Viele Brände haben den Nidaros-Dom im Lauf der Jahrhunderte verwüstet. Als man im letzten Jahrhundert an die Restaurie-

Eng zusammen drängen sich die Häuserzeilen in Ålesund.

rung ging, war die Kirche nur noch eine Ruine. Heute ist fast alles instandgesetzt, besonders die Westfassade mit ihren vielen biblischen Steinfiguren ist sehenswert. Gleich neben dem Dom fließt der **Nidelva**, den die alte Stadtbrücke **Gamle Bybrua** überspannt. Von der Brücke hat man die Speicherhäuser aus dem 18. und 19. Jahrhundert im Blickfeld, die leicht windschief auf ihren Holzpfählen im Fluß stehen. Insgesamt präsentiert sich Trondheim sehr vielfältig, moderne Fußgängerzonen quellen über vor Menschen, aber auch schmale Gassen und alte Holzhäuser sind innerhalb der Quadratur, der rechteckig angelegten Altstadt, erhalten geblieben.

Von Trondheim muß das Schiff den **Trondheimfjord** ein Stück zurückfahren, bevor es sich auf die Weiterreise nach Norden macht. Der nächste Hafen ist **Rørvik**. Die mit neun Stunden längste Teilstrecke der Hurtigroute dorthin führt teilweise über offenes Meer. Kurz vor Rørvik fährt das Schiff durch den **Nærøysund** unter einer imposanten Hängebrücke hindurch, die das Festland mit dem Inselreich **Vikna** verbindet. Vikna besteht aus 6000 Inseln und Schären, von denen früher noch 50 bewohnt waren. Heute sind bis auf sieben alle entvölkert.

Der enge Nærøysund ist das Tor zum Nordland, das der durchlöcherte Berg **Torghatten** und das Bergmassiv der **Sieben Schwestern** markieren. Um diese Landschaftsformen ranken sich sagenhafte Trollgeschichten: Der Trollkönig Vågekollen herrschte damals auf den Lofoten, und der König von Sulitjelma regierte das Festland. Vågekollen hatte einen Sohn, Hestmannen, und Sulitjelma hatte sieben wilde Töchter. Als diese eines Tages im Meer badeten, wollte Hestmannen sie entführen, aber die Schwestern konnten fliehen. Als Hestmannen aus Wut einen Pfeil auf die Fliehenden abschiessen wollte, warf der König, der zufällig in der Nähe war, vom Sømnafjell seinen Hut dazwischen. In diesem Augenblick ging die Sonne auf, und nicht nur alle Trolle wurden zu Stein, auch der durchbohrte Hut. Der Torghatten ist der Beweis für die Wahrheit der Geschichte. Bedenkt man, daß die Insel **Hestmannøy** mit dem bizarren Berg **Hestmannen** direkt am Polarkreis liegt und der Torghatten und die Sieben Schwestern ein gutes Stück entfernt sind, müssen die Trolle schon riesige Burschen gewesen sein.

Weiter geht die Fahrt nach **Bodø**, das im Zweiten Weltkrieg gut die Hälfte seiner Häuser eingebüßt hat. Kein Wunder, daß Bodø heute eine Stadt mit vornehmlich moderner Architektur

Ein Hauch von Notre Dame – der mittelalterliche Nidaros-Dom in Trondheim.

Nur sieben der 6000 Inseln von Vikna sind heute noch bewohnt. Auch die Anbindung ans Festland konnte die Abwanderung nicht stoppen.

ist. Nach Bodø macht die Hurtigroute einen weiteren Abstecher aufs offene Meer über den **Vestfjord** zu den Lofoten und Vesterålen.

Von den nördlichen Vesterålen ist es nur noch ein kurzes Stück nach **Tromsø**, der „Hauptstadt des Nordens" oder der „Pforte zum Eismeer", wie die Stadt auch genannt wird. Tromsø ist die Stadt der Eismeerkathedrale, des Polarmuseums und des Nordlichtplanetariums, das eindrucksvolle Imitationen von Nordlichtern und der Mitternachtssonne zeigt. Nicht versäumen sollte man einen Ausflug auf den 420 Meter hohen Aussichtsberg „Storsteinen", der einen herrlichen Ausblick über die Umgebung bietet. Etwas nördlich von Tromsø liegen die **Lyngsalpene**, eines der wildesten Gebirge Norwegens, etwa vergleichbar mit dem Jotunheimen, aber wegen seiner Lage weit jenseits des Polarkreises noch völlig unerschlossen. Unter Bergsteigern gelten seine Felswände als eines der schwierigsten Klettergebiete in ganz Europa.

Hammerfest, die nördlichste Stadt der Welt, liegt in der **Finnmark**, der nördlichsten Provinz Norwegens. Hier leben kaum Menschen, aber 100.000 Rentiere. Die Landschaft hat riesige Ausmaße, ihre Hochebenen, Flüsse und Fjorde sind größer und beeindruckender als anderswo. Vom Schiff aus wirkt die Finnmark vegetationslos und menschenfeindlich, aber der Reichtum, der die Menschen hierher gezogen hat, liegt vor der Küste: in den ehemals reichen Fischgründen des Eismeeres. Falls sich die Bestände von der Überfischung der letzten Jahre erholen, können die Menschen an der Küste Nordnorwegens zukünftig vielleicht der Versuchung widerstehen, weiterhin in großer Zahl nach Oslo abzuwandern. Dann nähert sich das Schiff dem imposanten Felsplateau des **Nordkaps**. Früher mußten sich die Passagiere noch die Mühe machen, das Nordkap über eine Treppe zu erklimmen, denn der Dampfer warf in **Hornvika**, unterhalb des Nordkaps, seinen Anker aus. Heute ist alles viel einfacher, denn die Besucher werden mit dem Bus von **Honningsvåg** zum nördlichsten Punkt Europas gefahren.

Fischerboote im Hafen von Hammerfest, der nördlichsten Stadt der Welt.

Kirkenes, ungefähr 2500 km von Oslo entfernt an der russischen Grenze, verdankt seine Existenz allein dem Eisenerz am Bjørnevatn.

Die letzte Station der Hurtigroute ist **Kirkenes**, ein Ort am Ende der Welt, der zwar seit 1983 durch die E 6 an den Rest des Landes angebunden, aber immer noch 2500 Kilometer von der Hauptstadt Oslo entfernt ist. Gäbe es nicht seit knapp 100 Jahren die lukrativen Eisenerzbergwerke am Bjørnevatn, Kirkenes würde ein noch einsameres Dasein fristen. Seit der Öffnung des Eisernen Vorhangs ist auch die letzte Attraktion, ein Blick über die Grenze hinüber in die ehemalige Sowjetunion, verschwunden.

DIE REICHSSTRASSE NR.1

Die Hurtigroute hat einen festen Platz im Verkehrsnetz Norwegens. Seit über hundert Jahren tun die Schiffe ihren Dienst – 365 Tage im Jahr bei jedem Wetter. In elf Tagen laufen sie 70 Häfen an. Was früher für die schwer zugänglichen Küstenorte eine lebenswichtige Verbindung zur Außenwelt darstellte, hat sich in den vergangenen Jahrzehnten zu einer Touristenattraktion entwickelt.

Die Fahrpreise auf der Hurtigroute variieren je nach Saison. Der Preis für eine Einzelkabine außen liegt entsprechend zwischen 3740.- DM und 6510.- DM, für eine Doppelkabine innen zwischen 1590.- DM und 2390.- DM. (Preise für die 11-tägige Hin- und Rückfahrt).
Während der Hauptsaison sind die Schiffe fast immer ausgebucht, eine rechtzeitige Reservierung ist unbedingt notwendig. Für kurze Teilstrecken ohne Kabinenbenutzung gibt es die Tickets direkt an Bord, hier sind immer Plätze frei. Kinder bis zu 4 Jahren sind frei. Senioren ab 67 Jahren fahren ebenfalls zu ermäßigten Preisen.

Informationen und Buchungen:
Norwegische Schiffahrtsagentur
Klein Johannisstr. 10
20457 Hambung
Tel. 0 40/37 69 30

Auf der Lofoten-Insel Hadseløya hat 1993 in Stokmarknes zum 100jährigen Jubiläum der Hurtigroute das Hurtigrouten-Museum seine Pforten geöffnet.
Mo – Sa 11 – 18 Uhr, So 13 – 18 Uhr.

■ Bergen

König Olav Kyrres verlieh im 11. Jahrhundert Bergen die Stadtrechte. Bis 1830 war Bergen die größte Stadt des Landes, vor allem wegen ihrer Bedeutung als Handels- und Schiffahrtsplatz. Lange Jahre hatte die Hanse das Sagen in Bergen. Heute erinnern noch viele Häuser und Museen an diese Zeit.

Viel Proviant ist nötig für die lange Fahrt.

Ein Prachtexemplar von Dorsch am Waaghaken.

SOMMERFAHRPLAN DER HURTIGROUTE

		Richtung NORDEN	Richtung SÜDEN
an	Bergen		14.00
ab	Bergen	22.00	
	Florø	04.45	07.30
	Maløy	07.30	05.15
	Torvik	10.45	02.00
an	Ålesund	12.00	23.45
ab	Ålesund	15.00	00.45
	Molde	18.00	21.15
	Kristiansund	23.00	17.00
an	Trondheim	06.00	06.30
ab	Trondheim	12.00	10.00
	Rørvik	21.15	21.30
	Brønnøysund	01.00	17.00
	Sandnessjøen	04.15	13.00
	Nesna	05.30	11.00
	Ørnes	09.30	07.15
an	Bodø	12.30	01.00
ab	Bodø	15.00	04.00
	Stamsund	19.30	21.15
an	Svolvær	21.00	18.45
ab	Svolvær	22.00	19.15
	Stokmarknes	01.00	15.15
	Sortland	03.00	13.15
	Risøyhamn	04.30	11.15
an	Harstad	06.45	08.00
ab	Harstad	08.00	08.45
	Finnsnes	12.00	04.45
an	Tromsø	14.45	23.45
ab	Tromsø	18.00	01.30
	Skjervøy	22.30	20.00
	Øksfjord	02.00	16.15
an	Hammerfest	05.30	11.45
ab	Hammerfest	08.00	13.15
	Havøysund	11.00	09.15
	Kjøllefjord	20.00	04.15
	Mehamn	22.15	02.00
	Berlevåg	01.00	23.15
	Båtsfjord	03.00	21.15
an	Vardø	05.45	17.00
ab	Vardø	06.15	
an	Kirkenes	09.30	
ab	Kirkenes		11.45

SEHENSWÜRDIGKEITEN

Die Bergen-Besucherkarte gewährt kostenlosen Eintritt zu zahlreichen Museen und Sehenswürdigkeiten und ermöglicht zudem kostenloses Parken und ermäßigten Transport (24 Std. NOK 100; 48 Std. NOK 150).

HANSEATISCHES MUSEUM
Bryggen.
In einem der besterhaltenen alten Holzhäuser aus dem 18. Jahrhundert ist ein vollständiges Kontor aus der Hansezeit eingerichtet. Täglich 9 – 17 Uhr.

ALT-BERGEN
Sandviken.
Freilichtmuseum mit 35 alten Bergenser Holzhäusern.
Täglich 11 – 18 Uhr.

TROLDHAUGEN
In Hop, 8 km vom Zentrum. Edvard Griegs ehemaliger Wohnsitz, gebaut 1885. Im Sommer werden hier, meistens mittwochs, samstags und sonntags, Konzerte veranstaltet. 9.30 – 17.30 Uhr.

BERGEN-AQUARIUM
Nordnesparken 2.
Eines der großen Aquarien in Europa. Geöffnet 9 bis 20 Uhr.

BRYGGEN
Alte Holzgebäude mit charakteristischen Giebelfronten zum Hafen. Zentrum für Kunstgewerbe, Restaurants und Werkstätten.

DAMSGÅRD-HERRENHAUS
Im Stadtteil Laksevåg.
Restauriertes Herrenhaus von 1770. Parkanlage und Museum.
Di – So 11 – 16 Uhr.

FISCHEREIMUSEUM
Bontelabo.
Ausstellungen zur Küstenkultur und zum Fischfang. Mo – Fr 11–16 Uhr, Sa u. So. 12 – 16 Uhr.

ROSENKRANTZ-TURM
Bergenhus.
Kombinierter Festungs- und Wohnturm aus dem 16. Jahrhundert.
10 – 16 Uhr.

SCHIFFAHRTSMUSEUM
Sydneshaugen.
Geschichte der Schiffahrt.
Täglich (außer Sa) 11 – 14 Uhr.

ÅLESUND AKVARIUM
Nedre Strandgt.
Mo – Fr 10 – 17 Uhr; Sa 10 – 15 Uhr; So 12 – 16 Uhr.

SUNNMØRE MUSEUM
Borgundgavlen, 5 km vom Stadtzentrum .
Freilichtmuseum mit 50 Gebäuden aus der Region Sunnmøre.
Mo – Fr 11 – 16 Uhr,
Sa u. So 12 – 16 Uhr.

KULTURHISTORISCHES MUSEUM
Sydneshaugen.
Sammlungen aus dem Altertum bis zur Neuzeit, hauptsächlich aus Westnorwegen.
Täglich (außer Fr.) 11 – 14 Uhr.

MIDDELALDERMUSEET
Borgundkaupangen
Mo – Fr 11 –15 Uhr, So 12 – 16 Uhr.

UNTERKUNFT

KLOSTER PENSION
Klosteret 12,
Tel. 55 90 21 58.
Preisgünstige, neue Pension in zentraler Lage.
DZ etwa 550 NOK.

HOTEL ROSENKRANTZ
Rosenkrantzgt. 7,
Tel. 55 31 50 00.
Komfortables Hotel zwischen Fischmarkt und Bryggen.
DZ 990 NOK.

HOTEL BRYGGEN ORION
Bradbenken 3,
Tel. 55 31 80 80.
Bestes Frühstücks-buffet Bergens!
Zentrale Lage.
DZ etwa 950 NOK.

RESTAURANTS

Bergen ist der Ort in Norwegen, wo es sich lohnt, auf kulinarische Entdeckungsreise zu gehen.

BRYGGEN TRACTEURSTED
Bryggestredet,
Tel. 55 31 40 46.
Ältestes Restaurant Norwegens. Seit 300 Jahren in den alten Speicherhäusern.

MAXIME RESTAURANTHUSET
Ole Bull Plass,
Tel. 55 90 22 23.
Vergnügungspalast im Zentrum von Bergen. Mit Café, Bar, Pub, Diskothek, Live-Unterhaltung, Konzertsaal und Restaurant.

INSEL LYSØEN
Mit der Lysefjordlinie vom Busbahnhof in 50 Minuten. Die Villa des norwegischen Meistergeigers Ole Bull ist so erhalten geblieben, wie sie 1872 gebaut worden ist.
Mo – Sa 12 –16 Uhr, So 11 –17 Uhr.

Insider News

Der durchlöcherte Berg Torghatten ist eine geologische Besonderheit. Der 15 x 30 m große Durchbruch durch den 160 m dicken Berg wurde vermutlich von den Wellen ausgewaschen, als der Wasserspiegel höher lag. Ausgangspunkt für den Besuch ist Brønnøysund.
Vom Parkplatz 15 min zu Fuß.

Von Walen und Dorschen

Die alljährlichen Wanderungen der Dorsche bestimmen seit jeher den Lebensrhythmus der Menschen auf den Lofoten.

Mittlerweile sind 30 Neugierige aus fast ebenso vielen Ländern an Bord der „Kromhout“ und warten gespannt auf das Auslaufen des Schiffes. Kapitän Ragnvald Dahl und seine Mannschaft waren noch vor kurzem leidenschaftliche Walfänger.

Die Fahrt soll heute zum Kontinentalsockel vor der Küste gehen, zum „whale watching“, der unblutigen Form der Waljagd. Das Wetter ist trübe und regnerisch, es weht ein steifer Wind. Ein typisches Wetter für den Norden Norwegens. Schon beim Auslaufen aus dem kleinen Hafen von **Andenes** fängt das Boot gehörig an zu schaukeln. Kaum verschwindet die Inselgruppe der **Vesterålen** am Horizont, türmen sich schon die Wellen immer höher, und die „Kromhout“ taucht genüßlich in jedes Wellental, reitet dann auf den schäumenden Wellenkämmen und legt sich, für Landratten bedenklich stark, mal auf die linke, mal auf die rechte Seite.

Schnell teilen sich die Passagiere in drei Gruppen: Einigen von ihnen geht es derart schlecht, daß sie, trotz der Tabletten gegen Seekrankheit, jegliches Interesse an Walen verlieren, andere wiederum klammern sich verbissen an der Reling fest und hoffen auf ein paar schnelle Schnappschüsse und eine baldige Rückkehr in den ruhigen Hafen. Der Rest fühlt sich rundum wohl, genießt die Fahrt in vollen Zügen und verlangt nach dem mitgebuchten Lunch.

Nach einigen Seemeilen erreicht das Schiff den Kontinentalsockel, wo sich die Pottwale aufhalten sollen. Denn hier finden sie ihre Lieblingsspeise Tintenfisch in Hülle und Fülle. Die „Kromhout“ macht jetzt nur noch wenig Fahrt, und der Ausguck, hoch über dem Deck, ist mittlerweile auch besetzt. Von nun an ist die Spürnase von Ex-Walfänger Ragnvald Dahl gefragt. Er muß mit seinem von Kindesbeinen an geschulten Jagdinstinkt die Tiere aufspüren.

Plötzlich erschallt sein Ruf „kval“. Die „Kromhout“ nimmt augenblicklich Fahrt auf und nähert sich der Stelle, wo sich der Wal durch eine weiße Fontäne verraten hat. Die Experten erkennen sofort, daß es sich um einen Pottwal handelt, der gerade von einem seiner Beutezüge an die Wasseroberfläche zurückgekehrt ist. Für die Laien ist es auf diese Entfernung fast unmöglich, das Tier zwischen den hohen Wellen auszumachen. Erst als das Schiff ganz nah ist,

Wie zum Abschied „winkt“ der Wal mit seiner Schwanzflosse.

Der Höhepunkt jedes „whale watching“: Die glänzende Schwanzflosse eines abtauchenden Wals ragt monumental aus den Fluten.

Aufgeregt warten die Passagiere auf ihre erste Begegnung mit einem Wal.

erkennt man den nur wenige Zentimeter aus dem Wasser ragenden, glänzenden Rücken eines Pottwales. Der riesige Meeressäuger mußte an die Wasseroberfläche kommen, um nach Luft zu schnappen und seine Lungen für einen weiteren Tauchgang aufzutanken. Früher kosteten diese Atempausen ihn häufig das Leben, heute genießen heftig durchgeschaukelte Naturliebhaber den eigentlichen Höhepunkt des Ausfluges, das Abtauchen, aus nächster Nähe.

Alle hantieren aufgeregt mit ihren Kameras. Plötzlich ist es dann soweit: Die riesige Schwanzflosse taucht aus dem Wasser auf, steht für eine Sekunde senkrecht in der Luft und verschwindet dann wieder im Wasser. Auf diesen

Schon seit Jahrzehnten fährt er auf Walfang.

kurzen Augenblick haben alle an Bord gewartet. Was mag jetzt in Ragnvald Dahl vorgehen? Wie groß ist die Enttäuschung darüber, die „Beute" unbehelligt in der Tiefe verschwinden zu sehen? Hat er sich mit der unblutigen Waljagd schon abgefunden? Jedenfalls blickt er recht mürrisch, und ein Gespräch mit ihm will nicht so recht in Gang kommen.

Im Laufe des Tages wiederholt sich das Schauspiel der abtauchenden Pottwale noch einige Male, bis das Wetter auch dem Kapitän zu schlecht wird und der Walfänger das Schiff zurück nach Andenes steuert. Dann tauchen noch einige „spekkhogger" am Horizont auf. So nennen die Norweger die **Orcas**, die wir als Schwert- oder auch Killerwale kennen. Sie verraten sich durch ihre dreieckigen Rückenflossen und ihre schwarzweißen Körper.

Schauplatz dieser einzigen **Walsafari** in Europa sind die Vesterålen-Inseln, ein gutes Stück jenseits des Polarkreises. Nördlicher Vorposten der Inseln ist Andenes, ein kleiner Ort mit vielleicht 4000 Einwohnern, der sich wenig malerisch um die Nordlichtstation gruppiert. Vor den Walsafaris verirrten sich nur wenige Touristen auf diese Inselgruppe, die meisten blieben auf den **Lofoten** hängen, deren Landschaft viel spektakulärer ist: Statt bizarrer Gipfel prägen nur noch sanfte Hügel und weite Moore die Vesterålen .

Dreh- und Angelpunkt für die Beobachtung und Erforschung der Wale ist das **Walzentrum** in Andenes, das in einer ehemaligen Fischfabrik am Hafen untergebracht ist. Initiator ist der dänische Meeresbiologe Morten Lindhard, der mit einem Startkapital vom Worldwide Fund for Nature (WWF) und der Hilfe des örtlichen Fremdenverkehrsverbands die ersten Walsafaris auf die Beine gestellt hat. Er hat eine kleine Gruppe Meeresbiologen um sich versammelt, die das Leben der Wale erforscht und sich gleichzeitig um die Touristen kümmert.

Für ihn haben die Touristen, die von Juni bis September auf Walsafari gehen, eine doppelte Funktion: Sie bringen Geld in die Kasse und finanzieren die laufenden Kosten des Projekts. Sie sollen aber auch Botschafter sein, denn wer einmal die „Fluke", die querstehende Schwanzflosse eines Pottwals, gesehen hat, empfindet sofort Achtung und Bewunderung für diese Tiere und ist damit sensibilisiert, wenn es um den kommerziellen Walfang geht.

Morten hat viel zu tun, und wenn man sich mit ihm unterhält, hat man fast ein schlechtes Gewissen, ihn von viel wichtigeren Dingen abzuhalten. Aber erzählt er erst einmal über die Pottwale vor Andenes, ist er in seinem Element:

„Der Pottwal, der Riese unter den Zahnwalen, wird bis zu 18 Meter lang und ist ein Meister im Tauchen. Auf der Jagd nach Nahrung bleibt er bis zu einer Stunde unter Wasser und taucht ein bis zwei Kilometer tief."

Seine Beute sind die Tintenfische der Tiefsee, die bis zu einer Tonne auf die Waage bringen und selbst dem Pottwal mächtig zu schaffen machen können. Die Kämpfe zwischen Jäger und Gejagtem finden ohne Zeugen in der Tiefe des Ozeans statt. „Aber wir haben Fotos", so Morten, „auf denen man die Abdrücke der Saugnäpfe auf der Walhaut sehen kann."

Jahrzehntelang wurden nicht nur die Pottwale gnadenlos gejagt und fast ausgerottet, ohne daß man sich die Mühe gemacht hätte, etwas über ihre Lebensweise in Erfahrung zu bringen. Morten und seine Crew versuchen, diese Wissenslücke zu schließen. Bis jetzt wissen sie aber noch nicht einmal genau, wie viele Tiere sich vor der Küste aufhalten. Anscheinend sind es aber nur ausgewachsene männliche Tiere, die den Weg zu den Vesterålen finden. Die Weibchen und die Jungtiere bleiben vermutlich in südlichen Gewässern. Auf den täglichen Exkursionen versucht das Team, möglichst viele Tiere zu fotografieren, denn die Schwanzflossen sind wie Fingerabdrücke: Jede hat ihre ganz charakteristische Form. Morten zeigt mir stolz sein Bildmaterial – zum Großteil noch ungerahmte Dias. Aber irgendwann soll ein umfangreiches Bildarchiv daraus werden, das die Walpopulation und ihr Wanderverhalten dokumentiert. Im Winter muß die Arbeit allerdings unterbrochen werden, denn die Dunkelheit jenseits des Polarkreises verhindert für einige Monate eine fotografische Auswertung.

In der Tiefe orientiert sich ein Pottwal wahrscheinlich fast ausschließlich mit Tönen. Statt eines visuellen Bildes macht er sich ein akustisches Bild seiner Umgebung. Aber viele Töne, die die Tiere dabei erzeugen, sind für das menschliche Ohr unhörbar. Erst nach der technischen Bearbeitung erinnern die Tonfolgen an Gesänge und lassen vermuten, daß die Pottwale über ein sehr differenziertes Kommunikationssystem verfügen.

Zum Schluß präsentiert Morten noch eine abenteuerliche Theorie: Der riesige Kopf des Pottwales, der ein Drittel seiner gesamten Körperlänge ausmacht, enthält im Bereich der Nase ölgefüllte Kammern, die wahrscheinlich den Auftrieb des Tieres regulieren. „Vielleicht benutzen die Pottwale ihre riesige Nase auch als Lautkanone, um damit ihre Beute zu betäuben oder sogar zu töten. Die linsenförmigen Ölkammern könnten der Schallverstärkung dienen.“ Eine phantastische Vorstellung, die aber deutlich macht, wie wenig selbst die Fachleute von diesen faszinierenden Tieren wissen.

Während das Walzentrum in Andenes mit einer Synthese aus Tourismus und Wissenschaft neue Wege geht, um etwas mehr Licht in das Leben der Meeressäuger zu bringen und Verständnis für die Notwendigkeit ihres Schutzes zu wecken, geht im Nordmeer die Jagd auf Zwergwale weiter. Neben Japan ist Norwegen das einzige Land, das sich den Beschlüssen der Internationalen Walfangkommission hartnäckig wider-

Blick auf den Küstenort Andenes, Ausgangspunkt jeder Walsafari.

Statt eines visuellen Bildes macht sich der Pottwal in der Tiefe des Meeres ein akustisches Bild von seiner näheren Umgebung.

setzt und trotz massiver Proteste von Umweltschützern nicht auf den kommerziellen Walfang verzichten will. Die Fronten sind mittlerweile so verhärtet, daß die Norweger nicht mehr mit sich reden lassen und den Walfang zu einer Frage der nationalen Souveränität hochstilisiert haben. Auch ihr Botschafter in Deutschland verkündet dies mit eiserner Überzeugung.

Vor der norwegischen Küste kämpfen inzwischen **Greenpeace** und der militante amerikanische Tierschützer **Paul Watson** gegen die Schiffe der Walfänger, die sich ihrerseits bei der Marine Schutz holen. Die internationale Öffentlichkeit steht fast geschlossen auf der Seite der Tierschützer und hält die Norweger für herzlos und grausam. Zu eskalieren begann der Streit vor ungefähr zehn Jahren, als die Internationale Walfangkommission vor der Fangsaison 1986 ein Moratorium für den kommerziellen Walfang beschloß. Die norwegische Regierung wehrte sich mit allen Mitteln dagegen, denn für sie gab es keine wissenschaftliche Grundlage für diesen Beschluß. Erst als die USA drohten, Fischimporte aus Norwegen mit Sanktionen zu belegen, lenkte sie ein – vorerst! Diese Niederlage schmerzte und kam einer nationalen Schande gleich.

Schließlich hatten die Norweger schon seit dem Mittelalter vor der Küste nach Walen Ausschau gehalten und waren ohne Reglementierungen auf die Jagd gegangen. Zu Beginn des Jahrhunderts beherrschten die norwegischen Gesellschaften den Walfang auf der ganzen Welt. Ihre Harpuniere erlegten ungefähr eineinhalb Millionen großer Wale. Damit war der Bestand aber so stark dezimiert, daß sich die Jagd nicht mehr lohnte. Statt dies als eine deutliche Warnung zu akzeptieren, fuhren die Norweger fort, die Meeressäuger zu töten. Die hemmungslose Ausbeutung ging weiter.

Ein Lofotenfischer fährt mit seinem Kutter hinaus aufs offene Meer.

Die Fronten sind längst verhärtet. Die Norweger haben das Problem des Walfangs gezielt zu einer Frage der nationalen Souveränität hochstilisiert.

Jetzt gerieten auch die kleinen Wale ins Schußfeld, um die sich bisher niemand gekümmert hatte. In den darauffolgenden Jahren wurden 100.000 Zwergwale getötet und damit ihr Bestand in Küstennähe fast ausgerottet. Auch hastig festgelegte Fangquoten halfen den Tieren nicht, die Walfänger suchten jetzt nicht nur in Küstennähe nach den Zwergwalen, sondern durchkämmten systematisch die Ozeane nach ihnen. Aber Wissenschaftler sammelten immer mehr Beweise, daß die Zwergwalpopulation rapide abnahm, es ließ sich nicht mehr verschleiern, daß etwas schiefgelaufen war.

Die letzten Wale wurden dann schließlich im Namen der Wissenschaft gefangen, mit dem Segen der Internationalen Walfangkommission, aber ihr Fleisch wanderte „nebenbei" in die Spezialitätenrestaurants. Wie zum Trotz, möchte man meinen, wurden jetzt Zwergwale gegessen. Früher war ihr Fleisch auf keiner Speisekarte zu finden, es wurde höchstens in Pelztierfarmen verfüttert.

Der Streit um die Wale ist heute eigentlich völlig unverständlich. Ein echter Wirtschaftsfaktor ist der Walfang schon lange nicht mehr, Erdöl, Fischzucht und Tourismus haben ihm den Rang abgelaufen. Trotzdem hat Norwegen 1994 300 Zwergwale zum Abschuß freigegeben, und 32 Boote machen sich auf die Jagd, um pro Tier durchschnittlich 16.000 Mark in die Kasse zu bekommen. Ein einfaches Rechenexempel zeigt, daß dies zwar für einige ein guter Zusatzverdienst ist, aber selbst für den finanzschwachen Norden keine nennenswerte Finanzspritze darstellt. Werden noch die Kosten für den Geleitschutz durch die Küstenwache hinzugerechnet, bleibt unter dem Strich nur noch ein dickes Verlustgeschäft.

„Whale watching" hingegen bringt jetzt schon einige Millionen Kronen nach Andenes. Ein kompetenter und konsequenter Ausbau dieses Tourismuszweiges wäre mit Sicherheit lukrativer als der Abschuß der Meeressäuger. Fotografieren läßt sich ein Wal viele Male, harpunieren nur einmal!

Wenn ganz Norwegen im Winterschlaf liegt, erwachen die Lofoten zu hektischer Aktivität. Schon seit Menschengedenken kommt zu dieser Jahreszeit der **Dorsch** zur Laichablage in die Gewässer vor den Lofoten, und mit ihm kommen die Fischer aus allen Teilen des Landes. **Johan Bojer** (1872 - 1959) erzählt in seinem Roman „Die Lofotfischer" vom Kampf der Fischer um die Jahrhundertwende gegen Wind und Wellen und von ihrer Suche nach Reichtum und Glück. Es ist die Geschichte des Kristaver Myran, der mit seinem Sohn Lars, Henrik Rabben, Kaneles Gomon, Elezeus Hylla und Arnt Aasan im neugekauften Boot „Robbe" auf Dorschfang geht.

„Für Kristaver Myran war es ein großer Tag. Das, wonach er sich viele Jahre lang in aller Stille gesehnt hatte, war endlich Wirklichkeit geworden. Hier stand er als Führer seines eigenen Lofotbootes.

Der bekannte Strand mit den kleinen Häusern verschwand, und der frische Landwind trug die 'Robbe' durch die Krappseen. Es ging den alten Weg nordwärts, Hunderte von Meilen in Sturm, Frost und Schneegestöber. Denselben Weg, den schon die Vorfahren seit langen, langen Zeiten gezogen waren."

Typische Küstenlandschaft in der Nähe von Flakstadøya.

Auf **Flakstadøya** sind die ältesten Spuren der Lofotenbewohner gefunden worden. An der Ostküste der Insel, in der Nähe von Napp, gibt es einen überhängenden Fels, der den Menschen vor 6000 Jahren Schutz bot. In Storbåthellaren hinterließen sie eine steinzeitliche Müllkippe, die sich wie ein offenes Geschichtsbuch lesen läßt. Die Bewohner gingen auf die Jagd, hielten aber auch schon Ziegen und Schafe als Haustiere. Sie waren wahrscheinlich die ersten Lofotenfischer, denn in ihrer Müllkippe fanden sich Fischgräten, Angelhaken und einfache Harpunenspitzen. Da die Lofoten zu dieser Zeit noch mit ausgedehnten Kiefern- und Birkenwäldern bedeckt waren, hatten sie auch genug Baumaterial für ihre noch primitiven Boote.

„Auf den Klippeninseln lagen mehrere kleine Hütten mit Rasendach, überragt von der Kirche, dem Krankenhaus, dem Seemannsheim, sowie dem weißen Wohnhaus des 'Platzkönigs'. In den Sunden und im Hafen wiegte sich ein Wald von Masten, da lagen Dampfer, Segelschiffe, große und kleine Boote.

Im Fischereihafen von Stamsund, Lofoten.

Mehr als dreißig solcher Fischerplätze gab es auf den Lofoten, in dieser Jahreszeit waren sie alle wimmelnden Städten gleich. Hier waren Fischer aus dem Norden und Süden zusammengeströmt und überwinterten auf einem Küstenstreifen von einigen hundert Meilen."

R**orbuer** gehören wie die wilden Berge und das Meer zum Bild der Lofoten. Es sind buntgestrichene, direkt am Wasser oder auf Pfählen über dem Wasser errichtete Holzhäuser. Heute werden viele von ihnen im Sommer als recht luxuriöse Ferienwohnungen an Touristen vermietet. Gebaut wurden sie für die Lofotfischer, die ersten wahrscheinlich schon von König Øystein, der im 12. Jahrhundert ein Einsehen mit den Fischern hatte. Trotzdem schliefen auch später noch viele Fischer unter ihren umgedrehten Booten, einen ganzen harten Winter lang. Die Rorbuer wurden von ihren Besitzern für eine ganze Saison an die Fischer vermietet, als Gegenleistung verkauften diese ihnen ihren Fisch. Die Lebensbedingungen in solch einer „Rorbu" müssen elendig gewesen sein: Die kleinen Häuser bestanden aus einem Vorraum für Gerätschaften und Vorräte und einem Raum, den sich eine ganze Bootsbesatzung, in der Regel zehn Mann, teilte. Hier wurde gekocht, gegessen, geraucht, getrunken und geschlafen. Die Rorbu stank nach ewig nassen Kleidern, Schweiß, Fisch und Tran, abends war sie heiß und feucht, morgens, wenn das Holz im Ofen heruntergebrannt war, war alles gefroren. Heute wohnen die meisten Fischer zwar beengt, aber doch recht komfortabel auf ihren Booten.

„Endlich war der erste Fischtag, und lange bevor es hell wurde, lag die Fischerflotte in dichtem Schwarm vor der Ausfahrt in die offene See und wartete, daß die Signalflagge von der Aufsicht gehißt wurde. Die Ruder rieben sich knarrend aneinander, ein Boot rannte gegen den Nachbarn und wurde gleichzeitig von der anderen Seite eingepfercht. Schimpfworte und Flüche erfüllten die Luft, alle wollten zuerst hinaus. Da ... jetzt geht die Flagge hoch, war vorher Gedränge, gibt es jetzt wirklich Spektakel, Ruder werden zerbrochen, Geheul und Geschrei ertönt, hier und da fährt ein Bootshaken in die Höhe, um zu schlagen."

Der Dorsch, von den Norwegern „skrei" genannt, ist auch als Kabeljau bekannt. Nach Neujahr brechen Millionen Fische aus dem Eismeer zu einer Wanderung entlang der norwegischen Küste auf. Erst vor den Lofoten, speziell im Vestfjord, finden sie ideale Laichbedingungen. Hier werden sie von den Lofotenfischern schon erwartet. Die befruchteten Eier entwickeln sich zu Larven, die mit der Strömung nach Norden treiben. Ab April ernähren sie sich von Plankton, das sich jetzt sprunghaft vermehrt. Der Zug der Jungfische nach Norden dauert ungefähr drei Jahre, im Alter von sieben bis zehn Jahren werden die Fische geschlechtsreif, und der Kreislauf beginnt von neuem. Gerät der Dorsch vor den Lofoten nicht ins Netz, kann er viele Laichzüge unternehmen.

„Die Fischer ziehen mit jedem Angelwurf einen Dorsch an Bord, die Netze sind heute schwer beladen, die Männer ziehen und ziehen, der graue Strom, der über die Rolle geht, ist zottig vor Fischen, hier und da fällt einer herunter und schwimmt mit dem Bauch nach oben. Der Bootsführer stürzt fast kopfüber ins Wasser, wenn er ihn mit der Gaff wieder ins Boot reißt. Heute bleiben sie lange auf See, denn alle Fische müssen aus den Netzen genommen werden, damit diese von neuem ausgelegt werden können."

Der gefangene Fisch wurde sofort ausgenommen und paarweise an den Schwänzen zusammengebunden auf große Holzgestelle gehängt. Dort trocknete er in einigen Monaten zu **Stockfisch**. Die Köpfe wurden ebenfalls zum Trocknen aufgehängt und dann zu Fischmehl verarbeitet. Die Zungen galten als Delikatesse und wurden traditionsgemäß von Kindern herausgeschnitten. Aus der Leber wurde Tran gekocht, der Rogen eingesalzen und in Holztonnen gefüllt.

Ein Teil des Fanges wurde zu **Klippfisch** verarbeitet. Dazu wurden die Fische ausgenommen, gesalzen und auf den Klippen am Ufer zum Trocknen ausgebreitet. Heute werden zuerst die Kühlhäuser mit Kabeljaufilets gefüllt, bevor die Trockengestelle bestückt werden. Der qualitativ beste Stockfisch wird auch heute noch nach Italien exportiert, wo er während der Fastenzeit gegessen wird. Afrika bekommt das Gros der Trockenfische. In vielen afrikanischen Ländern, hauptsächlich Nigeria,reicht es nur zum Kauf der getrockneten Fischköpfe.

„Sie hatten seit einer Woche kein gekochtes Essen bekommen, sie hatten tagelang gehungert, jetzt mußten sie etwas anderes haben als Kaffee und Fladenbrot.
'Mölje!' sagte einer.
'Mölje!' stimmten die meisten ein. Das war ein Essen, und es war dieses Jahr noch nicht auf den Tisch gekommen. Henrik trug mehrere Schüsseln mit zerstückeltem Fladbröd herein, dann kam der Topf mit gekochter, dampfender Leber, von der er eine reichliche Portion auf jede Schüssel verteilte. Das Fett glänzte auf den Fladbrödhaufen, jetzt wurde Molkenkäse geschabt und darüber gestreut und schließlich wurde Sirup in langen goldenen Schlangen über das ganze gegossen. Dann wird alles mit dem Löffel verrührt, daß es wie ein Brei wird. Herrgott, das schmeckt!"

Die Lofotenfischer brachten ihren Fang nach Bergen und deckten sich danach für ein Jahr mit Vorräten ein. War es ein schlechtes

Gesalzen und geköpft werden die Dorsche an Trockengestelle gehängt.

Alljährlich tauchen Millionen von Dorschen während ihrer Wanderung vor der Küste der Lofoten auf.

Jahr auf dem Lofot gewesen, mußte der Fischer anschreiben lassen. Da die schlechten Jahre überwogen, waren viele bald hoffnungslos verschuldet. Von 1250 bis 1550 war Bergen fest in der Hand deutscher Kaufleute. Die Hanse lieferte damals Getreide und diktierte im Gegenzug die Preise für Stockfisch.

Die großen Zeiten der Lofotenfischer sind unwiederbringlich vorbei. Gegen Ende des 19. und zu Beginn des 20. Jahrhunderts arbeiteten noch bis zu 30.000 Fischer auf den Lofoten, und Fänge von weit über 100.000 Tonnen pro Saison waren keine Seltenheit. Doch bald machte sich der Raubbau bemerkbar. Trotz staatlich limitierter Fangquoten ging es immer weiter bergab. Dann kamen die Seehunde und fraßen den Fischern angeblich die Dorsche weg. Aber die Seehunde verschwanden wieder, und die Dorsche wurden nicht mehr. Ende der achtziger Jahre kamen deshalb nur noch ungefähr 2000 Fischer zum Dorschfang auf die Lofoten. Ihnen wurden gerade noch knapp 10.000 Tonnen zugeteilt. Wer heute den Lofotfischfang sehen will, der muß genau hinschauen. In jedem Hafen ein paar Boote, einige Fischfabriken, aber die Gestelle bleiben lange leer. Von der brodelnden Hektik, wie sie um die Jahrhundertwende herrschte, ist nicht mehr viel zu spüren. Nur der Geruch nach Fisch ist geblieben.

Walzenartig schiebt sich diese Wolkenbank über die Felsenküste bei Eggum.

„Konnte der Sturm noch schlimmer werden? Es war, als berste der rauchende Himmel in großen Rissen, aus denen Feuer hervorzüngelte. Die langen, gelben Unwetterlichter am Himmel warfen seltsame Flammenstreifen auf das rauchende Meer. Wenn sie auf einen Wellenkamm hinaufpflügten und von der rasenden Fahrt der Wogen mitgerissen wurden, dann schien das Boot selber sich aus dem Meer emporzuheben und in der Luft zu fliegen. Es war, als verliere das Boot den Halt, an den es sich anklammern mußte. Und in einem solchen Augenblick geschah es, daß die 'Robbe' vornüber in ein Wellental hinunterfuhr, sich dann gegen den Wind drückte und kenterte. Die Wellen schlugen darüber hin, aber jetzt war der Kiel nach oben gekehrt. Es ertönte ein Aufschrei von fünf Männern, als sie umschlugen. Sturm und Meer verschlang sie, dann war nichts mehr."

(Die Zitate stammen aus Johan Bojers Roman „Die Lofotfischer". Titel der Originalausgabe: „Den siste Viking", Copyright © 1924, Auszüge mit freundlicher Genehmigung der C. H. Beck'schen Verlagsbuchhandlung, München)

Die großen Zeiten der Lofotenfischer sind unwiderruflich vorbei. Statt wie ehedem 30.000 Fischer gehen heute nur noch 2000 auf Dorschfang.

Henningsvær wurde auf mehreren Felseninseln erbau

Blick auf den Hafen von Reine mit der typischen Berglandschaft der Lofoten im Hintergrund.

WUNDERWELT DES NORDENS

Die Lofoten stellen für viele den landschaftlichen Höhepunkt Norwegens dar. Die aus dem Meer aufragenden Felsen und die roten Fischerhütten vermitteln Naturgewalt und die Einsamkeit des Nordens.

Auch der Winter hat auf den Lofoten ein ganz besonderes Flair.

Die Inselgruppe der Lofoten und Vesterålen liegt knapp nördlich des Polarkreises und ist vom Festland durch den Vestfjord getrennt. Die Lofoten bestehen aus fünf großen Inseln: Moskenesøy, Flakstadøy, Vestvågøy, Gimsøy und Austvågøy, die mittlerweile alle miteinander durch Brücken oder Tunnel verbunden sind. Vorgelagert sind Værøy und Røst. Nach Norden schließen sich die vier großen Vesterålen-Inseln Hadseløya, Langøya, Hinnøya und Andøya an. Vom südwestlichen Ende der Lofoten bis zum nördlichsten Punkt der Vesterålen sind es 270 Kilometer Luftlinie.

ALLGEMEINES

Das Gestein der Inseln ist mindestens drei Milliarden Jahre alt und hat seine heutige Form während der letzten Eiszeiten erhalten. Die schroffen Täler und bizarren Felsformationen wurden in erster Linie von lokalen Gletschern geformt. Scharfe Kanten und Spitzen blieben stehen, die durch die Verwitterung dann ihre vorläufig endgültige Form erhielten. Zwischen den einzelnen Inseln gibt es starke Gezeitenströme. Der bekannteste, der Moskenstrom zwischen Lofotodden und Værøy, bildete das Vorbild für Edgar Allan Poes Erzählung „Der Mahlstrom“. Eine gute Möglichkeit, auf die Lofoten und Vesterålen zu kommen, ist die Hurtigroute, die in Stamsund, Svolvær, Stokmarknes, Sortland, Risøyhamn und Harstad anlegt. Die meisten Autofahrer nehmen die Fähre von Skutvik nach Svolvær oder verlassen die E 6 nördlich von Narvik und wechseln auf die E 10.

SEHENSWERTES

SVOLVÆR

„Hauptstadt“ der Lofoten, 4000 Einwohner. Sehenswert ist bestenfalls das Gemälde von Gunnar Berg im Rathaus, das die Schlacht im Trollfjord aufgreift. Auf Svinøya, durch eine Brücke mit Svolvær verbunden, liegt das Vågan-Kunstsenter, das wechselnde Ausstellungen zeigt. Wahrzeichen der Stadt ist die Svolværgeita, eine Felsformation, die an die Hörner einer Ziege erinnert.

TROLLFJORD

Eine Bootstour zum Trollfjord gehört zu den Höhepunkten der Lofoten. Der Trollfjord ist zwei Kilometer lang, am Eingang aber nur 100 Meter breit, und die Felswände steigen an den Ufern fast senkrecht in den Himmel. Hier fand im Jahr 1890 die berühmte Schlacht der Lofotenfischer statt. Fischer in Ruderbooten kämpften gegen die modernen Dampfschiffe, die damals gerade anfingen, den Ruderbooten übermächtige Konkurrenz zu machen.
Mehrmals täglich am Hafen von Svolvær, Dauer der Tour: 3 Stunden.

SKROVA

Kleine Insel vor Svolvær. Zur Zeit des kommerziellen Walfangs hatte sie die größte Fangstation, in der das Fleisch auch gleich verarbeitet wurde. Das Ende des Walfanges war für Skrova eine wirtschaftliche und soziale Katastrophe. Heute versuchen die 300 Einwohner, ihr Geld mit einer der größten Lachsaufzuchtanlagen zu verdienen.

KABELVÅG

Nur 5 km von Svolvær. Sehenswert ist eine der größten Holzkirchen Norwegens, die Lofotkathedrale. Um Kabelvåg lagen die ersten Fischersiedlungen der Lofoten. Die Stadt war ehedem das Zentrum des Lofotfischfangs. In der Nähe liegt das Lofot-Museum, das über das Leben der Fischer informiert.
Geöffnet: Mo – Fr 9 –18 Uhr,
Sa u. So 10 –18 Uhr.
Gleich daneben liegt das Lofot-Aquarium, das Meeres- und Süßwasserfische und Diavorträge über die Lofoten zeigt.
Täglich 10 – 21 Uhr.

HENNINGSVÆR

Die auf mehreren Inseln erbauten Ortsteile sind heute mit kühn geschwungenen Brücken verbunden. Das „Venedig des Nordens“ ist eines der bekanntesten Lofotenmotive. Die bunten Holzhäuser drängen sich um den langgestreckten Hafen, auf den Trockengestellen hängen die Fische, und die gewaltigen Berge im Hintergrund runden das Bild ab.

EGGUM, UNSTAD, UTAKLEIV
Orte an der Nordwestseite, wo im Winter die Stürme besonders schlimm toben und im Sommer Touristen und Einheimische die Mitternachtssonne genießen. In Utakleiv lockt ein bizarrer Geröllstrand, an dem sich die Wellen brechen und dessen Steine in der tiefstehenden Sonne glitzern.

NUSFJORD
Ein klassisches Lofotenmotiv: die roten Rorbuer am kleinen, hufeisenförmigen Hafen. Mittlerweile leben nur noch knapp 100 Menschen im Ort, den die Unesco auf die Liste der Kulturdenkmäler gesetzt hat. Die rückläufigen Dorschfänge machen auch Nusfjord zu schaffen.

HAMNØY, REINE
Die Häuser von Hamnøy und Reine stehen auf mehreren Inseln, die heute alle mit Brücken verbunden sind. Der Ort liegt vor einer spektakulären Lofotenkulisse: Die wildgezackten, mächtigen Berge lassen die Häuser wie Spielzeuge wirken. Direkt an der Straße liegen einige Vogelkolonien. Die Dreizehenmöwen lassen sich durch die vorbeifahrenden Autos überhaupt nicht stören.

MOSKENSTROM
Å ist das Ende der Lofotenpanoramastraße. Von dort bietet sich ein guter Ausblick auf die Felseninseln Mosken und Værøy und den dazwischenliegenden berühmten Gezeitenstrom. Vom Ufer aus ist die Gewalt der Wassermassen gut zu erahnen, die hier zwischen den Inseln hindurchgepreßt werden.
Å hat sich in den letzten Jahren zu einem der größten Touristenzentren auf den Lofoten entwickelt. Der ganze Ort wurde inzwischen zum Museum erklärt, um so Kultur und Tradition zu erhalten. Ein Stockfisch-Museum ist im Aufbau, das alles Wissenswerte über das Trocknen und den Transport von Stockfisch vermittelt.

VÆRØY, RØST
Die zwei ungleichen Schwestern am südwestlichen Ende der Lofotenkette. Værøy bietet ähnlich wilde Berge wie die anderen Inseln der Lofoten, das flache Røst dagegen ragt nur wenige Meter aus dem Meer.
In der Hauptsaison gibt es eine tägliche Fährverbindung von Bodø nach Værøy, Røst und Moskenes. Røst ist bekannt für seine Vogelfelsen, auf denen Hunderttausende von Seevögeln brüten. Dreizehenmöwen, Krähenscharben, Baßtölpel, Austernfischer und Lundevögel veranstalten zur Brutzeit ein Höllenspektakel auf den Felsen.

NYKSUND
Auf der Vesterålen-Insel Langøya. Ein Mahnmal für den Niedergang der Fischerkultur in Nordnorwegen. Einst war das Dorf ein lebendiger Fischerort, wo die Rorbuer dichtgedrängt am kleinen Hafen standen. Aber irgendwann wurde Nyksunds Hafen zu klein für die großen Trawler, und der Fischhandel suchte sich andere Wege. Die Leute zogen weg, und auch der Anschluß an das Strom- und Straßennetz konnte den Trend nicht aufhalten. In den siebziger Jahren wurde Nyksund zum Geisterdorf, die Häuser verfielen. Erst die Initiative eines Berliners, der im Jahr 1986 die Internationale Nyksund-Stiftung gründete, ließ wieder Hoffnung aufkeimen. Mit Spenden und Geldern der Unesco wird seit Jahren versucht, den Verfall der Häuser zu stoppen und aus Nyksund ein internationales Begegnungszentrum zu machen. Trotzdem ist die Zukunft Nyksunds noch keineswegs gesichert. Informationen bei:
Den Internasjonale Nyksundstiftelse
Postboks 340
N-8430 Myre.

ANDENES
An der Nordspitze der Vesterålen. Der Ort hat wenig Charme, die Reihenhausarchitektur und das großflächige Raketenabschußgelände der Nordlichtforschungsstation beherrschen das Stadtbild. Von Andenes aus starten im Sommer täglich Walsafaris, die eine fast hundertprozentige Sicherheit bieten, Pottwale zu beobachten. Am Walzentrum, das auch als Touristeninformation dient, beginnen auch Touren zur Bleikøya, einem Vogelfelsen direkt vor der Küste.

UNTERKUNFT

Zwar kann man auch auf den Lofoten und den Vesterålen im Hotel übernachten, aber wesentlich beliebter und empfehlenswerter sind die Rorbuer, die ehemaligen Fischerhütten auf Stelzen – die Version der Ferienwohnung auf den Lofoten!

MARINA HOTEL
Svolvær, Tel. 76 07 07 77.
DZ etwa 850 NOK.

Für eine Übernachung in den Rorbuer muß man in der Regel zwischen 125 NOK pro Bett und etwa 1000 NOK pro Wohneinheit zahlen. Der genaue Preis hängt von der Größe der Wohneinheit und der Ausstattung ab.

STATLES RORBUSENTER
Großer Rorbuer-Komplex im malerischen Ort Mortsund.
Preis pro Einheit 400 – 1800 NOK.
8353 Mortsund, Tel. 76 08 75 55.

Insider News

PER RAD ÜBER DIE LOFOTEN
Nicht unbedingt zu erwarten: Die Lofoten sind ein echtes Radfahrerparadies! Hinter jeder Ecke wartet ein neuer Ausblick auf die bizarr geformten Berge. Dabei sind die Straßen nicht nur gut asphaltiert, sondern auch fast ohne Steigungen.

NORDISCHES STRANDLEBEN
Auf den Lofoten und Vesterålen findet man eine Reihe wunderschöner Sandstrände. Die Wassertemperaturen sind zwar nicht jedermanns Geschmack, aber das kristallklare Wasser und der feinkörnige weiße Sand vor der grünen Lofotenkulisse sind äußerst spektakulär.
Einer der längsten Sandstrände Norwegens liegt an der Westküste von Andøya nahe dem kleinen Ort Bleik. Auf Flakstadøya ist der Strand bei Ramberg besonders schön, und am Hauklandstrand auf Vestvagøy fühlt man sich an die Südsee erinnert – nur die Palmen fehlen!

6 Museen & Stabkirchen

Lebendige Vergangenheit

Norwegens Kultur und Geschichte wie im Brennglas: Die Freilichtmuseen spiegeln den norwegischen Alltag wider.

Die Stabkirche in Heddal mit ihren sich überlappenden Dächern ist Norwegens größte Stabkirche.

Norwegen ist das Land der klaren Flüsse und Seen, der endlosen Wälder, kargen Hochebenen und imposanten Fjorde. Die meisten Urlauber fahren wegen dieser wilden Natur, die in Europa ihresgleichen sucht, gen Norden. Wer Kultururlaub machen will, fährt in den Süden, in die Hochburgen der europäischen Kultur, wo die Geschichte der letzten Jahrhunderte geschrieben wurde. Auf den ersten Blick mag diese Verteilung der Reiseströme Sinn machen – wer sich aber etwas Zeit nimmt, wird auch Norwegen und seine Kultur schätzen lernen.

Das Land am nördlichen Ende Europas hat sich nie mit Palästen, Burgen oder monumentalen Sakralbauten geschmückt. Wenn gebaut wurde, dann waren es meist schlichte Holzgebäude, von denen ein Teil im Lauf der Jahrhunderte verrottete und durch modernere ersetzt wurde. Die Städte fielen immer wieder verheerenden Bränden zum Opfer. Was das Feuer verschont hatte, litt schließlich unter den Bomben des Zweiten Weltkrieges. Wie würden Norwegens Städte heute aussehen, hätten nicht Feuer und Krieg immer wieder für einen hektischen Bauboom gesorgt? Wir könnten wohl noch durch jahrhundertealte Viertel streifen, die uns bereitwillig ihre Geschichte erzählen würden. Was geblieben ist, sind Fragmente, die mühsam zu einem Gesamtbild zusammengefügt werden müssen.

Außerdem hatte Norwegen nur selten eine reiche Oberschicht, die sich durch Monumentalbauwerke ein Denkmal setzen konnte. Die meisten Menschen waren Bauern und lebten auf weit verstreuten Einzelgehöften. So machen denn auch die Hinterlassenschaften der einfachen Menschen, die in mehr als 300 Heimatmuseen gesammelt werden, das kulturelle Erbe des Landes aus. Manche Museumsdörfer bestehen nur aus einer Handvoll von Häusern, andere bewahren bis zu 100 Gebäude sowie zahlreiche Kunstwerke und Gebrauchsgegenstände vor dem Verfall. Alle Museumshäuser sind liebevoll instandgesetzt, ohne totrestauriert zu wirken. Der Blick in die gute Stube läßt dort die harten Lebens- und Arbeitsbedingungen der Landbevölkerung während der letzten Jahrhunderte erahnen.

Die Geschichte der Freilichtmuseen beginnt Ende des letzten Jahrhunderts, noch während der Union mit Schweden, die die Norweger immer als Last empfanden und die ihnen viel von ihrer kulturellen Identität nahm. Viele Museen entstanden um die Jahrhundertwende aus dem wieder erwachenden Selbstvertrauen und Nationalgefühl der Norweger heraus.

Auch die Auswanderungswelle nach Amerika, die nach 1860 ihren Höhepunkt erreichte, begünstigte letztendlich die Rückbesinnung auf die alte norwegische Bauerntradition. Das starke Bevölkerungswachstum hatte die Lebensbedingungen in Norwegen immer mehr verschlechtert, als sich die Nachricht von billigem Land und sagenhaften Gewinnen in Amerika wie ein Lauffeuer ausbreitete. Wer es in Amerika geschafft hatte, übte eine Sogwirkung auf die Daheimgebliebenen aus: So wagten schließlich mehr als 800.000 Norweger den Sprung in die Neue Welt. Was sie zurückließen, waren Armut und Elend.

Nur wenige der Zurückgebliebenen erkannten, daß die Relikte der angestammten Bauernkultur ihren eigenen Wert besaßen. Das Haus der Bauern im Gudbrandsdal, der jetzt in Amerika

Erst ab Mitte des 19. Jahrhunderts begann man sich auf die alten Traditionen zu besinnen.

Holzschnitzerei im Innern der Stabkirche von Urnes.

Auch im Innern der Stabkirche von Urnes dominiert Holzarchitektur ohne Prunk.

Frühling auf einem Bauernhof in Uvdalen.

lebt, dokumentierte, wie das Leben auf dem Land damals war: hart, einfach und oft vom Hunger geprägt. Und es repräsentiert einen wesentlichen Teil der norwegischen Geschichte.

In Oslo läßt sich ein erster Blick auf die Kultur und Tradition Norwegens werfen: Im Oslofjord auf der Museumsinsel Bygdøy zeigt das **Norwegische Volksmuseum** eine der größten Sammlungen historischer Gebäude. Die hier ausgestellten Häuser wurden nach und nach aus allen Landesteilen hierher geschafft, restauriert und neu aufgebaut.

Den Grundstock hat der schwedisch-norwegische König Oskar II. gelegt. Er besaß eine Sommerresidenz auf Bygdøy und ließ die Stabkirche von **Gol**, die abgerissen werden sollte, in seinem Park wieder aufbauen. 1902 wurde das Gelände dann zum Norwegischen Volksmuseum. Heute bietet es einen repräsentativen Querschnitt durch die norwegische Holzhausarchitektur der letzten Jahrhunderte. Die Gebäude sind auf dem Museumsgelände geographisch geordnet, der Rundgang führt durch ein „Norwegen en miniature“, vom Setesdal nach Telemark, Numedal, Hallingdal, Trøndelag und natürlich auch ins Gudbrandsdal. Bei genauerem Hinsehen fällt auf, daß jeder Landesteil, manchmal sogar jedes einzelne Tal, im Lauf der Jahrhunderte seinen eigenen, unverwechselbaren Baustil entwickelt hat.

Eines der ältesten erhalten gebliebenen Wohnhäuser des Landes steht im Osloer Museum: Es stammt aus dem 13. Jahrhundert und gehörte früher zu einem Gehöft im **Numedal**. Als die Pest im Mittelalter in Norwegen wütete, hatte dieses Haus schon viele Generationen kommen und gehen sehen.

Besonders schöne Beispiele gekonnter Holzarchitektur sind die Speicher aus dieser Zeit – im Norwegischen „stabbur“ genannt –, in denen Korn, Fleisch, Brot und andere Nahrungsmittel in großen Bottichen aufbewahrt wurden. Sie waren oft die prächtigsten Gebäude des ganzen Gehöftes, dessen Türen und Türumrahmungen mit einer eigenartigen Ornamentik verziert wurden: Stilisierte Ranken, Menschenköpfe, aber auch geschnitzte Löwen- und Drachenköpfe schmückten diese Vorratshäuser.

„Stabbur“ sind traditionelle Speicher für Brot, Getreide und Fleisch.

Die Höfe waren damals Selbstversorger, Fisch und Fleisch wurden geräuchert oder getrocknet. Kühe und Ziegen lieferten Käse, Obst wurde eingekocht, Bier selbst gebraut, und auch das Brot wurde im heimischen Ofen gebacken. Das millimeterdünne „flatbrød“ wurde nur einmal im Jahr auf Vorrat hergestellt und dann im „stabbur“ gelagert. Es war die ideale Dauerkonserve, denn es hielt sich jahrelang, wahrscheinlich roch es dann nach Stockfisch, aber der Hunger ließ die Menschen nicht wählerisch sein. Das Flatbrød hat bis heute nichts von seiner Beliebtheit verloren, zum Nachmittagskaffee wird es immer noch mit karamelisiertem Ziegenkäse „geitost“, und mit Marmelade serviert.

Diese jahrhundertelange Notwendigkeit zur Selbstversorgung hat sich unauslöschlich in den Charakter der Norweger eingebrannt. Auch heute noch füllen sie begeistert ihre Tiefkühltruhen und Vorratskammern mit selbstangebautem Obst und Gemüse. Die Leidenschaft zum Fischen und Jagen liegt ihnen im Blut, und die Bier-, Wein- oder Schnapsherstellung im Schuppen hinter dem Haus hat eine lange Tradition, nicht nur wegen der hohen Alkoholpreise – sie macht einfach Spaß.

Die Spurensuche in der norwegischen Vergangenheit läßt sich am besten 200 Kilometer nördlich von Oslo, im **Folkemuseum Valdres** in Fagernes, fortsetzen. Es ist fast so alt wie das Osloer Museum und beherbergt ebenfalls viele sehenswerte historische Gebäude. Das älteste Ausstellungsstück in Fagernes ist ein Vorratshaus aus der Gegend von Hovi, das wahrscheinlich schon um 1200 gebaut wurde.

Die Stabkirche von Borgund, vermutlich der älteste erhaltene Holzbau in Europa.

Jahrhundertelang wurden die typischen Wohnhäuser in Norwegen aus horizontal übereinandergeschichteten Stämmen im Blockhausstil erbaut, die vertikale Stabbauweise war dagegen Sakralbauten vorbehalten. An den Enden wurden die Blockhausbalken so zugeschnitten, daß sie genau ineinanderpaßten, kleine Zwischenräume wurden mit Moos abgedichtet. Die ältesten Wohnhäuser bestanden nur aus einem großen Raum, der gleichzeitig Küche, Wohn- und Schlafzimmer war, sowie einer kleinen Kammer und einem Korridor. Oft war die Stube zum Dach hin offen, mit einem mächtigen Rundbalken, der von Giebel zu Giebel reichte. Die Feuerstelle befand sich anfangs noch mitten im Raum, als Rauchabzug wurde lediglich eine Öffnung im Dach ausgespart, Öfen und Schornsteine waren damals noch unbekannt.

Erst seit der Zeit um 1700 versah man die Häuser mit einem zweiten Stockwerk, um mehr Wohnraum zu schaffen. Damals erhielten fast alle Häuser Grasdächer – eine Bauweise, die auch heute noch vereinzelt außerhalb der Museen zu finden ist. Eine Schicht Birkenrinde als Unterlage – heute wird Dachpappe oder Plastikfolie verwendet – garantierte, daß kein Wasser eindrang. Darauf kamen zwei Schichten Grassoden, wobei die Wurzelschichten aufeinander gelegt wurden.

Die jahrhundertelange Notwendigkeit zur Selbstversorgung prägt auch heute noch die Mentalität der meisten Norweger.

Eine solche Dachkonstruktion isoliert hervorragend und hält fast so lange wie ein Ziegeldach. Erst ab der zweiten Hälfte des 18. Jahrhunderts wurden die Dächer öfter mit Schiefer gedeckt.

Bis heute bauen die Norweger ihre Häuser am liebsten aus Holz, das Baumaterial steht reichlich vor der Tür. Ein Viertel der Fläche Norwegens ist von Wald bedeckt – ein schier unerschöpflicher Vorrat für vier Millionen Menschen. Die traditionelle Blockhausbauweise ist allerdings ziemlich in Vergessenheit geraten, eine Ständerkonstruktion übernimmt heute den tragenden Teil, und die Verschalung mit vertikalen oder horizontalen Brettern sorgt für den Witterungsschutz. Die gesamte Holzkonstruktion, einschließlich des Dachstuhls, läßt sich so besser in vorgefertigten Teilen anliefern, und der Bauherr spart Kosten. Flinke Zimmerleute haben solch ein Haus in vier Wochen bezugsfertig aufgebaut. Da das Land nicht gerade unter Überbevölkerung leidet, können sich 60 Prozent der Familien den Luxus eines freistehenden Einzelhauses leisten. Zählt man noch die vielen Doppel- und Reihenhäuser dazu, so wird klar, warum es in Norwegen nur wenige Wohnsilos gibt.

Neben der typischen Wohnhausarchitektur umfaßt das Valdres-Volksmuseum auch eine umfangreiche „Hochgebirgsabteilung". Die Almwiesen, die Wälder und auch das Gebirge waren schon immer wichtig für die Versorgung der Landbevölkerung. Der Wald lieferte das nötige Brennholz und die Baustoffe, die Holzkohle für die Schmiede, und aus Kiefernwurzeln ließ sich Teer gewinnen. Um diese Rohstoffe einfacher auszubeuten, wurden an der Baumgrenze, manchmal sogar darüber, Almhütten und Scheunen gebaut. Die meisten Höfe im **Valdrestal** hatten mehrere Almen, die nächstgelegene war die „Heimalm", die weiter entfernte die „Sommeralm". Viele der heutigen Touristenzentren im Gebirge waren früher solche Almbetriebe. Jetzt erinnert nur noch der Namenszusatz „seter" an ihre eigentliche Aufgabe. Ein weiterer Höhepunkt der Reise durch die Freilichtmuseen wartet im Gudbrandsdal bei Lillehammer. Auf einer Anhöhe befindet sich das **Freilichtmuseum Maihaugen**, das auch unter dem Namen „Sandvigschen Sammlungen" bekannt ist.

Der Zahnarzt **Anders Sandvig** kam 1887 nach einer Reise durch seinen Zahnarztbezirk mit allerlei Krempel nach Hause, denn er hatte sich diesmal sein Honorar in dieser Form auszahlen lassen. Fortan sammelte er alle alten Gebrauchsgegenstände, deren er habhaft werden konnte. Denn er hatte sich in den Kopf gesetzt, die alte bäuerliche Tradition Norwegens am Leben zu er-

Originalgetreu eingerichtet: Innenraum im Freilichtmuseum Maihaugen.

Die Region um Valdres gehört zu den geschichtsträchtigsten des Landes: In diesem Gebiet steht ein Viertel aller norwegischen Stabkirchen.

Ein typischer norwegischer Grabstein.

halten. Sein Hobby füllte bald den ganzen Garten. Bald hatte er auch ganze Häuser aufgekauft, er brauchte schließlich Platz. Nach zähen Verhandlungen mit den Stadtvätern von Lillehammer übernahm 1904 die Stadt seine Sammlung und richtete auf dem Maihaugen ein regionales Museum für das Gudbrandsdal ein.

Sandvig sagte einmal über Maihaugen: „In den Häusern, die hier stehen, soll man glauben, die Menschen zu treffen, die einst in ihnen lebten. Nur so kann man ihre Lebensweise verstehen und ihre Arbeit nachvollziehen. Denn das Aussehen und die Einrichtung eines Hauses geben das beste Bild seiner Bewohner. Ich möchte aber nicht nur die Besitztümer der Reichen bewahren, sondern auch das Haus des kleinen, armen Mannes vom Lande und die Sennhütten in den Bergen."

Der Pfarrhof von **Vågå** war um 1640, als er gebaut wurde, der schiere Luxus, das zweistöckige Gebäude paßte aber auch vom Stil her nicht in seine Zeit. Der Pfarrer hatte von seinen Auslandsreisen viele Souvenirs mitgebracht und sein Haus ziemlich ungewöhnlich eingerichtet. So stellte er beispielsweise die Möbel mitten in den Raum und befestigte sie nicht an den Wänden, wie es damals üblich war. Auch sein Kachelofen war etwas Besonderes in Vågå, denn in allen anderen Häusern sorgten Eisenöfen für die Wärme. Da der Pfarrer damals ein wichtiger Mann war, versuchten viele, seine Einrichtung zu kopieren. So entstand in Vågå durch sein Vorbild allmählich ein ganz neuer Wohnstil.

Auch auf dem **Bjørnstadhof** lebten reiche Bauern in prächtig ausgeschmückten Räumen voller Gerätschaften, was ein krasser Gegensatz zu den armen Kleinbauern war. Die 26 Gebäude, die zu diesem Gehöft gehören und jetzt in Maihaugen stehen, stammen aus dem 18. Jahrhundert und sind im typischen Gudbrandsdalstil erbaut. Aber die Geschichte dieses Hofs reicht viel weiter zurück: Er befand sich schon seit 350 Jahren in Familienbesitz, bevor die Gebäude nach Maihaugen kamen, und das Land, auf dem er stand, war bereits zur Wikingerzeit urbar gemacht worden.

Nördlich des Rondane-Gebirges, schon fast an der schwedischen Grenze, liegt im Østerdal Norwegens einzige Hochgebirgsstadt. **Røros**, das ehemalige Zentrum des Kupferbergbaus, ist eine einzigartige Mischung aus Freilichtmuseum und lebendiger Stadt mit Zukunftsperspektive und steht seit 1981 auf der „World Heritage List" der Unesco.

Vor 350 Jahren wurden in den Bergen um Røros reiche Kupfervorkommen entdeckt, die bis vor 20 Jahren ausgebeutet wurden. Diese

Fast ein Stilleben – historische Haushaltsgegenstände im Volksmuseum von Ål.

lange Bergbautraditon hat in dem Ort ihre Spuren hinterlassen: Schon von weitem sind die hohen Abraumhalden zu sehen, die den Anschein erwecken, der Kupferabbau sei noch in vollem Gange. Aber das „Røros Kobberverk" mußte 1977 Konkurs anmelden. Zurück blieben die Abraumhalden und die Unterkünfte der Minenarbeiter. Diese kleinen, ärmlichen Häuser erzählen stumm von der Vergangenheit – vom kargen Leben der Minenarbeiter und von der Knochenarbeit in den Gruben in einem der kältesten Orte Norwegens.

Neben der Museumsstadt ohne Zäune am Fuß der Abraumhalden steht das moderne Røros, das die Stillegung der Kupfergruben erstaunlich gut verkraftet hat. Das Stadtbild prägen bunte Holzhäuser, die nach den Vorstellungen der Renaissance in einen geometrischen Grundriß gepreßt wurden. Das Wahrzeichen der Stadt bildet sein einziges Steingebäude: die achteckige Kirche, die vor einigen Jahren als Kulisse für eine Verfilmung von Ibsens „Nora" zu Filmruhm kam.

Offenbart sich die Schönheit der alten bäuerlichen Architektur erst auf den zweiten Blick, sind die **Stabkirchen** sofort als Werke genialer Baumeister auszumachen. Oft werden sie mit aufgetakelten Wikingerschiffen verglichen: Die tragenden Elemente, die „staver", streben wie Masten gen Himmel, die gestaffelten Dächer erinnern an die Segel, und die Drachenköpfe an den Giebeln haben eine verblüffende Ähnlichkeit mit den Verzierungen an Bug und Heck der Schiffe. Die Wikingerzeit war zwar schon längst Vergangenheit, als die Stabkirchen gebaut wurden. Aber daß ihre Schiffe als Vorbild dienten, ist nicht mal so unwahrscheinlich, denn schließlich genossen im frühen Norwegen Schiffe Verehrung als religiöse Symbole.

Die achteckige Kirche in Røros ist das einzige Steingebäude der Stadt.

Die Stabkirchen haben aber auch eine verblüffende Ähnlichkeit mit asiatischen Bauwerken, die übereinander gestaffelten Dächer erinnern nämlich unwillkürlich an chinesische oder thailändische Pagoden! Ein verblüffender Eindruck, der durch die phantasievollen Drachenköpfe an den Giebeln noch zusätzlich verstärkt wird.

Malerisch heben sich die hölzernen Arbeiterwohnungen von Røros gegen das bedrückende Dunkel der riesigen Schlackenberge ab.

Im 13. Jahrhundert standen in Norwegen ungefähr 1000 Stabkirchen, aber ihre Blütezeit währte nur kurz. Um 1350 entvölkerte die Pest das Land. Ungefähr die Hälfte der Bevölkerung fiel der Seuche zum Opfer, die Bauernhöfe wurden nicht mehr bewirtschaftet, ganze Landstriche verfielen, und niemand baute mehr Stabkirchen. Erst im 16. Jahrhundert hatte sich die Bevölkerung wieder soweit erholt, daß auch an einen Neubau von Kirchen zu denken war. Allerdings wurden keine Stabkirchen mehr errichtet. Möglicherweise war das Wissen um diese genialen Holzkonstruktionen in Vergessenheit geraten, oder fremde Einflüsse gewannen zunehmend an Bedeutung.

Um 1800 verteilten sich noch ungefähr 100 Stabkirchen über das Land, aber in den darauffolgenden Jahren wurden immer mehr abgerissen. Heute kann man nur noch 25 bewundern, wovon einige auch nicht mehr an ihrem ursprünglichen Ort stehen, andere hat man im Lauf der Zeit so umgebaut, daß sie auf den ersten Blick nicht mehr als Stabkirchen zu erkennen sind.

Stabkirchen wurden fast immer in der Einsamkeit errichtet, nie standen sie in der Mitte des Dorfes. Die einsame Lage verstärkte die Ehrfurcht der Gläubigen und verlieh den Kirchen etwas Mystisches. Als sie gebaut wurden, hatte das Christentum zwar nach vielen Rückschlägen endgültig gesiegt, trotzdem wurden viele Stabkirchen an alten Kult- und Opferstätten errichtet. Anscheinend konnten sich damals die Menschen noch nicht ganz von ihrem alten Glauben trennen. Auch die Sage, daß Trolle beim Bau der Kirchen mitgewirkt haben, deutet darauf hin, daß man der neuen Religion noch nicht so recht vertraute und sich bei den alten Geistern nicht allzu unbeliebt machen wollte.

Tier- und Pflanzenornamente sowie Gestalten aus der germanischen Mythologie und Sagenwelt verbanden sich so in einzigartiger Weise mit dem Christentum. Den Eingang des Gotteshauses hielt man für besonders gefährdet, er mußte sehr sorgfältig gegen böse Geister geschützt werden. Deshalb wurde er so klein wie möglich gehalten und zusätzlich noch mit einer hohen „Geisterschwelle“ versehen. Zur Sicherheit wurden die Portale noch über und über mit Schnitzereien verziert: Fabeltiere, Schlangen und Drachen sollten alles Schlechte abwehren.

„Heidnisches“ Detail an der Stabkirche in Heddal.

Die hölzernen Stabkirchen erhielten in regelmäßigen Abständen einen konservierenden Teeranstrich. Das Holz wurde dadurch immer dunkler, manche Kirchen sind heute fast schwarz und riechen eigentümlich nach Teer, Holz und Weihrauch.

Das Innere prägt eine fast vollständige Dunkelheit, nur ein paar kleine Bullaugen unter den tragenden Dachschwellen spenden etwas Licht. Sicherlich war Glas damals schwer zu beschaffen, aber ein dunkler Innenraum beeindruckte die abergläubigen Gottesdienstbesucher viel mehr als ein sonnendurchflutetes Kirchenschiff. Ein vielleicht durchaus erwünschter Nebeneffekt.

Die Stabkirche von **Fortun** hat eine wechselvolle Geschichte hinter sich. Im 12. Jahrhundert wurde sie in einem einsamen Tal am Sognefjord gebaut, 1884 sollte sie abgerissen werden. Aber ein reicher Bergenser kaufte sie, ließ sie in ihre Einzelteile zerlegen und auf sein Grundstück in Fantoft vor den Toren Bergens bringen. Dort entstand sie Brett für Brett neu. Gleichzeitig wurden die entstellenden Veränderungen, die sie im Lauf der Jahrhunderte erfahren hatte, korrigiert. Seitdem gilt sie als Prototyp der klassischen Stabkirche und zieht jedes Jahr ganze Busladungen von Besuchern an.

Am 6. Juni 1992 brannte sie bis auf die Grundmauern ab. Aus den erhalten gebliebenen, verkohlten Resten wird seitdem versucht, die Kirche zu rekonstruieren. Der Rohbau steht mittlerweile, und im Sommer 1995 soll der Neubau fertig sein.

TRADITION UND FOLKLORE

In den Freilichtmuseen wird intensiv Traditionspflege betrieben – nicht nur was die Architektur betrifft: Folkloregruppen präsentieren Musik, Tänze und ihre prachtvollen Trachten, geschickte Handwerker demonstrieren fast verlorene Fähigkeiten, und die emporstrebenden Linien der Stabkirchen künden von einer durch den Schiffbau beeinflußten Baukunst.

MUSEEN

NORWEGISCHES VOLKSMUSEUM
Auf der Museumsinsel Bygdøy im Oslofjord. Regelmäßige Bus- und Schiffsverbindungen vom Zentrum aus.
170 alte Gebäude aus ganz Norwegen. Außerdem umfangreiche Sonderaussteltlungen.
11 – 17 Uhr.

VALDRES FOLKEMUSEUM
Auf einer Halbinsel nahe des Zentrums von Fagernes. Mit fast 100 alten Gebäuden ist es eine der größten Sammlungen des Landes. Während der Hauptsaison treten häufig Volkstanzgruppen auf, und die alten Werkstätten sind in Betrieb.
Mo – Fr 10 – 17 Uhr.

DE SANDIGSCHE SAMMLINGER
Das Freilichtmuseum in Maihaugen bei Lillehammer besteht aus 150 Gebäuden aus dem Gudbrandsdal und der Stabkirche von Garmo. In der Hauptsaison geführte Besichtigungen.
9 – 19 Uhr.

RØROS
Geführte Besichtigung der historischen Bergarbeiterunterkünfte in Røros in der Hauptsaison um 10, 13 und 15 Uhr.
Rørosmuseet und die alte Smeltehytta geöffnet Mo – Fr 10 – 18 Uhr, Sa u. So 10 – 16 Uhr.
13 km östlich von Røros liegt die Olavsgruva an der E 31. Regelmäßige Busverbundung von Røros zur alten Kupfergrube. Besichtigungen 11.30 – 18 Uhr alle 1½ Stunden.
Außerdem sehenswert in Røros: Pressemuseum, das Haus des Erzählers Johan Falkberget (1879 – 1967) und eine sehenswerte Naturfotogalerie.

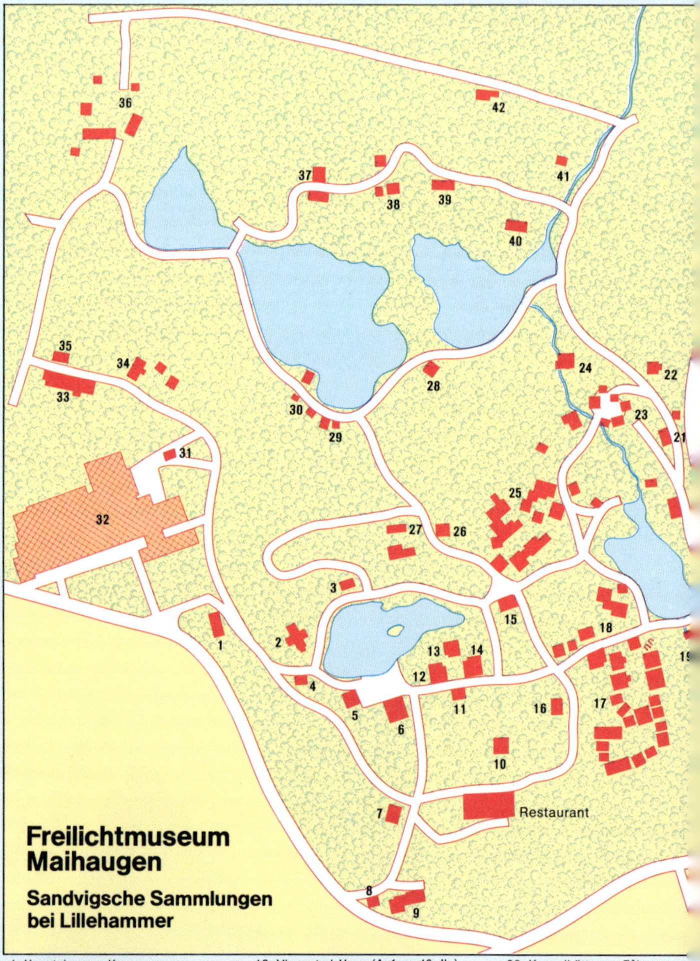

1 Haupteingang, Kasse
2 Kirche von Garmo (um 1200) aus dem Gudbrandsdal
3 Rauchofenhaus (um 1700) aus Hesta im Romsdal
4 Tolstad Haus (15. Jh.) aus Tolstadløkken, Vågå
5 Hauptmannshof oder Witwensitz (Mitte 17. Jh.) von Mytting, Ringebu
6 Pfarrhof von Vågå (Mitte 17. Jh.)
7 'Gästehaus'
8 Werkstatt
9 Wachtmeister
10 Zeughaus (Mitte 18. Jh.) aus Toftemoen, Dovre
11 Vorratshaus von Dagsgård
12 Lykre-Haus (Mitte 18. Jh.), erstes Haus des Museums
13 Vigenstad-Haus (Anfang 18. Jh.)
14 Hjeltar Haus (um 1600)
15 Schulhaus (Mitte 19. Jh.), Skjåk
16 Verwaltungsgebäude mit Haftlokal
17 Bjørnstad-Hof (um 1700) aus Bjørnstad, Vågå
18 Isum-Anlage, Kapelle und Pfarrhof aus Isum, Sør-Fron
19 Mühlen
20 Schmiede
21 Gelbgießerwerkstatt (Herstellung von Gürtelwaren)
22 Skrefsrud-Hütte
23 Knutslykkja Hof (um 1800)
24 Färberei
25 Hof Øygården (18. Jh.), Skjåk
26 Peer-Gynt-Hütte
27 Meviken
28 Knuvelhütte aus Fåberg
29 Fischerhütten
30 Fischerkapelle (Mitte 15. Jh.) aus Fåberg
31 Toilette
32 Alte Werkstätten und Konze
33 Kirkestuen/Sommerrestaura
34 Wechselstation
35 Töpferwerkstatt
36 Valbjøralm aus Vågå
37 Barhusalm (um 1800) aus G
38 Øygårdsalm (um 1700), Skjå
39 Korpbergalm (um 1700) aus Nord-Fron
40 Kleivalm (um 1600) aus Våg
41 Almhütte aus Lesja und Alm aus Ringebu
42 Lundealm (Mitte 19. Jh.) aus

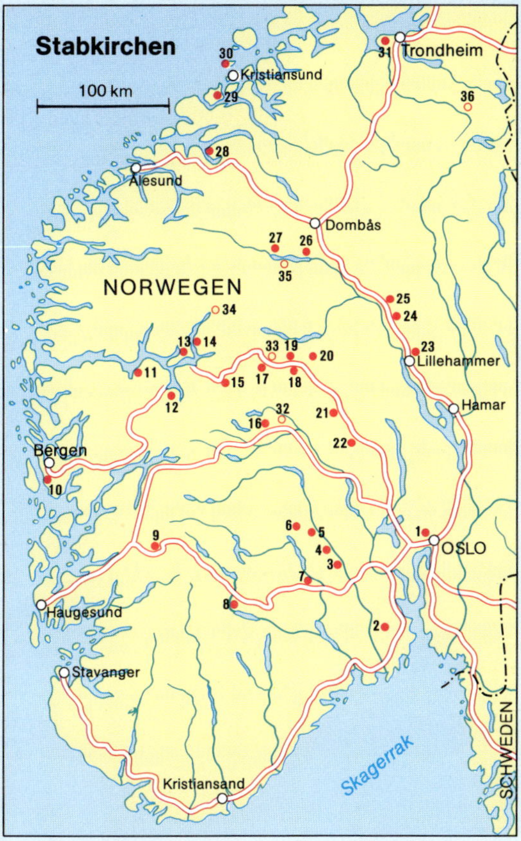

- **Stabkirchen** (ganz oder teilweise erhalten)

1 Gol (um 1250; Norsk Folkemuseum, Oslo)
2 Hoyjord (?)
3 Flesberg (1731 umgebaut)
4 Rollag (?)
5 Nore (um 1250)
6 Uvdal (um 1250)
7 Heddal (um 1300)
8 Eidsborg (um 1300)
9 Roldal (um 1300?)
10 Fortun (frühes 13. Jh.; Fantoft bei Bergen)
11 Hopperstad (frühes 13. Jh.)
12 Undredal (?)
13 Kaupanger (um 1200)
14 Urnes (um 1200)
15 Borgund (um 1250)
16 Torpo (um 1250)
17 Oye (urspr. 12. Jh.; in jüngerer Zeit wiederaufgebaut)
18 Lomen (um 1250)
19 Hurum (um 1250)
20 Hegge (um 1250)
21 Reinli (um 1300)
22 Hedal (um 1200)
23 Garmo (Maihaugen bei Lillehammer)
24 Fåvang (?)
25 Ringebu (?)
26 Vågå (17. Jh.)
27 Lom (frühes 13. Jh.)
28 Rødven (um 1300?)
29 Kvernes (um 1300?)
30 Grip (?)
31 Holtålen (um 1300; Sverresborg bei Trondheim)

- **Ursprüngliche Standorte**

32 Gol (1884 abgebaut; s. Nr. 1)
33 Vang (1840 abgebaut; bei Brückenberg im schlesischen Riesengebirge wiedererrichtet)
34 Fortun (1833 abgeb.; s. Nr. 10)
35 Garmo (1885 abgeb.; s. Nr. 23)
36 Holtålen (abgebaut; s. Nr. 31)

Um 1200 gebaut, wurde sie 1885 von König Oskar II. gekauft und dem Museum geschenkt. Während der Restaurierung mußten zwei Drittel der Holzteile erneuert werden.

HEDDAL

Direkt an der Straße 11 bei Notodden. Norwegens größte und bekannteste Stabkirche. Erbaut um 1250, aber Mitte des vorigen Jahrhundert restauriert und dabei stark verändert: Es wurden Fenster eingebaut und der Innenraum völlig modernisiert. Trotzdem beeindruckt der Bau durch seine Größe und vor allem durch die Vielzahl der sich überlappenden Dächer.

HOPPERSTAD

Mitte des 12.Jahrhunderts auf einem Hügel bei Vik am Sognefjord erbaut.

GAMLE BERGEN

Freilichtmuseum mit 35 charakteristischen Bergenser Holzhäusern aus dem 18. und 19. Jahrhundert. Die Häuser sind voll eingerichtet und zeigen das Leben beim Bäcker, Fotografen, Zahnarzt und Friseur.
Busverbindung vom Zentrum.
11 – 18 Uhr.

STABKIRCHEN

In Norwegen stehen noch drei Stabkirchen, die so erhalten geblieben sind, wie sie einst erbaut wurden. Es sind die in Borgund, Gol und Hopperstad.
Weitere sehenswerte Kirchen sind in Maihaugen, Heddal und Urnes zu bewundern. Die anderen haben alle im Lauf der Zeit mehr oder weniger starke Veränderungen erfahren und sind machmal kaum noch als Stabkirchen zu erkennen. Im folgenden eine kurze Beschreibung der wichtigsten Kirchen.

BORGUND

An der E 16, ungefähr 30 km von Laerdal entfernt. Um 1150 erbaut, ist sie wahrscheinlich der älteste erhaltene Holzbau Europas. Außen und innen vermittelt sie einen sehr guten Eindruck von einer ursprünglichen Stabkirche. Besonders schön sind die sich sechsfach übereinander türmenden Pagodendächer und die Drachenköpfe.

URNES

Norwegens älteste Stabkirche geht auf das Jahr 1060 zurück. Erbaut wurde sie auf einer Landzunge über dem Lustrafjord bei Gaupne an einem heidnischen Opferplatz aus vorchristlicher Zeit. Die Schnitzereien von Urnes sind von besonderer Schönheit. Noch heute liegt die Stabkirche einsam auf der wenig bebauten Seite des Fjordes.

GOL

Sie stand früher außerhalb von Gol im Hallingdal, heute steht sie im Freilichtmuseum von Oslo.

GARMO

Die Kirche stand ursprünglich in Garmo, 14 km von Lom. 1870 wurde sie abgebrochen und in Maihaugen wieder aufgebaut. 1859 erhielt Knut Hamsum in der Kirche von Garmo die Taufe. Der Turm und das Querschiff wurden später hinzugefügt. Vom ursprünglichen Inventar ist fast alles verloren, es mußte aus den Beständen anderer Kirchen ergänzt werden.

Insider News

DIE MODERNSTE STABKIRCHE

Vor dem verheerenden Brand von 1992 war die Stabkirche von Fortun/Fantoft, 6 km südlich von Bergen, eine der sehenswertesten in Norwegen. Es bleibt abzuwarten, wie gut die Rekonstruktion gelingt. Jedenfalls ist der Neubau eine einmalige Gelegenheit, die Zimmermannskunst des 20. Jahrhunderts zu bewundern.

7 Wandern

Die Suche nach den Moschusochsen

Zwanzig Nationalparks schützen Flora und Fauna Norwegens. Sie laden ein zu Wanderungen durch noch weitgehend unberührte Landschaften.

Durchs Dovrefjell führte einst der „Kongeregen“, der Königsw

Moschusochsen im Dovrefjell – bekannt für ihr Phlegma.

Zählebig klammert sich Moos an den Fel

Das Zelt ist schon aufgeschlagen nach einer aufregenden Wanderung durch das Jotunheimen.

ꞁeute ist es das Rückzugsgebiet der letzten Moschusochsen.

n erschöpfter, aber zufriedener „Gipfelstürmer“ über dem Sunndalsfjord plant sorgfältig den Abstieg.

ꞁitenpracht in karger Landschaft – Gelenkblumen im Dovrefjell.

Unterwegs in der Einsamkeit.

„Einig und treu, bis Dovre zerfällt", so schworen die Gründer des freien, selbständigen Norwegen 1814 pathetisch in **Eidsvoll**. Damit wurde das **Dovrefjell** zum Symbol für das ewige Norwegen.

Aber auch schon vor dem Schwur war hier geschichtsträchtiger Boden. Bereits vor mehr als tausend Jahren sollen der Wikingerkönig Harald Hårfagre und König Olav II., der Heilige, mit ihrem Hofstaat über das Dovrefjell gezogen sein. Der Weg übers Fjell wurde zur Königsstraße, zum „kongevegen".

Bis zum Bau der E 6 war das Dovrefjell für jeden Reisenden ein ernsthaftes Hindernis mit gefährlichen Abschnitten. Führte die Driva Hochwasser, blieb den Königen und auch den Pilgern, die auf dem Weg zum heiligen Olav in Trondheims Nidaros-Dom waren, nur noch der „vårstigen", der Frühlingspfad, der hoch oben an den steilen Berghängen verlief und ziemlich tückisch war. Damals dauerte eine Reise von Oslo nach Trondheim noch 20 Tage. Im Gebirge wurde in einfachen Herbergen, den „fjellstuen", übernachtet. Die Nachfolger dieser ersten Hotels am Königsweg, die **Kongsvoll Fjellstue** und die **Hjerkinn Fjellstue**, existieren sogar heute noch.

Die Kongsvoll Fjellstue ist der Ausgangspunkt für die Suche nach den Moschusochsen. Irgendwo zwischen Kongsvoll und Reinheim sollen sich einige Tiere aufhalten, so das Touristenbüro und die Veranstalter der örtlichen Wildnissafaris. Bis zur Baumgrenze führt der Weg durch Birkenwälder, die von mehreren Schafherden bevölkert werden. Oberhalb von 1000 Metern wachsen allerdings keine Birken mehr. Vielmehr stehen zu beiden Seiten des breiten Tales die massigen, aber sanft gerundeten Berge, und am Horizont leuchtet der Schnee auf dem **Snøhetta-Massiv** in der Sonne.

Der Schnee leuchtet auf dem Snøhetta-Massiv.

Das Gebiet zählt zum bevorzugten Revier der seltenen Moschusochsen. Für die Beobachtung der Tiere ist das Gelände hier ideal, denn die Tiere fallen schon von weitem als braune Punkte auf dem mit grün-gelber Rentierflechte überzogenen Boden auf. Aber nichts tut sich, langsam nimmt jeder Felsen die Gestalt eines Moschusochsen an, doch er bewegt sich nicht. Als wir eigentlich schon aufgegeben haben, sind sie plötzlich da: Kaum 50 Meter entfernt von uns grasen drei Tiere, wir erstarren in der Bewegung und ziehen uns sachte auf eine sichere Entfernung zurück.

Überraschend klein wirken die Tiere, mit einer Schulterhöhe von vielleicht 1,30 Meter ähneln sie eher Shetlandponys als Bisons, mit denen man sie immer unwillkürlich vergleicht. Moschusochsen tragen auch im Sommer ein äußerst dickes Fell, dessen Zotteln am Hinterteil gut einen halben Meter lang sind und fast bis auf die Erde reichen. Grimmigste Kälte und auch die schlimmsten Schneestürme im Winter können den Tieren nicht viel anhaben, aber der Sommer muß in diesem Pelz unerträglich sein. Aber dafür haben Mücken, die uns gerade jetzt, wo Ruhe und vorsichtige Bewegungen nötig wären, in dichten Schwärmen attackieren, bei den Moschusochsen keine Chance.

Im Moment legen sie ihr sprichwörtliches Phlegma und ein totales Desinteresse gegenüber ihrer Umwelt an den Tag. Wenn sie sich bedroht fühlen, stellen sie sich einer Wagenburg ähnlich im Kreis auf und warten erst einmal ab, ob sich der Störenfried zurückzieht. Wenn nicht, gehen sie zu blitzschnell ausgeführten Scheinangriffen über. Hilft auch das nicht, folgt ein ernsthafter Angriff. Dann setzen sich flugs einige hundert Kilo in Bewegung, und die geschwungenen Hörner werden zu gefährlichen Waffen. Die drei Exemplare vor uns fühlen sich anscheinend nicht bedroht und arbeiten in aller Ruhe weiter am Aufbau ihres Winterspecks. Moschusochsen sind urtümliche Tiere, die schon während der letzten Eiszeit alle eisfreien Gebiete Europas und Asiens besiedelten. Aber nach dem Abschmelzen des Eises verschwanden sie, wahrscheinlich bekam ihnen das veränderte Klima nicht. Zudem wurden sie zunehmend Beute der Menschen und seiner verbesserten Fangmethoden. In Skandinavien sind bis heute nur wenige Knochen aus dieser Zeit gefunden worden, deshalb ist nicht viel über das Leben der damaligen Moschusochsen bekannt.

Ihre Wiederentdeckung ließ bis 1869 auf sich warten, als eine deutsche Nordpolexpedition sie in Nordostgrönland aufspürte. Die Jagd begann von neuem, wobei die Tiere ein Opfer ihres Phlegmas wurden. Die während der Evolution perfektionierte „Wagenburgverteidigung" war jahrtausendelang gegen Wölfe erfolgreich, gegen die Gewehre der Menschen aber hätte den zottigen Tieren ein ausgeprägter Fluchtinstinkt erheblich mehr genutzt. So wurde ihr Fleisch an die Schlittenhunde verfüttert, die Felle wurden verkauft, und die Kälber landeten in zoologischen Gärten. Schnell waren die Moschusochsen akut vom Aussterben bedroht. Nur strenge Schutzbestimmungen konnten seit 1917 den Bestand wieder einigermaßen stabilisieren.

In den dreißiger Jahren versuchte man, Tiere aus Grönland auf dem Dovrefjell anzusiedeln. Sie wurden alle Opfer des Zweiten Weltkrieges. Zwischen 1947 und 1953 wurde mit 27 Kälbern ein zweiter Anlauf auf dem Dovrefjell gestartet.

Hinter Kongsvoll führt ein kleiner Teil des alten Königswegs, die Vårstigen, den Wanderer in 45 Minuten hinunter ins Tal.

Gelassen und garantiert honorarfrei läßt sich dieser Moschusochse fotografieren.

Kurz vor der Berghütte Reinheim im Dovrefjell.

Die wenigen von ihnen, die in der neuen Umgebung überlebten, bildeten den Grundstock für den heutigen Bestand von 75 Tieren. 1971 beschloß eine Gruppe von Moschusochsen, nach Schweden auszuwandern, und ließ sich in der **Femundsmarka** um den See Rogen nieder, wo es ihnen anscheinend behagte. Diese Gruppe besteht heute aus 20 Tieren.

Der Bestand im Dovrefjell ist immer noch relativ klein, weil die Herde immer wieder dezimiert wird. So starben 1978 zwölf Tiere durch Blitzschlag, im selben Winter grassierte die Hirnhautentzündung, und auch die Zivilisation fordert immer wieder Opfer. Die **Dovrebahn**, die den Nationalpark in zwei Hälften teilt, ist ebenso eine Gefahr wie der Schießplatz bei Hjerkinn, wo in der Vergangenheit sechs Tiere an Phosphorvergiftung starben.

Die Moschusochsen auf dem Dovrefjell sollen sich weitestgehend ohne menschliche Einflüsse entwickeln, trotzdem wird jeder ihrer Schritte sorgfältig überwacht. Es gibt mittlerweile Statistiken über Geburten, Todesfälle und Todesursachen. Die Herde wird regelmäßig gezählt, und jedes Tier bekommt einen Namen: Kari, Asfrid, Nils, Kjell und Ulrika wird das nicht weiter stören, solange sie in Ruhe grasen dürfen.

Vom Moschusochsenland sind es noch drei bis vier Stunden Fußmarsch am Stropla-Fluß entlang nach **Reinheim**. Unterwegs ist das Fjell karg und unwirtlich, die kaum vernarbten Spuren der letzten Eiszeit machen aus der Landschaft eine Schutthalde. Der höchste Berg des Dovrefjells, die **Snøhetta** nördlich von Dombås, zeigt sich am Horizont als ebenmäßige, schneebedeckte Pyramide, die noch um 1750 von Bischof Pontoppidan auf ungefähr eine halbe norwegische Meile oder fünf Kilometer Höhe geschätzt wurde. Jens Esmark, der erste, der auf dem Gipfel stand, lag da mit seiner Schätzung von 2500 Metern schon viel besser.

Die **Berghütte Reinheim** liegt noch knapp 1000 Meter unter dem Gipfel. Ab hier hat es jegliche Vegetation schwer, sich gegen Geröll und Schnee zu behaupten. Mit zunehmender Höhe werden die Geröllfelder und Felsbrocken immer größer, nur die grünen Flechten sorgen noch für Farbtupfer im eintönigen Grau der Steine. Jetzt in der Julisonne taut der Schnee, und unter den Felsblöcken gurgelt das Schmelzwasser.

Auf dem letzten Stück zum Gipfel bekommen wir Gesellschaft von Knut und Kjersti. Die Sommerferien in Norwegen haben gerade angefangen und Knut ist mit seiner 13jährigen Tochter zu einer einwöchigen Wandertour aufgebrochen. Sie haben ihren Hund dabei, der arme Kerl muß sich durch den tiefen Schnee nach oben kämpfen oder von Fels zu Fels springen. Er kann froh sein, daß seine Satteltaschen mit dem Proviant in Reinheim geblieben sind. „Habt ihr keine Angst, daß er von dem schmalen Gipfelgrat abrutschen könnte?“, frage ich und ernte nur verständnislose Blicke. Selbstverständlich nimmt jeder Norweger seinen Hund sommers wie winters mit ins Gebirge. Trittsicherheit und Schwindelfreiheit sind für die Tiere sowieso keine Frage.

Knut erzählt, daß er schon zum fünften Mal auf dem höchsten Gipfel der Snøhetta, dem **Stortoppen**, steht, der es immerhin auf stolze 2286 Meter bringt. Er zeigt uns und seiner Tochter, die er zum ersten Mal ins Dovrefjell mitgenommen hat, den verschneiten Gipfelgrat und den nur wenig niedrigeren **Midttoppen**. Wie viele Norweger der älteren Generation spricht Knut fast fließend Deutsch und erklärt uns das grandiose Panorama. Besonders eindrucksvoll sind die gezackten Felsen des **Hettpiggen** und **Vesttoppen**. Den Abschluß des Bergreigens bildet schließlich der wilde **Larseggen**, dessen Besteigung eine luftige Kletterpartie ist. Vom Stortoppen aus ist das gesamte Dovrefjell zu überblicken, die Bergwelt Norwegens liegt dem Wanderer zu Füßen. Sogar das **Jotunheimen** mit Galdhøppigen und Glittertind, den rivalisierenden Schwestern um den Titel des höchsten Berges Norwegens, sind bei guter Sicht in der Ferne zu sehen. Das Dovrefjell ist noch ein Ort für Individualisten, da es die Mehrzahl der Bergwanderer in die wesentlich bekannteren Gebiete des Jotunheimen oder Rondane zieht.

Nach diesem eindrucksvollen Schönwetterausflug zu den Moschusochsen und zur Snøhetta verlassen wir das Dovrefjell und steuern das Jotunheimen selbst an, das als sagenhafte Heimat der Riesen gilt.

Von der Straße 55 im Westen des Nationalparks sind **Galdhøppigen** und **Glittertind** gut zu erreichen. Zur Juvasshytta hinauf führt zunächst eine holprige Schotterpiste. Für trainierte Wanderer verringert sich der anstrengende Aufstieg zum Gipfel des Galdhøppigen dank dieser Stichstraße auf einen höchstens dreistündigen Fußmarsch.

Die Hauptstraße klettert danach hinauf zum **Sognefjell** mit seinem einmaligen Hochgebirgspanorama. Leider verhüllen tiefhängende, regenpralle Wolken auch im Sommer häufig die imposante Szenerie des Sognefjell. In der Nähe von Turtagrø kommt endlich das **Hurrungane-Gebirge** ins Blickfeld, eigentlich nur ein kleines Anhängsel im Westen des Jotunheimen, aber es übertrifft die Zentralregion noch an Wildheit mit seinen dunklen, steilen Bergen. Selbst für versierte Felskletterer bietet dieses Bergmassiv eine wahre Herausforderung an ihre Kletterkunst.

Gut 50 Kilometer weiter südlich liegt der **Gjendesee**, an dem die Berghütte Gjendesheim sich mittlerweile zum Hotel gemausert hat. Sie bildet den Ausgangspunkt für die berühmte Wanderung über den **Beseggen**. Was für ein Kontrast zum Dovrefjell: Gab es bei Kongsvoll einen klei-

Nach der mühsamen Gratwanderung fällt der Blick vom Veslefjell, dem „kleinen Berg“, 700 m senkrecht in die Tiefe.

Blaugrün glänzt das Wasser des Gjendesees, der von Gletscherwasser gespeist wird.

nen Parkplatz für zehn Autos, kostenlos und nicht mal voll, sind die mehr als 100 Parkplätze bei **Gjendesheim** während der Ferien alle belegt, und die täglichen Parkgebühren bewegen sich auf dem Preisniveau eines guten Mittagessens. Entlang der Straße ziert jeden Parkplatz mindestens ein Schild „Camping forbudt" – zur Sicherheit auch noch in Deutsch und Englisch. Hier ist die Freiheit nicht mehr grenzenlos, das ist nicht mehr das einsame Norwegen, wo nur eine Handvoll Wanderer unterwegs ist. Der Gjendesee und der Beseggen sind Pflichtprogramm für alle ausländischen Reisebusse, aber auch jeder Norweger muß einmal im Leben über den Beseggen gegangen sein. Was macht den Beseggen so beliebt, daß ihn 30.000 Wanderer pro Saison angehen? Wollen sie etwa Ibsens Peer Gynt nacheifern, der angeblich über den Grat geritten ist? „In Sensenrückenbreite, unter Firneis, Schuttmoränen, Schnee, Geröll, Sand, kunterbunter, sieht dein Aug auf jeder Seite stumme, schwarze Wasser gähnen."

So mancher eiskalte Bach muß durchquert werden.

Die Touristen des 20. Jahrhunderts sehen den Beseggen nicht mehr so dramatisch, für die meisten ist er einfach Ziel einer der schönsten Tagestouren, die mit einer Bootsfahrt über den **Gjendesee** beginnt. Der grünschimmernde See liegt aber so tief zwischen den Felswänden eingekeilt, daß die Aussicht beinahe bedrückend ist. Vor dem berühmten Grat steht jedoch ein langer Aufstieg: Ungefähr drei Stunden dauert es vom Bootssteg in **Memurubu** bis zum Anfang des Bessvatn. Dort beginnt die imposante Panoramatour, der ungefähr 45 minütige, steile Aufstieg über den Beseggengrat.

Der grüne Gjendesee liegt schon 400 Meter unter uns, der blau-schwarze See namens Bessvatn dagegen scheint zum Greifen nah. Eigentlich ist das Ganze jetzt keine Wanderung mehr, die in jedem norwegischen Führer mit kühlem nordischen Understatement als „luftig rute" bezeichnet wird, eher kann man schon von leichter Felskletterei sprechen. Schwindelfreiheit ist Voraussetzung für diese Tour, denn einige Male kommt der Weg der Abbruchkante schon ziemlich nahe. Aber in keiner Statistik ist irgendetwas über Unfälle am Beseggen zu lesen. Der herrliche Blick vom Grat zurück auf die beiden Seen macht die Anstrengungen des Aufstiegs rasch vergessen.

Ins Auge fällt die unterschiedliche Färbung der nebeneinander liegenden Seen: Durch die grüne Farbe gibt sich der Gjende als Gletschersee zu erkennen, er wird vom Schmelzwasser der Gletscher gespeist, das unzählige Partikel mit sich führt. Die größeren sinken relativ schnell zu Boden, aber die kleinsten schweben noch lange im Wasser, und die Lichtbrechung, besonders bei Sonnenschein, führt zur grünen Farbe des Wassers. Der Bessvatnet dagegen hat keinen Zufluß vom Gletscher und erscheint deshalb blau oder fast schwarz.

Die Beseggentour führt noch weiter bis zum Gipfelplateau des **Veslefjell**, wo ein riesiges Steinmännchen steht, an dem natürlich jeder der 30.000 Gipfelstürmer weiterbaut. Schließlich muß der Groll der Trolle durch ein Steinopfer besänftigt werden: von jedem Wanderer ein Stein, und die Kobolde verhalten sich ruhig. Nach sechs Stunden endet die Wanderung auf den Spuren von Peer Gynt in **Gjendesheim.**

Zurück auf der Hauptstraße geht es auf die Valdresflya, den höchsten Punkt der Straße, und von dort zum **Bygdinsee**. Auf der Valdresflya halten sich nur die widerstandsfähigsten Pflanzen: Heidekraut, Flechten und Moose – eine hochalpine Landschaft von herber Schönheit, die nur im Spätsommer für eine kurze Periode aus der Schneeschicht ragt. Früher war der Bygdinsee berühmter als der Gjende, heute wirkt er etwas verlassen. Er hatte das zweifelhafte Glück, früh vom Tourismus entdeckt zu werden, was die norwegische Königsfamilie dazu veranlaßte, schon vor dem Ersten Weltkrieg den Dampfer zu besteigen und bis **Eidsbugarden** am Ende des Bygdinsee zu fahren.

Der Dampfer, die gute alte „Bitihorn", die schon 1910 ihren Dienst tat, tuckert noch heute über den Bygdinsee, aber jeden Winter liegt sie monatelang wie ein gestrandeter Wal auf dem Trockenen und erduldet stumm den meterhohen Schnee. Von Bygdin fährt das Boot am Morgen den See in seiner gesamten Länge ab, über Torfinnsbu bis nach Eidsbugarden. Sein Bug pflügt durch das spiegelglatte Wasser und zerstört die Spiegelungen der angrenzenden Bergriesen. Von Eidsbugarden führt ein markierter Weg zum Gipfel des **Utsikten**, was soviel wie „Aussicht" bedeutet und für den gut 1500 Meter hohen Hügel der denkbar beste Name ist. Denn der Utsikten liegt genau zwischen den Seen Bygdin und **Tyin** und eröffnet nach nur eineinhalb Stunden Wanderung einen faszinierenden Rundblick über das gesamte Jotunheimen und Hurrungane.

Da die Norweger sich glücklicherweise bis jetzt hartnäckig weigern, ihre Aussichtsberge mit Seilbahnen zugänglich zu machen, ist der Utsikten für den Wanderer die einfachste und schnellste Möglichkeit, um sich das Jotunheimen zu erobern.

Wer noch einen kleinen Umweg machen möchte, steigt anschließend nach **Tyinholmen** ab und geht auf der Straße zur Bootsanlegestelle zurück. Die entspannende Rückfahrt mit dem Nachmittagsboot nach Bygdin rundet den Tagesausflug ab.

Hinter Bygdin zwängt sich die Straße durch die Båtskar-Schlucht unterhalb der markanten Silhouette des Bitihorns.

Inmitten einer hochalpinen Landschaft liegt der tiefblaue Bygdinsee mit seiner spiegelglatten Oberfläche.

EINSAME BERGHÜTTEN

Die Norweger sind ein äußerst naturverbundenes Volk. Man trifft sie jahrein, jahraus bei jeglicher Witterung auf ihren Ausflügen in die Weiten der Hochflächen und Gebirge. Zahllose Wanderwege mit unterschiedlichen Schwierigkeitsgraden erschließen alle Gegenden des Landes, nicht nur die Regionen der zwanzig Nationalparks.

ALLGEMEINES

Dank dem Norwegischen Bergwanderverein (DNT), der sich seit mehr als 125 Jahren um die Wanderer kümmert, gibt es landesweit in allen Gebirgsregionen mehr als 300 Hütten und ein riesiges Wegenetz. Das Spektrum der Berghütten reicht von komfortablen Hotelbetrieben, die Einzelzimmer und Vollpension anbieten und obendrein oft noch bequem mit dem Auto zu erreichen sind, bis zur Steinkate mit zwei Matratzen.
Um das Angebot des DNT richtig nutzen zu können, ist allerdings eine Mitgliedschaft nötig (Jahresmitgliedschaft Erwachsene 280 NOK, Jugendliche und Rentner 155 NOK). Nur Mitglieder bekommen den Schlüssel für alle nichtbewirtschafteten Hütten. Dieser Hüttenschlüssel ermöglicht dann unbegrenzte Wandermöglichkeiten in allen norwegischen Gebirgen.
Ein Besuch beim DNT in Oslo ist in jedem Fall nützlich, denn hier gibt es eine Fülle an Informationsmaterial und detaillierte Karten:

DEN NORSKE TURISTFORENING
Stortingsgt. 28
Postboks 1693
N-0161 Oslo
Tel. 22 83 25 50

DNT-Hütten sind in 3 Kategorien eingeteilt:
Die bewirtschafteten Hütten unterscheiden sich nicht von Hotels, es gibt alle Mahlzeiten, und sie stehen auch Nichtmitgliedern offen. (Übernachtung pro Person je nach Bettenzahl im Raum für Mitglieder 70-135 NOK, für Nichtmitglieder 120-185 NOK)
Die Selbstbedienungshütten sind mit Proviant ausgestattet, haben Heiz- und Kochmöglichkeiten, aber das Wasser kommt aus dem nächsten Bach. Die Hütten sind verschlossen, der DNT verleiht an Mitglieder einen Standardschlüssel, der für alle Hütten paßt. Die Übernachtungsgebühr wird in der Hütte deponiert, ein System, das auf gegenseitigem Vertrauen beruht und in Norwegen erstaunlich gut funktioniert. Wem die Übernachtungspreise und der Proviant teuer vorkommen, sollte mal darüber nachdenken, wie schwierig und kostspielig der Warentransport in den entlegensten Winkel ist. (Übernachtung für Mitglieder 90 NOK, für Nichtmitglieder 140 NOK)
Dann gibt es noch die unbewirtschafteten Hütten ohne eingelagerten Proviant.
Alle DNT-Hütten sind auf markierten Wanderwegen zu erreichen, das Wegenetz hat eine Länge von 18.000 Kilometern. Die Wege sind gut beschildert bzw. durch Steinmännchen, rote Punkte oder ein rotes „T" markiert.
Bestenfalls die Länge der Etappen kann Schwierigkeiten bereiten. Allerdings sind Höhenunterschiede bis 1000 Meter an einem Tag auch keine Seltenheit. Über große Flüsse hat der DNT schwankende Hängebrücken gebaut, die manchmal für Schmetterlinge im Bauch sorgen. Viele Bäche werden auf Trittsteinreihen überquert.
Die Saison im Gebirge ist kurz, und so sind die meisten Wanderer während der Schulferien von Ende Juni bis Ende August unterwegs.

Jedermannsrecht: Campen überall erlaubt.

Oberhalb der Baumgrenze, die in Süd- und Mittelnorwegen bei ca. 1000 m verläuft, stößt man auch im Juni noch auf ausgedehnte Schneefelder, die Flüsse führen viel Wasser und die Vegetation macht einen rauhen Eindruck. Kälteeinbrüche können das Fjell im Frühsommer noch mit einer dünnen Neuschneedecke überziehen.
Der August ist vom Wetter her der ideale Wandermonat. Das wissen auch die Norweger. Die beliebtesten Hütten im Rondane, Jotunheimen und in der Hardangervidda sind deshalb schon mal voll, und die letzten Wanderer bekommen nur noch ein Matratzenlager.
Anfang September kann es dann schon wieder die ersten Nachtfröste geben, und die Vegetation beginnt sich zu verfärben.

Zu jeder Jahreszeit spielt das Wetter eine entscheidende Rolle. Wind- und wasserdichte Kleidung gehören deshalb auch in den Rucksack für Tageswanderungen. Das Wetter ist keinesfalls zu unterschätzen: Die Bedingungen ändern sich oft innerhalb kürzester Zeit dramatisch.

Norwegen hat gegenwärtig 20 Nationalparks mit einer Fläche von zusammen 22.700 km², was ungefähr 7% der Gesamtfläche des Landes entspricht. In den nächsten 15 Jahren sollen noch einmal genauso viele neue Parks dazukommen, außerdem sollen bereits existierende vergrößert werden.

Die meisten Wanderer zieht es in die Nationalparks im südlichen und mittleren Norwegen, auf die

Hardangervidda, ins Jotunheimen, Rondane und Dovrefjell. Der neue Nationalpark Jostedalen und das angrenzende Breheimen sind aber dabei, in der Gunst der Wanderer aufzuholen. Ursache für die Konzentration auf wenige Ziele ist einerseits, daß schon allein das Wort "Nationalpark" viele anlockt, andererseits zählen die geschützten Gebiete zu den schönsten Naturlandschaften in Europa.

WANDERGEBIETE

HARDANGERVIDDA

Die Hardangervidda im zentralen Südnorwegen ist Europas größte Hochebene. Von der Gesamtfläche ist ungefähr ein Drittel als Nationalpark ausgewiesen.
Das Gebirgsplateau liegt großteils über der Baumgrenze, es ist unbewohnt, karg, steinig und mit zahlreichen Seen gesprenkelt. Auf der Hardangervidda lebt Norwegens größte wilde Rentierherde mit 12.000 Tieren.
Gute Startpunkte für Wanderungen sind die Stationen Geilo, Ustaoset, Haugastøl, Finse und Hallingskeid an der Bergenbahn. Auch an der Straße 7, die die Hardangervidda überquert, sind Fagerheim, Halne, Dyranut und Liset gute Ausgangspunkte. Wer von Westen starten möchte, sollte Kinsarvik, Lofthus oder Tissedal als Ausgangsort wählen. Allerdings liegen diese Orte am Sørfjord, was zunächst einen Aufstieg von 1000 Höhenmetern bedeutet. Für die Detailplanung sind die Karten Hardangervidda West und Ost im Maßstab 1:100.000 gut geeignet.

JOTUNHEIMEN

Das Jotunheimen ist das alpinste Gebirge Norwegens mit den höchsten Bergen, dem Galdhøppigen (2469 m) und dem Glittertind (2452 m) und vielen anderen Gipfeln über 2000 Meter.
Die Landschaft ist durch langgestreckte Seen und viele Gletscher stark zergliedert.
Ein besonders wildes Stück Norwegen ist das Hurrungane-Gebirge, ein südwestliches Anhängsel des zentralen Jotunheimen. Westlich vom Jotunheimen beginnt Breheimen, eine Ansammlung von kleinen Gletschern, die praktisch nahtlos in den Jostedalen-Nationalpark übergeht. Das Jotunheimen ist sehr gut erschlossen und deshalb gelegentlich überfüllt. Auf der Ostseite sind Bessheim, Gjendesheim, Valdresflya und Bygdin die besten Ausgangspunkte an der Straße 51. Im Westen ist es die Straße 55, die den Weg zum Galdhøppigen und Glittertind eröffnet. Markierte Wege beginnen außerdem bei Krossbu, Sognefjellhytta und Turtagrø.
Zur Vorbereitung für Wandertouren eignet sich die Jotunheimen-Karte im Maßstab 1:100.000.

RONDANE

Das Rondane-Massiv liegt östlich vom Gudbrandsdalen. 1962 wurde es zum ersten Nationalpark Norwegens erklärt. Das Rondane ist relativ klein, gut erschlossen, und die Tagesetappen zwischen den Hütten sind relativ kurz. Das macht es zu einem der einfachsten Wandergebiete. Trotzdem gibt es hier auf engstem Raum zahllose Berge von über 2000 Meter Höhe und viel wilde Natur. Das Rondane ist ein trockenes Gebiet, der langgestreckte Rondvatn ist der einzige größere See. Vom Gudbrandsdalen gibt es mehrere Stichstraßen bis an die Nationalparkgrenze bei Høvringen, Mysuseter und Rondablikk. Ein Wanderklassiker ist der Lillehammer-Rondane-Pfad, der in 7-8 Tagesetappen von der Olympiastadt bis ins zentrale Rondane führt. Auf der gesamten Strecke gibt es DNT-Hütten. Für die Planung der Wanderung eignet sich am besten die Rondanekarte im Maßstab 1:100.000.

DOVREFJELL

Der Dovrefjell-Nationalpark besteht aus zwei Hälften, die durch die Bahnlinie und die E 6 getrennt werden. Er deckt aber nur einen Bruchteil des gesamten Dovrefjell ab, denn zwischen den beiden Hauptstraßen, die nach Åndalsnes und Sunndalsøra führen, liegt fast nur unbesiedelte Wildnis.
Das Netz der Wanderwege ist hier relativ dünn. Die Entfernungen zwischen den Hütten sind größer als im Rondane-Nationalpark, die Wanderungen fallen deshalb länger aus. Das Dovrefjell gehört zu den ruhigsten und einsamsten Wandergebieten. Der beste Ausgangspunkt für Wanderungen ist die Paßhöhe der E 6 bei Hjerkinn oder Kongsvoll.

LOM

1994 wurde in Lom das Norsk Fjellmuseum eröffnet. Es ist das zentrale Informationszentrum für alle Nationalparks und die norwegischen Gebirge. Das Norwegische Gebirgsmuseum liegt in unmittelbarer Nähe des alten Hofes Presthaugen, in dem das Heimatmuseum untergebracht ist.
Mo – Fr 10 – 19 Uhr;
Sa u. So 11 – 19 Uhr.
Das Fossheim-Steinzentrum in Lom beherbergt die größte Ausstellung von Mineralien und Schmucksteinen in Norwegen. In einer eigenen Werkstatt werden die verschiedensten Kunst- und Schmuckgegenstände hergestellt.

Insider News

FOKSTUMYRA

Das Feuchtgebiet Fokstumyra liegt zwischen Dovre und Hjerkinn auf 950 Meter Höhe, direkt an der E 6. Es ist Norwegens bekanntestes Moor mit einem außergewöhnlich reichen Vogelleben, obwohl das Reservat mit einer Fläche von 7,5 Quadratkilometern ziemlich klein ist. Die ersten Ornithologen kamen schon um 1800 in die Fokstumyra und waren von der Artenvielfalt begeistert. Als aber 1916 die Dovrebahn mitten durch das Brutgebiet gebaut wurde, verschwanden viele Vögel, deshalb wurde das Gebiet 1923 unter Schutz gestellt. Danach kamen die Vögel langsam wieder zurück, und heute können 130 verschiedene Arten beobachtet werden, von denen 70 in der Fokstumyra brüten. Von der Eisenbahnstation und dem Fokstua Gård gibt es einen markierten Rundweg duch das Vogelschutzgebiet, den in der Brutzeit eine begrenzte Besucherzahl von 7.00 – 23.00 Uhr benutzen darf. Informationen gibt es beim Fokstua Gård.

8 Der Norden

Jenseits des Polarkreises

Fernziel Nordkap! Wer den Polarkreis überquert, hat meist nur ein Ziel: nordwärts, bis ans „Ende der Welt“.

Endlose Weite und eine fast unwirkliche Stille prägen de

Erhabene Stille in der fast unberührten Landschaft im Norden.

Eine norwegische Krüppelbirke.

Sorgfältig überprüft der Fahrer seine Ausrüstung vor dem Start zum Hundeschlittenrennen.

Hohen Norden, wo noch immer Rentierherden weiden.

chroffe Felsen, grüne Wiesen, weiße und rote Holzhäuser – typische Landschaft im Norden bei Alta.

winterlichen Kautokeino, dem kulturellen Zentrum der Samen-Region.

Stolz präsentiert er seinen Lachsfang.

Schon der Süden und Westen Norwegens sind grandios in ihrer landschaftlichen Schönheit, für stadtgewöhnte Mitteleuropäer ist das relativ dünn besiedelte Land ein großartiges Erlebnis. Der Norden kann dem zwar keine weiteren Superlative in Form von höchsten Bergen, größten Gletschern und ähnlichem hinzufügen, er ist aber trotzdem eine gewaltige Steigerung. Denn Nordnorwegen fasziniert durch die Weite, die Einsamkeit und durch die Unberührtheit der Landschaft. Alle Annäherungsversuche des Menschen weist die Natur souverän zurück.

Nordnorwegen, Nordkalotte oder Lappland – viele Namen bezeichnen den nördlichsten Zipfel Europas. Auffällig dabei ist, daß der Norden Skandinaviens häufig als Einheit wahrgenommen wird. Ländergrenzen haben in der Wildnis keine Bedeutung mehr, und die wenigen nomadisierenden Rentierzüchter halten sich auch eher an die Wanderwege ihrer Tiere als an Trennlinien auf Landkarten.

Auf norwegischer Seite sind es die drei Provinzen **Nordland**, **Troms** und **Finnmark**, die in der Regel als Nordnorwegen zusammengefaßt werden. Die Provinz Trøndelag liegt an der südlichen Peripherie der Nordregionen. Von hier, genaugenommen von Trondheim, ging die Besiedlung des Nordens aus. Schon in der Steinzeit lebten Menschen am Trondheimsfjord, von hier

Der Norden fasziniert nicht durch Superlative. Es sind seine Weite und die Unberührtheit, die so beeindrucken.

Blick auf das winterliche Trondheim, von wo die Besiedlung des Nordens ihren Ausgang nahm.

eroberten die Wikinger England und Island, und Trondheim war Norwegens erste Hauptstadt.

Nördlich von Trondheim, dem Tor zum Norden, verengt sich Norwegen zu einem schmalen Schlauch. Bei Narvik erreicht die Wespentaille ihre engste Stelle, dort sind es gerade nur sechs Kilometer von der Küste bis zur schwedischen Grenze. Aber dafür ist die Länge Nordnorwegens umso beeindruckender: Von Trondheim bis zum Nordkap sind es auf der E 6 immerhin gut 1600, bis nach Kirkenes knapp 2000 Kilometer.

Jenseits von Trondheim werden die Spuren menschlichen Wirkens spärlicher, die Natur immer mächtiger. Der Norden ist dünn besiedelt. Egal ob nun statistisch betrachtet ein oder zwei Menschen pro Quadratkilometer dort leben, Zahlen spiegeln die Wirklichkeit eigentlich nicht wieder. Denn über Nordnorwegen verteilt sich nur eine Handvoll Städte, fast alle haben einen direkten Zugang zum Meer, das im Norden eine noch viel essentiellere Lebensgrundlage ist als im Süden. Ansonsten sind nur noch kleine Ansiedlungen auszumachen, die auch bei allem guten Willen nicht mehr als Städte zu bezeichnen sind. Selbst an der Küste finden sich lange Abschnitte, die unbewohnt sind, und im Landesinnern konnten Menschen nie richtig Fuß fassen. Nur einige Samen haben es geschafft, den widrigen Witterungsbedingungen zu trotzen.

Die lange Fahrt in den hohen Norden bis ans stürmische Nordkap ist eine Reise durch eine archaische Landschaft ins Licht der Mitternachtssonne oder in die Melancholie der endlosen Polarnacht.

Die Städte entlang des Weges lohnen den Aufwand der vielen Kilometer kaum, denn die Sehenswürdigkeiten von Steinkjer, Mosjøen, Mo i Rana, Bodø, Narvik, Tromsø, Hammerfest und Kirkenes sind dünn gesät. Auch die schmückenden Attribute „Nördlichste Stadt der Welt", „Hauptstadt des Nordens", „Pforte zum Eismeer" oder „Honigbucht" können nicht über die architektonische Eintönigkeit hinwegtäuschen. Die alten Stadtkerne in Bodø, Narvik und Hammerfest wurden Opfer des Zweiten Weltkrieges. Andere Städte wie Mo i Rana verdanken ihre Existenz in erster Linie der Industrie, deshalb wurden sie zweckmäßig und nicht schön gebaut. Der rauhe Norden läßt nur wenig Raum für spielerische Eleganz.

Nicht mehr lange, und auch in Hammerfest werden die Lichter ausgehen.

Da der Weg zum Nordkap weit und der Urlaub oft knapp bemessen ist, verlassen nur wenige die E 6. Eine der wenigen Alternativen zu dieser Hauptverkehrsader ist der „Kystriksveien", die Straße 17 zwischen Steinkjer und Bodø, die sich trotz aller landschaftlichen Hindernisse den Weg entlang der Küste bahnt. Die Straße führt mitten durch das Schärenlabyrinth an unzähligen Fjorden vorbei und bietet einmalige Ausblicke auf die seltsamsten Bergformationen, auf den durchlöcherten Berg Torghatten oder die Sieben Schwestern. Sie ermöglicht aber auch

Abstecher zu den Vogelfelsen Lovund und Traena vor der Küste. Soviel landschaftliche Schönheit gibt es aber nicht zum Nulltarif. Der Kystriksveien ist mühsam zu fahren, und zwischen Namsos und Bodø unterbrechen sechs Fähren die Straße. So vergeht schnell eine Woche, und das Nordkap ist kaum nähergerückt.

Wer an der Küste unterwegs ist, sieht sie immer wieder, die in Buchten und Fjorden schwimmenden runden Käfige. Manchmal sind es nur zwei oder drei in einer Bucht, dann wieder zwanzig und mehr. In den unscheinbaren Unterwasserkäfigen schwimmen zigtausend Lachse und warten darauf, „geerntet" zu werden. **Aquakultur** ist der bisher modernste Versuch, dem Meer mehr Beute abzutrotzen, als es freiwillig bereit ist zu geben. Für diese Hoffnung entwickelten sich viele Hochseefischer zu Fischfarmern.

Niemand hätte sich wohl die Mühe gemacht, Nordnorwegen zu besiedeln, wären da nicht die schier unerschöpflichen Fischschwärme vor der Küste gewesen. Hering, Dorsch, Köhler, Lodden, Schellfisch, Seelachs und auch Lachs waren immer im Überfluß vorhanden und entschädigten ein wenig für die harten Lebensbedingungen jenseits des Polarkreises. Aber irgendwann war das Meer leergefischt, und die Fischer standen vor dem Ruin, ökonomisch, aber auch kulturell. Denn im hohen Norden gibt es keine Alternative zu Fischfang und Fischverarbeitung: Die Böden und das rauhe Klima lassen dem Ackerbau keine Chance, und die Industrie fand nie den weiten Weg hinauf in den Norden. Also war es logisch, daß alle nach dem Strohhalm Aquakultur griffen.

Nachdem die technischen Probleme der Lachszucht in den engen Käfigen gelöst waren, setzte ein Lachsboom ein, und es entstanden in kürzester Zeit Hunderte von Fischzuchtfarmen. Wurden 1971 knapp 100 Tonnen Zuchtlachs auf den Markt gebracht, waren es zwanzig Jahre später schon mehr als 150.000 Tonnen. Auch bei der Aquakultur wurde wieder der Fehler gemacht, hemmungslos zu expandieren. Die Überproduktion ließ die Preise in den Keller fallen, der Edelfisch kam in die Kühlhäuser, und die Fischfarmer waren nach der anfänglichen Euphorie wieder ratlos. Heute reguliert der Staat die Lachsproduktion über die Vergabe von Lizenzen, und es bleibt zu hoffen, daß sich die Aquakultur auf ein ökologisch und ökonomisch gesundes Maß reduziert. Daß bei diesem

Die zu Stockfisch getrockneten Dorsche werden in alle Welt exportiert.

Der Fluß Altaelva fließt beim Ort Alta in den Altafjord. Er gilt als einer der längsten und berühmtesten Lachsflüsse Norwegens.

Prozeß wieder einige Fischfarmer auf der Strecke bleiben, ist allerdings sicher.

Mittlerweile zeichnet sich ein neuer Hoffnungsschimmer für die Fischer im Norden ab: die Dorschaufzucht. Die natürlichen Dorschvorkommen wurden von den Lofotenfischern so stark dezimiert, daß der Fang fast nicht mehr rentabel ist. Die Aufzucht von Jungdorschen nach Art der Lachsfarmen könnte in Zukunft für Nachschub sorgen.

Das Nordkap, dieser gut 300 Meter hohe, senkrecht ins Eismeer abfallende Felsen lockt jedes Jahr Hunderttausende an. Auf dem Weg nach Norden treffen sich alle auf der E 6. Wohnmobile, Busse und Pkw bilden eine endlose Karawane, die allerdings in dem kleinen Ort Kåfjord noch einmal gestoppt wird. Die Fähre nach Honningsvåg bildet in der Hauptsaison ein Nadelöhr. Die kilometerlangen Staus halten die Nordkaphungrigen manchmal kurz vor dem Ziel für viele Stunden auf. Aber Abhilfe ist in Sicht, denn die Norweger bauen schon an einem Tunnel, der die Insel Magerøya mit dem Festland verbinden und so dem Nordkap noch ein paar Besucher mehr bringen soll. Neben der langen Wartezeit ist der Ausflug zum Nordkap obendrein noch ein teurer Spaß, aber wer schon so weit gekommen ist, der läßt sich auch von überhöhten Preisen nicht mehr abschrecken.

Die 45minütige Überfahrt ist dann allerdings ein Erlebnis, denn Magerøya ist eine gigantische Felseninsel im Meer. Magerøya bedeutet „magere Insel“, und genau das ist auch der Eindruck, den Norwegens einzige wirklich arktische Landschaft auf den Besucher macht. Schließlich naht das wichtigste Ziel der ganzen Reise, der nördlichste Punkt Europas, der genaugenommen diesen Superlativ gar nicht verdient. Denn die benachbarte Landzunge Knivskjellodden ragt noch etwas weiter ins Nordmeer hinein. Aber mittlerweile sind schon Generationen von Touristen ans falsche Nordkap gefahren und haben dort einen riesigen Rummel vorgefunden. Nicht auszudenken, wenn dies alles an das „richtige“ Nordkap verfrachtet werden müßte!

Einsam inmitten der kargen Landschaft: Nur die Fischerei erhält die kleinen Dörfer am Leben.

Der Nordkapaufenthalt teilt sich in ein Naturerlebnis und ein Souvenirerlebnis. Der Blick vom Felsen auf das Eismeer ist bei schönem Wetter ein atemberaubendes Schauspiel. Wenn dann noch die Wolken gegen die schroffen Felsen prallen, sich in den gerippten Abhängen verfangen und auf und ab wabern oder die Mitternachtssonne den Himmel und die Wolken rosa färbt, hat sich die lange Anfahrt gelohnt. Dann folgt der Rundgang durch die Nordkaphalle, wo die Souvenirindustrie auf Hochtouren läuft. Alles was sich mit dem Nordkaplogo bedrucken läßt, füllt die Verkaufsstände. Restaurant und Bar dürfen ebensowenig fehlen wie der Panoramafilm über das Nordkap – ein kleiner Trost für diejenigen, die das Eismeer vor lauter Wolken nicht einmal erahnen konnten.

Umgeben von Nebelschleiern wirkt das Nordkap wie das Ende der Welt.

Angesichts des hektischen Treibens am Nordkap könnte man schon neidisch auf die Touristen werden, die sich um die Jahrhundertwende auf den Weg zum nördlichsten Punkt Europas machten. Für sie war die Reise noch ein abenteuerliches Unterfangen. Einen Einblick in diese Zeit vermittelt der Urvater aller Reiseführer, der Baedeker von 1903:

„Man landet auf der Nordostseite des Kaps in der Hornvik. Ein etwas beschwerlicher Weg, der mit eisernen Stangen und Seilen zum Anhalten versehen ist, führt den begrünten, z.T. sumpfigen und steinbedeckten Abhang hinan. Man braucht etwa 50 Minuten bis oben und dann auf dem Plateau, an einem gespannten Draht entlang, noch 20 Minuten bis zur vordersten Höhe. Eine Granitsäule erinnert an den Besuch des Königs Oskar II. am 2. Juli 1873. In einem Pavillon wird Sekt zu 8–14 Kronen die Flasche verkauft."

Schon vor der Zeit des Massentourismus war das Nordkap also eine Sehenswürdigkeit. Damals brachte der Postdampfer die Passagiere nur bis zum Fuß des Felsens, den Aufstieg mußten sie dann per pedes bewältigen.

Auch an die E 6 war noch nicht zu denken. So war der Dampfer die einzig praktikable Verbindung ins Nordland. Reisen über Land verliefen seinerzeit noch äußerst mühsam. Pferdefuhrwerke, sogenannte „skyds", stellten das einzige Transportmittel in der Weite dar. Ähnlich wie im Wilden Westen entstanden im Abstand von 10 bis 25 Kilometern in ganz Norwegen „skydsstationen", Gasthäuser, an denen auch die Gespanne ausgewechselt werden konnten.

„Mit Skyds legt man auf ebenem Wege in der Stunde 8–10 Kilometer zurück, bergan selbstverständlich weniger; bei manchen besonders starken Steigungen muß man nach polizeilicher Vorschrift aussteigen und zu Fuß gehen. Im Hochsommer mag man 70–80 Kilometer auf den Tag rechnen. Mehrtägige Reisen von solcher Ausdehnung ermüden."

Nicht umsonst macht der Baedeker Routenvorschläge von einer Länge, die mit einem durchschnittlichen Jahresurlaub der meisten Arbeitnehmer heutzutage kaum in Einklang zu bringen wären. Mal schnell in drei oder vier Wochen zum Nordkap und zurück, das war zu Beginn des 20. Jahrhunderts noch nicht möglich. Wer damals reiste, hatte viel Zeit.

Auf dem Gebiet von Norwegens größter Provinz, der Finnmark, leben nur 75.000 Menschen. Ein Großteil dieser Region macht die Finnmarksvidda aus, ein riesiges, karges Hochplateau 600 Meter über dem Meeresspiegel, auf dem extreme Witterungsbedingungen herrschen. Im Winter wird es bitterkalt, Temperaturen unter -30° C sind keine Seltenheit. Aber im Sommer ist es in Anbetracht der nördlichen Lage erstaunlich warm, und Schwärme von Mücken machen den Besuchern das Leben schwer.

Die Finnmark ist das Hauptsiedlungsgebiet der **Samen**, die häufig auch als „Lappen“ bezeichnet werden. Sie selbst würden sich so aber nie nennen. Ungefähr 50.000 Samen verteilen sich auf Norwegen, Schweden, Finnland und die Halbinsel Kola. Der größte Teil, schätzungsweise 25.000 bis 30.000, lebt im norwegischen Teil Lapplands. Genauere Zahlen sind schwer zu bekommen, denn die Samen teilten bis vor kurzem noch das Schicksal aller anderen Minoritäten auf der Welt und standen unter einem enormen Assimiliationsdruck. Sich zu ihrer samischen Identität zu bekennen, brachte nur Nachteile. Sprache und Kultur wurden von allen Staaten, auf deren Territorien sie lebten, systematisch unterdrückt. Erst seit Beginn der achtziger Jahre ist eine Renaissance der samischen Kultur zu spüren.

Obwohl die Samen mit ziemlicher Sicherheit die ersten Siedler im nördlichen Skandinavien waren, wurden sie immer weiter

In der endlosen Weite der Finnmarksvidda verlieren sich die wenigen samischen Familien mit ihren Rentierherden.

Erwartungsvoll warten diese Kinder in traditioneller Tracht auf ihren großen Auftritt in Lillehammer.

zurückgedrängt – ein Prozeß, der auch heute noch anhält. Schon der Bau einer neuen Straße oder eines Staudamms für ein neues Wasserkraftwerk bedeutet ernsthafte Eingriffe in ihre Lebensweise, die eng mit Flüssen, Wasser und Land verbunden ist. Auch der Atomunfall in Tschernobyl hat die Samen viel stärker getroffen als den Rest der Norweger und Schweden, denn Rentierzüchter leben nun einmal vom Verkauf von Fleisch, und verstrahltes Fleisch läßt sich nicht verkaufen.

Nordlandreisende kommen mit ihnen wahrscheinlich zuerst in den sogenannten Samenlagern, die im Sommer überall entlang der Straßen aufgebaut werden, in Berührung. Für die Touristen haben sie sich ihre farbenfrohen Trachten angezogen und stellen sich mit ihren Rentieren zur Schau. Sie verdienen ihren Lebensunterhalt als gutbezahlte Fotomodelle und geschäftstüchtige Souvenirhändler.

Aber das Bild täuscht, die Samen am Straßenrand sind nur ein Kunstprodukt für Nordlandtouristen. Die meisten von ihnen leben heute in festen Häusern, nur fünf bis zehn Prozent arbeiten noch wie früher als Rentierzüchter. Die bunten Trachten werden nur noch zu Festtagen und Feiern aus dem Schrank geholt, ein Großteil der „angepaßten" Samen besitzen die traditionelle Kleidung gar nicht mehr. Wenn noch etwas von dem romantischen Nomadenleben der Samen übrig geblieben ist, dann in den Gemeinden **Kautokeino** und **Karasjok.** Die Mehrheit der etwa 3000 Einwohner von Kautokeino sind Samen. Hier blieb noch so etwas wie eine samische Kultur bestehen, was sich in vielfältigen Aktivitäten äußert. Kautokeino sollte man zu Ostern besuchen, wenn die Einheimischen bunte Trachten tragen. Dann findet auch das alljährliche Rentierrennen statt. Anschließend bereiten die wenigen verbliebenen Rentierzüchter ihre Herden auf die lange Wanderung an die Küste vor. Wenn auch Schneescooter und Hubschrauber den Rentierschlitten abgelöst haben, so ist doch der Anblick der dampfenden und über den Schnee stampfenden Rentierherden ein einmaliges Erlebnis.

Werden sich die letzten Rentierzüchter gegen die moderne Zivilisation durchsetzen können, oder werden sie wie viele andere doch irgendwann im Supermarkt oder an der Tankstelle an der Kasse stehen?

Nur noch wenige Samen verdienen ihren Lebensunterhalt mit der Rentierzucht.

Kautokeino, auf Samisch „Guovdageainnu", ist offiziell zweisprachig. Die Stadtverwaltung muß sogar einen Dolmetscher beschäftigen!

Den Trollen begegnet man überall in Norwegen: im dunklen Wald, im Gebirge, wenn ein Gewitter aufzieht, wenn der Nebel zwischen den Bergen wabert oder das Meer tost – also immer, wenn die Natur versucht, dem Menschen Angst einzujagen. Aber nirgendwo ist eine Begegnung mit ihnen furchteinflößender als im weiten, menschenleeren Nordland.

Trolle sind die urnorwegischen Dämonen, die die Menschen erschrecken und seit ewigen Zeiten im ganzen Land ihr Unwesen treiben. Ein Blick auf die Landkarte genügt, um sich von Trollen umgeben zu fühlen: Trollfjord, Trolltindene, Trollveggen, Trollheimen und Trolldalen sind nur einige Trollgegenden. Der Dovregubben treibt sein Unwesen im Dovrefjell, Jotunheimen ist die Heimat der Riesen und die Trollblume kennt ebenfalls jeder. Auch um besonders bizarre Landschaften ranken sich unzählige Trollgeschichten, sei es der Torghatten, der Vågekollen, der Hestmannen oder die Sieben Schwestern – sie alle sind Werke der Trolle.

Im Mondschein ist es besonders unheimlich, wenn sich der dunkle Wald plötzlich in einen großen häßlichen Waldtroll verwandelt. Mancher Troll hat nur ein Auge, das feurig leuchtet, andere tragen den Kopf unter dem Arm oder haben gar sechs Köpfe. Die meisten sind seltsame Gestalten, mit Moos bewachsen, mit Haaren aus Wurzeln und langen Nasen. Wenn sie sich etwas zurufen, können hundert Jahre bis zur Antwort vergehen. Doch das schadet nichts, denn sie werden uralt. Manche sind so alt, daß sie gar nicht mehr wissen, wie alt sie sind...!

Alle Trolle sind unermeßlich reich, sie horten Gold und Silber und besitzen alle erdenklichen Kostbarkeiten. Trolle haben es nie eilig, auch wenn sie auf das aus purem Gold bestehende, sagenhafte Trollschloß Soria Maria zum Fest geladen sind. Bis sie ankommen, können ebenfalls hundert Jahre vergehen. Sie haben die Größe und die Kräfte von fünfzig Mann, sind aber etwas dumm, tolpatschig und so leichtgläubig, daß selbst Kinder ihnen Streiche spielen können. Sie kämpfen für ihr Leben gerne. Dann grollt der Donner, und die Blitze zucken durch den Himmel. In diesem Fall sind es die riesigen Bergtrolle, die um die Herrschaft kämpfen, daß die Erde bebt.

Für die Menschen gibt es eine Hoffnung: Trolle erstarren im Sonnenlicht zu Stein oder zerplatzen. Aber im Winter, wenn es dunkel ist, treiben sie es toll. Theodor Kittelsen war wahrscheinlich besonders empfindsam, wenn irgendwo Trolle in der Nähe waren. Er muß sie alle gesehen haben, den Waldtroll, den Seetroll, den Nökk und den Nisse, denn Ende des vorigen Jahrhunderts hat er sie alle gemalt. Ihm verdanken wir das umfassende Wissen über die Trolle.

Wer sich nicht die Mühe machen will oder zu furchtsam ist, nächtelang durch unheimliche Wälder zu streifen, der findet fast alle Trolle tagsüber in Souvenirgeschäften. Dort stehen sie allerdings stocksteif mit ihren langen Nasen und moosigen Haaren und tun so, als würden sie nie jemanden erschrecken. Aber Trolle haben ja unendlich viel Zeit.

Furchterregend sieht er nicht gerade aus, dieser holzgewordene Troll!

AM ENDE DER WELT

Nur wenige größere Städte markieren die endlose Route auf dem Weg nach Norden.

■ Trondheim

Norwegens drittgrößte Stadt hat 140.000 Einwohner und feiert 1997 ihr tausendjähriges Jubiläum. Sie ist Bischofssitz und hat die zweitgrößte Universität des Landes.
Um den 29. Juli herum, den Olsok Tag, wird zum Gedenken an den Tod von König Olav Haraldsson im Jahre 1030 ein großes Kulturfest gefeiert.
Touristeninformation:
OLAVSFESTDAGENE I TRONDHEIM
P.B. 2045, 7001 Trondheim.

SEHENSWÜRDIGKEITEN

NIDAROS DOM
Eines der größten mittelalterlichen Gebäude in Nordeuropa. Über dem Grab von Olav dem Heiligen errichtet.
Mo – Fr 9 – 17 Uhr;
Sa 9 – 14 Uhr; So 13 – 16 Uhr.

ERZBISCHOFSHOF
Erzbischöfliche Residenz bis zur Reformation.
Mo – Fr 9 – 15 Uhr;
Sa 9 – 14 Uhr; So 12 – 15 Uhr.

VÅR FRUE KIRKE
Mittelalterliche Kirche aus dem 13. Jhd.,
1739 restauriert.
Di – Fr 10 – 14 Uhr;
Sa 11 – 14 Uhr.

STIFTSGÅRDEN
Größtes Holzhaus Norwegens, gebaut 1774-1778.
Heute Residenz der königlichen Familie in Trondheim.
Di – Sa 10 – 17 Uhr;
So 12 – 17 Uhr.

GAMLE BYBRUA
Stadtbrücke über den Fluß Nidelva in unmittelbarer Nähe des Doms. Schöner Blick auf die alten Speicher an beiden Flußufern.

RAVNKLOA
Trondheims Fischmarkt am Ende der Munkegata. Von hier fahren die Boote nach Munkholmen, einer Insel im Fjord. Früher Kloster und Gefängnis, heute wird dort Kunstgewerbe ausgestellt.

RINGVE MUSEUM
Lade Allee 60, einziges Musikinstrumentenmuseum Norwegens. Während der Führungen werden die Instrumente vorgespielt.
Deutsche Führung 13 und 15 Uhr.

TRØNDELAG FOLKEMUSEUM
Sverresborg, westlich des Zentrums. Freilichtmuseum mit der Stabkirche aus Haltdalen.
11 – 18 Uhr.

UNTERKUNFT

BRITANNIA HOTEL PALMEHAVEN
Gediegener Luxus, exzellente Menüs unter Palmen im hoteleigenen Restaurant.
DZ etwa 700 NOK.
Dronningsgt. 5, Tel. 73 53 53 53.

BAKERIET HOME HOTEL
Ein Ort der Ruhe mitten im Zentrum Trondheims.
Stilvolles altes Gebäude.
DZ etwa 750 NOK.
Brattørgt. 2, Tel. 73 52 52 00.

1 Olav-Tryggvason-Säule 3 Kunstverein 5 Gesellschaft der Wissenschaften 7 Seefahrtsmuseu
2 Kunstgewerbemuseum 4 St. Olav (Kirchenruine) 6 Fischmarkt (Ravnkloa) 8 Hurtigrute (Anle

RESTAURANTS

DICKENS
Originelles Restaurant im ältesten Speicher der Stadt.
Kjøpmannsgt. 57, Tel. 73 51 57 50.

HAVFRUEN
Bekanntes Fischrestaurant gleich beim „Dickens".
Kjøpmannsgt. 63, Tel 73 53 26 26.

Namsos

100 km nördlich von Trondheim am Namsfjorden. Namsos liegt an einem der lachsreichsten Flüsse Norwegens und ist das Kulturzentrum der Region.

MUSEEN

NAMDALSMUSEUM
Das Provinzmuseum für das Namdalen. Besonders sehenswert: ein „fembøring", ein zwölfruderiges Nordlandboot.
Di 15 – 19 Uhr; Mi – So 11 – 15 Uhr.

Mosjøen

Größte zusammenhängende Holzhausviertel Nordnorwegens in der Sjøgata. Eines der wichtigsten unter Denkmalschutz stehenden Stadtviertel in Norwegen.

Bodø

Wichtigste Stadt in der Provinz Nordland. Außerdem ist Bodø einer der bedeutendsten Verkehrsknotenpunkte im Norden: Bis hierhin geht die Eisenbahn, die Hurtigroute legt in Bodø an, und der Flughafen ist einer der größten des Landes.
Nach den Zerstörungen des Zweiten Weltkrieges erhielt die Stadt ein modernes Aussehen.

SEHENSWÜRDIGKEITEN

Sehenswert ist das Nordland Fylkesmuseum und der Saltstraumen. Dieser starke Gezeitenstrom liegt südlich von Bodø an der Straße 17. Mit jeder Ebbe und Flut werden knapp 400 Mio. m³ Wasser mit ungeheurer Geschwindigkeit durch einen nur 150 m breiten Sund gepreßt.

Narvik

Die größte Sehenswürdigkeit der Stadt sind die riesigen Erzverladeanlagen an der Bahnlinie nach Kiruna. Hier wird das schwedische Erz über den ganzjährig eisfreien Hafen Narvik verschifft. Über Führungen informiert das Touristenbüro.
Einen schönen Blick auf Narvik und die Umgebung hat man vom Fagernesfjell. Eine Seilbahn bringt Besucher in einer Viertelstunde 650 m über die Stadt.

Tromsø

50.000 Einwohner hat die Hauptstadt Nordnorwegens. Sie überstand den Weltkrieg ohne Zerstörungen. Die alten Holzhäuser machen Tromsø heute zu einer der reizvollsten Städte im Norden. „Paris des Nordens" wird sie wegen der für norwegische Verhältnisse zahlreichen Cafes und Restaurants genannt. Als „Pforte zum Eismeer" wurde sie bekannt, weil von hier die Arktisexpeditionen starteten.
Das bekannteste Wahrzeichen ist die moderne Eismeerkathedrale, sehenswert sind zudem das Nordlichtplanetarium, das Stadtmuseum im Tolkepark, das Polarmuseum und das Kunstmuseum.
Auf den 420 m hohen Storsteinen führt eine Seilbahn, von oben überblickt man ganz Tromsø.

UNTERKUNFT

RAINBOW POLAR HOTEL
DZ etwa 700 NOK.
Grønnegt. 45, Tel. 77 68 64 80

Hammerfest

Die nördlichste Stadt der Welt hat architektonisch nicht viel zu bieten, trotzdem kommen jedes Jahr zigtausend Touristen auf dem Weg zum Nordkap nach Hammerfest. Sehenswert ist die nüchterne, triangelförmige Kirche, die mit einer Erdkugel gekrönte Meridiansäule und die „Royal and ancient society of polar bears", kurz auch „Eisbärenclub". Wer es eilig hat, kann von Hammerfest aus während der Hauptsaison mit dem Schnellboot zum Nordkap fahren.
Eine gute Alternative für diejenigen, die dem Nordkap nur der Vollständigkeit halber einen kurzen Besuch abstatten wollen.

UNTERKUNFT

RICA HOTEL
Erstklassiges Haus, das auch Ausflüge ans Nordkap organisiert.
DZ etwa 700 NOK.
Sørøgt. 15, Tel. 78 41 13 33.

AUSFLÜGE

KIRKEPORTEN
Torförmiger Felsdurchbruch mit interessanten Gesteinsformationen auf der Nordkapinsel Magerøya. Ausgangspunkt für die 20minütige Wanderung dorthin ist Skarsvåg.

ALTA-CANYON
Der bis zu 500 m tief eingeschnittene Altaelva bildet den tiefsten und schönsten Canyon in Skandinavien. Von Alta folgt man der Straße nach Kautokeino und biegt dann nach Gargia ab. Von der Berghütte sind es noch ungefähr 2 Std. zu Fuß bis zum Canyon.

NAMSSKOGEN FAMILIEPARK
An der E 6, zwischen Grong und Mosjøen, bietet der Namsskogen Park neben den üblichen Aktivitäten eines Freizeitparks nordische Vögel und Tiere und als besonderen Anreiz Elche in weitläufigen Gehegen.

Insider News

GRANE-GROTTEN
Geführte Wanderungen durch die Etasje-Grotte (Tagestour) und durch die Bjørkåsen-Grotte (2 Std.).
Ausgangspunkt ist das Grane Turist- og Villmarksenter an der Str. 76 südlich von Mosjøen.

ØYFJELL-GROTTE
Kalksteingrotte bei Mosjøen.
2 – 3 Std. lange Führungen.

Weitere Informationen bei:
Indre Helgeland Reiseliv AS
Postboks 308, 8651 Mosjøen,
Tel. 75 17 61 20.

9 Licht des Nordens

Die Magie des Lichtes

Neben den Höhepunkten des Polarlichtes und der Mitternachtssonne übt das alltägliche Zusammenspiel von Licht und Schatten eine unwiderstehliche Faszination aus.

Das Wetter vorherzusagen, ist in Norwegen ein schwieriges Unterfangen. Denn nur auf die Unbeständigkeit ist Verlaß! Aber gerade in diesem ständigen Wechsel zwischen Sonne, Regen und Wolkenbergen liegt die Faszination des Nordens, kreiert er doch ohne Vorwarnung immer wieder überraschende Lichtstimmungen. So ist ein wenig Mitleid mit den Wetterfröschen durchaus angebracht, denn wie sollen sie in diesem 2500 Kilometer langen Land, das häufig unter dem Einfluß der laufend von Westen heranziehenden Tiefdruckgebiete liegt und sich obendrein im Landesinnern in unzählige Gebirge und Täler zergliedert, das Wetter exakt voraussagen? Fast jedes Tal hat sein eigenes Mikroklima! Es gibt Wanderer, die würden schwören, daß sie eine Woche lang unter der einzigen Regenwolke weit und breit durch das Jotunheimen gelaufen sind...

Schattenspiel auf den Lofoten.

Deshalb beansprucht der Wetterbericht im Radio mehr Zeit als die gesamte Nachrichtensendung. Mit monotoner Stimme liest der Sprecher die Wettermeldungen für jede Region vor, wobei sehr feine Unterschiede zwischen den einzelnen Regenarten gemacht werden. Wer sich nicht um den Wetterbericht kümmert, wird nie ein echter Norweger, deshalb waren mir, lange bevor ich jemanden auf norwegisch nach dem Weg fragen konnte, bereits sämtliche Wettervokabeln in Fleisch und Blut übergegangen.

Den Ungeduldigen wird das norwegische Wetter so ärgern, daß sein Gemüt Schimmel ansetzt, für den Geduldigen aber hält es Kapriolen bereit, die er nie vergißt. Im Land der **Mitternachtssonne** und des **Polarlichtes** wird ihn die Magie des Lichtes und das Wechselspiel zwischen Hell und Dunkel fesseln.

Die Faszination der langen, hellen Nächte beginnt schon in Oslo, das für die Mitternachtssonne zwar noch viel zu weit südlich liegt, aber die Tage im Sommer sind hier doch schon ein gutes Stück länger als in Deutschland. Rund 400 Kilometer weiter nördlich, auf dem **Dovrefjell**, wird es um die Zeit der Sonnenwende überhaupt nicht mehr dunkel, auch wenn die Sonne noch für kurze Zeit hinter dem Horizont verschwindet. Die hellen Nächte eröffnen auch ohne Sonne ungeahnte Freiheiten. Selbst wenn die lange Kette der 24-Stunden-Tage nicht immer genutzt wird, ist es doch gut zu wissen, daß die Möglichkeit dazu besteht. Sicherlich ist es eine Frage des Temperamentes, ob jemand seinen gewohnten Rhythmus beibehält, vielleicht nur ein Stündchen später schlafen geht, oder sich von dem Licht treiben läßt, so wie es viele Norweger tun.

Der Hunger nach Licht, das Leben bedeutet, treibt sie während der Zeit der hellen Nächte auf die Straße. Wer ein Auto hat, setzt sich ans Steuer und fährt ziellos umher. Irgendwann trifft man sich ganz zufällig am Strand, dort, wo die Sonne eben nicht im Meer versinkt, sondern schon ein Stück über der Wasseroberfläche ihren erneuten Aufstieg beginnt, und genießt die Helligkeit. Mit ein paar Stückchen Treibholz wird ein Lagerfeuer gemacht, die Bierflaschen kreisen, dazu eine Tüte Chips, und der Strand wird zum Ersatz für den Fernseher. Manchmal läßt die Sonne die Landschaft und die Gesichter vor Mitternacht in einem glühenden Rot aufleuchten, so als ob plötzlich alles von innen glühte und jeder zur kleinen Sonne geworden wäre. Aber das sind seltene Augenblicke, denn mitternachts ist die Sonne nicht weniger launisch als am Tag. Manchmal verschwindet sie hinter einem feinen Dunstschleier, der über dem Horizont gelauert hat, und das Licht wird fahl. Ein anderes Mal strahlt sie zwar kräftig, aber die Luft scheint ihre Strahlen nicht weiterzutragen. Auch dann gibt es keine glühenden Gesichter.

Wenn die Uhr auf Mitternacht vorrückt, legt sich über die Landschaft eine tiefe Ruhe. Es ist nicht nur die Abendflaute, es ist die Stille der Nacht, die trotz der Helligkeit ihr Recht fordert und bei einem Spaziergang am Meer am intensivsten zu spüren ist. Wer auch nur einige wenige Wochen ohne Dunkelheit gelebt hat, wird süchtig nach den 24-Stunden-Tagen. Vielleicht ist das der Grund, warum so viele Menschen immer wieder nach Norden aufbrechen. Es ist aber keine quälende Sucht, die die Mitternachtssonne verursacht, vielmehr ein diffuses Gefühl tief im Innern, das meistens schon auf der Rückfahrt in der ersten dunklen Nacht zu spüren ist. Es ist das Gefühl, etwas Kostbares verloren zu haben.

Es ist acht Uhr in der Früh, und in Oslo ist es noch dunkel an diesem Wintermorgen. Aber die Dunkelheit ist nicht schwarz und schwer, denn unter das fahle Licht des Mondes mischt sich unendlich langsam eine erste Ahnung des neuen Tages. Schon lange pulsiert der Berufsverkehr auf den Straßen, die Scheinwerfer der Autos bilden eine endlose Lichterkette. Dann taucht im Osten der erste fahlblaue Fleck auf, der den Sonnenaufgang ankündigt. Mittlerweile ist es neun Uhr, und die Sonne beginnt langsam ihren Weg. In der Luft liegt noch der nächtliche Blauschleier, der auch den vor Kälte knirschenden Schnee wie ein Laken bedeckt. Wie in Zeitlupe und fast widerwillig verwandelt sich das Blau in ein zartes Rosa.

Besucher aus dem Süden mögen sich an den verschiedenen Blautönen erfreuen, wer aber einen ganzen Winter hindurch im Dunkeln zur Arbeit fährt und erst spät nach Ende des kurzen Tages nach Hause kommt, empfindet die Dunkelheit nicht als magisch, sondern träumt von den langen, hellen Sommernächten.

Doch Oslo ist nur eine kurze Zwischenstation auf dem weiten Weg nach Norden, auf der Suche nach dem Polarlicht, der **aurora borealis**.

Für die Menschen jenseits des Polarkreises ist die Mitternachtssonne die Belohnung für das Ausharren während der dunklen Polarnacht, ein Versuch, die winterlichen Depressionen durch Vorfreude zu mildern.

Die E 6 ist im Winter ein endloses, eisiges Band. Nördlich von Trondheim reiht sich Kurve an Kurve, die Dörfer werden immer seltener, manchmal vergeht eine halbe Stunde von einem Haus zum nächsten. Nicht nur die Tier- und Pflanzenwelt hat vor dem Schnee kapituliert, auch die Menschen halten Winterschlaf, leben auf Sparflamme und wagen sich kaum noch vor die Tür.

Wer im winterlichen Norwegen abseits der Wintersportzentren unterwegs ist, muß die Straße nicht mit anderen Touristen teilen, denn die Wohnmobilkolonnen haben sich rechtzeitig im Spätsommer nach Süden abgesetzt. Aber ohne Touristen bricht auch der gewohnte Komfort zusammen, und die Suche nach einer Unterkunft reduziert sich auf wenige Anlaufpunkte.

Einer dieser Anlaufpunkte im Nordland ist **Stamsund** auf den Lofoten, der Insidertip schlecht-

Fasziniert beobachten Schaulustige am Nordkap die Mitternachtssonne.

Wer über lange Zeit in ununterbrochener Dunkelheit gelebt hat, wird süchtig nach dem „Dauerlicht", nach dem 24-Stunden-Tag.

hin. Aber nur wenige Enthusiasten finden im Winter den Weg über den Polarkreis. Hier wartet eine dieser alten Fischerhütten, „rorbuer" genannt, in denen noch der Geist der Lofotenfischer wohnt, auf Holzpfählen direkt über dem Wasser gebaut und mit einem Boot vor der Tür. Überall liegen irgendwelche Gerätschaften herum, die nur ein Fischer oder Bastler identifizieren kann. Die Tür steht wie immer offen, und der gußeiserne Ofen wartet nur darauf, mit Holz gefüttert zu werden.

Ruar Justad ist die Seele dieses „Vandrarhjems" in Stamsund, die mit keiner anderen Jugendherberge zu vergleichen ist. Im Moment ist niemand da, auch Ruar nicht, der irgendwo im Ort wohnt und nur hin und wieder mal vorbeischaut, um Gäste zu begrüßen oder an seiner geliebten Rorbu, seinem Lebenswerk, zu basteln. Schaut man auf die Fortschritte, die er in den letzten zehn Jahren gemacht hat, wird langsam ein Plan hinter seiner Arbeit sichtbar. Aber es dauert bestimmt noch 50 Jahre, bis alles fertig ist.

Es ist ein typischer Wintertag. Mal schneit es in dicken Flocken, und die Sicht beträgt gerade mal zehn Meter, dann zieht die Schneewolke in Sekundenschnelle vorbei, und die tiefstehende Sonne taucht die Landschaft in ein unwirkliches Licht. Am Horizont, der in der unglaublich klaren Luft zum Greifen nahe ist, zieht aber schon die nächste Schneewand heran, grau, fast schwarz, verbreitet sie eine düstere Atmosphäre. So geht es den ganzen Tag, mit einer atemberaubender Schnelligkeit wechseln die Lichtstimmungen, was die lange Fahrt bis über den Polarkreis schon vergessen macht.

Wolken- und Nebelschleier verdunkeln die Mitternachtssonne bei Stamsund.

Nachdem der gußeiserne Ofen glüht und die Kälte aus der Rorbu vertrieben ist, ist es Zeit, das Bücherregal nach passendem Lesestoff zu durchforsten. Man stößt auf die in jeder Herberge zurückgelassene internationale Mischung aus zerlesenen Taschenbüchern – vom Krimi bis zum Science-Fiction-Roman. Aber auch zerfledderte Bildbände über Norwegen und ein Buch über Nordlichter zwischen Wissenschaft und Mythologie sind hier gestrandet:

„Nanahboozho erschuf die Welt und die Menschen. Nachdem er sein Schöpfungswerk vollbracht hatte, zog er nach Norden. Doch bevor er die Menschen verließ, versprach er, sich immer um sie zu kümmern und sie auf ihrem irdischen Weg zu begleiten. Als ein Zeichen seines Schutzes wollte er von Zeit zu Zeit Flammen entzünden, deren Spiegelungen den Himmel zum Leuchten bringen würden."

So erklären sich die kanadischen Indianer seit jeher den Ursprung des Polarlichtes, das sie fast jede Nacht am Winterhimmel beobachten können. Der leuchtende Nachthimmel wurde für sie nie

Mythologisch wird das Nordlicht mit den Verstorbenen in Verbindung gebracht, die den Menschen ein Zeichen geben wollen.

zur profanen Alltäglichkeit. Aberglauben, Angst und ehrfürchtiges Staunen begleiteten das Nordlicht zu allen Zeiten, denn mit irdischen Maßstäben war es über Jahrtausende hinweg nicht zu erklären. Nicht nur für die kanadischen Indianer, sondern für alle Naturvölker im hohen Norden ist der flammende Nachthimmel ein fester Bestandteil ihres Lebens und damit auch untrennbar mit ihrer Mythologie verbunden. Besonders häufig wird das Nordlicht mit den Verstorbenen in Verbindung gebracht. Die kanadischen Eskimos sehen im Polarlicht die Fackeln der Götter, die die Seelen der Verstorbenen ins Paradies geleiten; der im Norden Skandinaviens lebende Volksstamm der Samen glaubt, daß die kämpfenden Geister von Ermordeten für das Lichtphänomen am Himmel verantwortlich sind. In Finnland ist es ein Fabelwesen, der Fuchs Repu, der mit seinem Schwanz Schneeflocken aufwirbelt, die dann den Himmel mit glitzerndem Licht überziehen.

Plötzlich steht Ruar in der Tür, begrüßt mich in seinem unverwechselbaren Nordlandakzent und einem breiten Grinsen auf dem wie immer unrasierten Gesicht. Im Sommer mache ich einen Bogen um seine Rorbu, denn dann herrscht hier Trubel, wenn täglich mindestens 100 Rucksackreisende kommen und gehen, aber im Winter ist es ruhig. Wer dann nach Stamsund kommt, der bleibt länger, der hat viel zu erzählen, den verbindet etwas mit dem Nordland. Als ich Ruar erzähle, daß ich diesmal hier bin, um Nordlichter zu fotografieren, sagt er mir, daß ich ungefähr sechs Wochen zu spät gekommen bin: „Nach Weihnachten war eine lange Schönwetterperiode, und der Himmel stand jede Nacht stundenlang in Flammen.“ Selbst ihn trieb es hin und wieder vor der Tür, obwohl er doch 40 Jahre lang Gelegenheit hatte, sich an das Phänomen Nordlicht zu gewöhnen. Als ich ihn nach dem Wetter für die nächsten Tage frage, zuckt er mit den Schultern, schüttelt den Kopf und glaubt nicht so recht an sternenklare Nächte. Da bleibt nur die Hoffnung auf die Unzuverlässigkeit des Wetters, vielleicht zeigt sich ja doch ein größeres Wolkenloch im bedeckten Himmel.

Die übernächste Nacht ist dann tatsächlich sternenklar, und Ruar lädt mich zu einer nächtlichen Sightseeingtour ein. Er rechne heute mit Nordlichtern, aber auch er könne nicht genau voraussagen, wann und ob sie am Himmel auftauchen. Ruar kennt in der Nähe von Stamsund die idealsten Stellen zur Nordlichtbeobachtung, zum Fischen und Skilaufen. Auch nach dem besten Strand zum Erleben der Mitternachtssonne kann man ihn fragen.

Dann tauchen die ersten zartgrünen Lichtschimmer direkt über dem Horizont auf: Zuerst sind sie kaum von der Lichterkette der Häuser zu unterscheiden, doch plötzlich wird die Farbe intensiver. Lautlos bildet sich ein grüner Vorhang über dem Horizont, er hängt aber nicht bewegungslos am Himmel, sondern verändert permanent seine Form. Es entstehen Schleier, Strahlen, Draperien, Bögen, Wolken und Wirbel. Als Höhepunkt kulminiert das Schauspiel in der Aurora, die wie eine Krone aussieht, in die man von unten hineinblickt. Das gespenstisch lautlose Schauspiel dauert gut zwei Stunden, wobei sich die Intensität immer wieder verändert, so als ob das Nordlicht erst wieder Atem schöpfen und sich

Zartgrün schimmern Myriaden von Polarlichtern über der Stabkirche von Borgund.

Vollmond in der klaren Luft Nordnorwegens.

auf die nächste Form konzentrieren müßte. Selbst den Naturwissenschaftlern, die die grundlegenden physikalischen Vorgänge bei der Entstehung von Nordlichtern längst enträtselt haben, bereitet diese unberechenbare Formenvielfalt immer noch Kopfzerbrechen.

Ruar gibt mir den Tip, doch einmal auf die Vesterålen, nach Andenes, zu fahren, da könnte ich jemanden treffen, der sich seit Jahren mit Nordlichtern beschäftigt. Der Fotograf Jan Olav Andersen hat dort ein Geschäft mit Studio und Galerie, in der die besten Nordlichtbilder hängen, die man sich vorstellen kann. Ruar hat nicht übertrieben, die „bilder fra himmelens mørkerom", die Bilder aus der Dunkelheit des Himmels, wie Andersen seine Sammlung nennt, sind wahre Kunstwerke, entstanden in mehr als 20jähriger Nachtarbeit. Die Wände seines Fotogeschäftes hängen voll mit überwiegend schwarzen Fotos, durch die bizarre Lichtblitze in Rot, Grün, Blau oder Gelb zucken. Besonders stolz ist er auf einige tiefrote Nordlichter, die nur sehr selten am Himmel auftauchen und obendrein besonders schwer auf Film zu bannen sind. „Um diese Aufnahmen haben sich sogar die Wissenschaftler der NASA und des Max-Planck-Instituts gerissen", erzählt Jan Olav. Hin und wieder schickt er seine Bilder auch auf Ausstellungen, nach Moss, Tromsø, Bodø und in die USA. Auch das norwegische Fernsehen hat seine Arbeiten schon gewürdigt, aber darüber mag er nicht gern viele Worte verlieren, denn eigentlich ist er kein Medienmensch.

Kümmert sich Jan Olav Andersen um die künstlerische Darstellung von Nordlichtern, versuchen die Wissenschaftler in der nur wenige Kilometer entfernten **Forschungsstation** den letzten Geheimnissen der Nordlichter auf die Spur zu kommen. Sie haben sich sehr bemüht, das Nordlicht von Mythen, Aberglauben und allem Übersinnlichen zu befreien. Denn die Licht- und Farberscheinungen, die wir auf der Erdoberfläche beobachten, sind nur das Ergebnis einer Begegnung des Sonnenwindes mit den Gasen der Erdatmosphäre in einer Höhe zwischen 100 und 300 Kilometern. Der Sonnenwind ist der stetige Partikelstrom aus negativ geladenen Elektronen und positiv geladenen Protonen, der mit durchschnittlich 1000 Kilometern pro Sekunde von der Sonne ausgestoßen wird. Er weht aber nicht mit konstanter Stärke, sondern unterliegt ähnlichen Schwankungen wie der Wind auf der Erde. Werden die Sonneneruptionen stärker, wächst sich der Sonnenwind zum Magnetsturm aus, was durchschnittlich alle elf Jahre passiert. Warum sich die Sonne auf diesen Elf-Jahres-Rhythmus eingependelt hat, ist bis heute ein Rätsel.

Blutrot steht der Mond über den verschneiten Tannen bei Nordseter.

Die geladenen Teilchen des Sonnenwindes kommen auf ihrer Reise durch das All mit dem Magnetfeld der Erde in Berührung und werden zu den geomagnetischen Polen umgeleitet. Hier kommt es dann zum Zusammenstoß mit dem Sauerstoff und Stickstoff der Erdatmosphäre, wobei ein Teil der Energie in Licht umgewandelt wird.

Auch der norwegische Polarforscher Fridtjof Nansen konnte sich nie der Faszination der Aurora borealis entziehen. Immer wieder versuchte er, das Nordlicht zu zeichnen und zu beschreiben. So auch in seinem Buch „Fram over Polhavet“: „Das Nordlicht funkelt heute in allen Farben des Regenbogens über den Himmel. Selten habe ich kräftigere Farben gesehen, zuerst war Gelb vorherrschend, dann ging es in Grün über, um schließlich gegen Ende in feurigem Rubinrot zu erstrahlen. Dicht über dem Horizont zeigte sich eine Feuerschlange, die stärker und stärker leuchtete, je weiter sie nach oben stieg. Dann teilte sie sich, ein Teil färbte sich rubinrot mit gelben Einsprenkelungen, eine andere zeigte sich in strahlendem Gelb. Den Schlangen entlang fuhren Strahlen und Wellen, schwingend, bald stärker, bald schwächer.“

Auch diese Schilderung eines Menschen, der lange Jahre in der Arktis verbracht hat, kann nur zum Teil die Faszination vermitteln, die man bei der eigenen Beobachtung dieses Naturphänomens empfindet. Nordlichter und Mitternachtssonne sind zweifellos die absoluten Highlights im Norden, abgesehen davon gibt es aber noch viele andere kurze Augenblicke voller magischer Lichtstimmungen: Wenn die Wolken zwischen den Felswänden im Fjord gefangen sind, die Sonne sich aber kleine Gucklöcher erobert und das grüne Weidegras oder den Bauernhof am anderen Ufer für wenige Sekunden in einem hellen Licht erstrahlen läßt, gerade so als ob jemand einen Scheinwerfer auf dieses Stückchen Erde gerichtet hätte. Oder wenn die sanft gerundeten, schneebedeckten Berge in der messerscharfen Winterluft sich in lachsfarbenen Pastelltönen vom Blau des Himmels abheben.

Jede Jahreszeit hat ihre farbigen Wunder. Wenn Zwergbirken, Moos und Heidekraut ihr herbstliches Flammenmeer auf dem Fjell entfachen und sich plötzlich ein Regenbogen über den Horizont spannt, werden die vorher noch drohenden Regenwolken zur beeindruckenden Kulisse. Diese kurzen Augenblicke machen die Magie des winterlichen Nordens aus. Vor allem für begeisterte Photographen und Naturliebhaber gewinnt Norwegen durch die spektakulären Himmelsphänomene an zusätzlicher Attraktivität.

Durch Beugung der Lichtstrahlen an Wolkentröpfchen entsteht ein Haloring.

Die Nordlichter entstehen durch das Aufeinandertreffen von Sonnenwinden und den Gasen der Erdatmosphäre.

Wie Finger einer himmlischen Hand scheinen die Polarlichter nach den Häusern zu greifen.

LICHTSPIELE

Früher begeisterte das nordische Licht die Maler, heute die Fotografen. Die spektakulärsten Himmelserscheinungen stellt das Phänomen der Nordlichter dar. Und die Mitternachtssonne weckt in den Norwegern einen Hauch von südlicher Ausgelassenheit, in der sie Kraft für den langen Winter tanken.

Norwegische Fjordlandschaft im letzten Glanz der untergehenden Abendsonne.

MITTERNACHTSSONNE

Das Phänomen der Mitternachtssonne ist nördlich des Polarkreises zu beobachten. Je weiter nördlich man kommt, um so länger werden die Phasen, während denen die Sonne im Sommer nicht untergeht. Nachfolgend die Dauer der Mitternachtssonne für einige Orte:

Bodø	5.6	–	8.7.
Lofoten	28.5.	–	15.7.
Narvik	25.5.	–	18.7.
Tromsø	20.5.	–	22.7.
Hammerfest	16.5.	–	27.7.
Nordkap	12.5.	–	31.7.
Spitzbergen	21.4.	–	21.8.

Im Winter gibt es, entsprechend zur Mitternachtssonne, nördlich vom Polarkreis eine Periode der Dunkelheit:

Bodø	15.12.	–	29.12.
Tromsø	27.11.	–	15.1.
Hammerfest	21.11.	–	22.1.
Nordkap	18.11.	–	24.1.
Spitzbergen	26.10.	–	16.2.

NORDLICHTER

Nordlichter sind nicht auf den äußersten Norden Norwegens beschränkt. Auch in Mitteleuropa können sie durchschnittlich fünfmal im Jahr beobachtet werden. Voraussetzung ist allerdings ein absolut dunkler und sternenklarer Himmel. Im Mittelmeerraum sind sie ein äußerst seltenes Ereignis, das vielleicht alle 10 Jahre nach außerordentlich starken Sonnenaktivitäten zu beobachten ist.
Auf dem 60. Breitengrad, also in Oslo, Helsinki oder Leningrad, sind die Chancen, ein Nordlicht zu sehen, schon recht gut. Weiter oben im Norden kommen sie deutlich öfter vor, allerdings nur bis zum 80. Breitengrad. Zwischen diesen Breitengraden erscheinen Nordlichter am häufigsten, und die Farben leuchten am intensivsten. Nördlich des 80. Breitengrades nimmt die Häufigkeit von Nordlichtern wieder ab, in der Nähe des Nordpols sind sie äußerst selten.

Insider News

NORDLICHTER GANZJÄHRIG
Im Nordlichtplanetarium von Tromsø werden Nordlichter und Mitternachtssonne simuliert – unabhängig von Jahreszeit und Wetter...! Ab 12 Uhr wird alle 90 Minuten der Film „Arktisches Licht“ gezeigt.
Geöffnet täglich 11.30 – 19 Uhr, Eintritt 50 NOK.

ı breiten Bändern spannen sich Polarlichter über den nächtlichen Himmel.

10 Gletscher

Grüße aus der Eiszeit

Noch immer formen die Gletscher mit ihrer Urgewalt wie seit zigtausend Jahren die Landschaft Norwegens.

Vom gleißend weißen Eis des Jostedalsbreen, dem größt

Diese bizarr anmutende Eisbrücke hat der Briksdal-Gletscher zu Tal geschickt – ein Kunstwerk der Nat

letscher Festlandeuropas, gehen 25 Gletscherzungen aus.

Aus der Dunkelheit kommt ein kalter Luftzug, die Füße sinken bei jedem Schritt in dem weichen Lehmboden ein, überall ist ein Tröpfeln und Plätschern, ein Schaben und Kratzen zu hören. So klingt es, wenn Tausende Tonnen Eis über den Fels schrammen und ihn zu Staub zermahlen. Der Ausflug tief in das Innere eines Gletschers ist gefährlich, denn der Hohlraum kann sich in Sekundenschnelle schließen und die neugierigen Eindringlinge zwischen den Eismassen zerquetschen. Da sich das Ganze aber im Norwegischen Gletschermuseum in **Fjærland** abspielt, ist der Spuk bald vorbei, das Eis entpuppt sich als blau gestrichenes Polyester, auch der Gletscher ist Attrappe.

Der nächste Versuch, die Gletscherrealität zu erleben, erfolgt vom Kinosessel aus: Der Hubschrauber befindet sich im Anflug auf den Jostedalsbreen, schwenkt über wildzerklüftete Gletscherzungen hinweg und fliegt zwischen den haushohen Eistürmen hindurch. Fünf Kameras hat Ivo Caprino für diesen Flug unter den Hubschrauber montiert. Zeitgleich auf fünf Leinwände projiziert, haben die Aufnahmen einen schwindelerregenden Panoramaeffekt. Dieser spektakuläre Flug im weichen Kinosessel über den Gletscher ist ein mitreißendes Erlebnis, das man nicht bei jedem Museumsbesuch geboten bekommt.

Das sehenswerte Gletschermuseum in Fjærland.

Das **Norwegische Gletschermuseum** liegt in Fjaerland am gleichnamigen Fjaerlandfjord, einem Seitenarm des Sognefjordes, und den Ausläufern des Jostedalsbreen. Vom Museum reicht der Blick hinauf bis zum **Bøyabreen**, dessen Eismassen an dem steilen Hang wie angeklebt wirken. Hin und wieder brechen große Eisbrocken ab und poltern mit lautem Getöse in den kleinen See am Fuß des Gletschers.

Der Bøyabreen ist nur einer von 25 Zungen des **Jostedalsbreen**, des größten Gletschers auf dem europäischen Festland. „Josten" nennen die Norweger das eisgepanzerte Hochplateau, das über 60 km lang ist und ein Areal von nahezu 500 Quadratkilometern bedeckt. Um den Jostedalsbreen herum wälzen sich noch viele kleinere Gletscher zu Tal, deshalb nennen die Norweger diese Gegend auch „Breheimen", die Heimat der Gletscher. In dieser Region warten auf den Besucher einige der eindrucksvollsten Naturwunder des Landes.

Während der Jahre von 1750 bis 1975 schmolz der Nigardsbreen um 5 km, heute wächst er wieder.

Vom Gletscher geschliffenes Felsgestein.

Seit der letzten Eiszeit hat der Jostedalsbreen seine Form und Größe ständig verändert, zeitweise war er wahrscheinlich sogar ganz abgeschmolzen. Seine vielen „Eskapaden" wurden aber erst seit 1700 systematisch aufgezeichnet. In den Jahren bis 1750 veränderte er sich besonders dramatisch. Seine eisige Kappe wuchs und wuchs, und seine mächtigen Ausläufer zerstörten viele Höfe bei Nordfjord und im Jostedalen. Diese Vorstöße lassen sich noch heute anhand der Moränen rekonstruieren, die das Gletschereis bei seinem Rückzug hinterlassen hat.

Der Jostedalsbreen von heute bildet in 2000 Meter Höhe ein ziemlich ebenes Plateau. Radarmessungen haben ergeben, daß der Eispanzer zwischen 100 und 500 Meter dick ist. Nur an wenigen Stellen durchstoßen schneefreie Gipfel das Eis. Im Nordosten ist es beispielsweise die Spitze des **Brenibba**, die den Gletscher nicht einmal um 100 Meter überragt. Diese vom Eis umgebenen Gipfel, die sogenannten Nunataker, sind immer steile und wild zerklüftete Felsen, die niemals vom Eis bedeckt waren und deshalb auch nicht glattpoliert wurden.

Kurvenreich schlängelt sich die Fahrstraße kilometerlang durch das enge **Jostedalen**. Auf beiden Seiten streben die Abhänge steil zum Himmel empor. Schon vom Lustrafjord an, einem der zahlreichen Seitenarme des Sognefjordes, begleitet der Jostedalselv mit seinem milchiggrün schäumenden Wasser die Straße. Auch der Fluß muß dem verwinkelten Tal folgen, doch immer wieder hindern ihn kleine Endmoränen daran, auf dem kürzesten Weg zum Fjord zu gelangen. Mit jedem Kilometer flußaufwärts wird die Vegetation spärlicher, und der nahe Gletscher läßt seinen kalten Atem immer deutlicher spüren. Die Eismassen wirken wie ein riesiger Kühlschrank, den jemand vergessen hat zu schließen, und jeder Lufthauch macht auch an einem warmen Sommertag frösteln. Der Jostedalsbreen beeinflußt

Tosend und gischtend schießt das Schmelzwasser des Jostedalsbreen zu Ta

Bis zum Meer reicht die Gletscherzunge des Svartisen, des zweitgrößten Eisstroms Norwegens.

Bis zu 900 Meter dick schiebt sich der Svartisen-Gletscher wie eine Planierraupe über das Felsgestein.

das Klima hier so stark, daß manchmal sogar während des Hochsommers auf dem Gipfelplateau Schnee fällt. Im Jahresdurchschnitt kommen etwa sechs bis acht Meter Neuschnee zusammen.

Beim Nigardhof zweigt schließlich ein weiteres Seitental nach Nordwesten ab, das unmittelbar an der Gletscherzunge des **Nigardsbreen** endet.

Um 1750 endete die Gletscherzunge noch fünf Kilometer weiter unten im Jostedalen. Zu dieser Zeit wuchs der Gletscher mit einer erschreckenden Geschwindigkeit und begrub viele Weiden und Höfe im Tal unter seinem Eis. Aber dann zeigte das Klima ein Einsehen mit den Menschen, es wurde wärmer, der Gletscher zog sich wieder zurück. Allein seit 1900 kam es zu einem Rückgang von drei Kilometern. Im Lauf dieser schnellen Verkleinerung entstand 1930 ein Gletschersee, der **Nigardsvatn,** der mittlerweile eine beträchtliche Größe erreicht hat.

Der Nigardsbreen lockt jedes Jahr Tausende von Besuchern an, denn er zählt zu den spektakulärsten Gletschern Norwegens. Die „Jostedalsrypa" bringt die neugierigen Besucher im Stundentakt über den See, und schon aus der Ferne gibt der Nigardsbreen viel von seiner Schönheit preis: Das Eis windet sich in mehreren, sanft geschwungenen Kurven zu Tal, es wirkt wie ein erstarrter Wasserfall, dessen Oberfläche von tiefen Spalten und Rissen durchzogen ist.

Der Eindruck von Stillstand täuscht aber, ein Gletscher ist kontinuierlich in Bewegung. Wie ein Strom aus riesigen Eisblöcken schiebt er sich, angetrieben durch die Schwerkraft, vorwärts. Einige Gletscher bringen es nur auf wenige Zentimeter pro Tag, wenn aber der Hang steil genug ist, können es auch schon mal ein paar Meter sein. Dieser stetigen Bewegung verdankt er auch seine zerklüftete Struktur mit den unzähligen Rissen, die ungeordnet in alle Richtungen verlaufen und seine Oberfläche in haushohe Eistürme zerteilen. Ein Blick zwischen diesen Türmen hindurch in die Tiefe eines Gletschers offenbart eine Vielfalt von faszinierenden Blautönen, die sich deutlich von der weißen oder schmutziggrauen Oberfläche abheben.

Dieser Formen- und Farbenreichtum ist eine direkte Folge der unterschiedlichen Fließgeschwindigkeiten. Die Spannung im Innern ist enorm. Irgendwann reißt das Eis, und es entstehen bis zu 30 Meter tiefe Spalten. Noch tiefer in den „Eingeweiden" des Gletschers steht das Eis unter solch einem gewaltigen Druck, daß es sich elastisch wie ein Wackelpudding verformen kann und nicht mehr wie das spröde Eis an der Oberfläche zerreißt.

Das Austerdal war vor dem Tunnelbau oft tagelang durch Lawinen von der Außenwelt abgeschnitten.

Auf seinem Weg ins Tal durchläuft das Eis des Nigardsbreen alle Farbschattierungen von Weiß über Grau bis hin zu kräftigem Blau. Das Farbenspiel kulminiert schließlich im Gletschertor am Ende der Eiszunge. Wie ein zu einem stummen Schrei aufgerissener Riesenmund sieht das von leuchtendblauen Eisblöcken eingerahmte Gletschertor aus. Hier lebt der Gletscher, hier bricht das Eis, und milchigtrübe Wassermassen schießen aus der Öffnung hervor und stürzen schäumend zu Tal. Auch der eilige Besucher hat gute Chancen, einen der großen Eisblöcke, die das Tor einrahmen, herausbrechen und in den Fluß stürzen zu sehen.

Ein Stück weiter südlich fließt der **Austerdalsbreen** vom Hochplateau zu Tal. Noch vor 100 Jahren war diese Gletscherzunge Wissenschaftlern und Touristen unbekannt – zu einer Zeit, als weite Teile des Jostedalsbreen schon erforscht waren. Erst im Jahr 1894 gelang William Cecil Slingsby und Kristian Bing der Vorstoß zum Austerdalsbreen, von dessen eisigen Strömen sie faszinierende Schilderungen mitbrachten.

Wer heute auf den Spuren der Entdecker des Austerdalsbreen wandert, ist mit der Natur immer noch weitgehend allein. Schließlich ist der

ine gute Ausrüstung ist unerläßlich bei einer Gletscherwanderung in Norwegen.

Gletscher für motorisierte Touristen nicht einfach zu erreichen. Ausgangspunkt für die Neugier auf den Austerdalsbreen ist die **Tungastølen Alm**, wo die Straße endet. Ab hier geht es nur noch zu Fuß weiter. Anfangs folgt der Wanderweg dem schäumenden Gletscherfluß und führt dann auf dem ebenen, weiträumigen Talboden durch eine grüne Flußlandschaft mit Zwergbirken, Moosen und Orchideen. Auch dieses Tal wurde einst vom Eis geformt, vor einigen tausend Jahren türmten sich hier noch Millionen Tonnen Eis auf.

Erst nach eineinhalb Stunden Fußmarsch biegt der Weg nach links ab und gibt unvermittelt den Blick auf den Austerdalsbreen frei, der in mehreren Armen den steilen Abhang hinunterfließt und in einer langen, fast waagerechten, aber ungemein zerfurchten Zunge endet.

Der Doppelgletscher des **Svartisen** bildet den zweitgrößten Eisstrom Norwegens. Eigentlich sind es ja zwei annähernd gleichgroße Gletscher hier zehn Kilometer nördlich von Mo i Rana am Polarkreis: der **Vestisen** und der **Austisen**, die beide durch das tiefeingeschnittene Glomdalen getrennt werden. Aber jeder Norweger kennt das Gebiet nur unter dem Namen Svartisen, was übersetzt soviel wie „Das Schwarze Eis“ bedeutet.

Der Svartisen hat eine ähnlich wechselvolle Geschichte wie der Jostedalsbreen hinter sich, auch er konnte sich in den letzten Jahrtausenden nie den wechselnden Temperaturverhältnissen widersetzen. Aber nicht alle Zyklen des Abschmelzens und der erneuten Vergletscherung sind bekannt. Erstmals wurde der Svartisen 1739 von dem Pfarrer und Dichter **Petter Dass** in seiner „Nordlands Trompet“ erwähnt.

Im Frühjahr überziehen Moose die Felsen.

Seit Beginn des 20. Jahrhunderts hat auch der Svartisen mehr als 100 Quadratkilometer seiner Fläche eingebüßt. Besonders auffällig ist dabei die Verkleinerung an einem seiner westlichen Ausläufer, dem **Engabreen**. Noch vor 50 Jahren reichte diese Gletscherzunge bis in den Holandsfjord und kalbte direkt ins Meer – ein Schauspiel, das sonst nur in entlegenen arktischen Gewässern zu beobachten ist. Die Kreuzfahrtschiffe nahmen für dieses Naturwunder einen Umweg in Kauf, wollten die Mitreisenden sich doch das Spektakel nicht entgehen lassen. Aber 1950 hatte sich der Gletscher soweit zurückgezogen, daß der Abstecher aus dem Programm gestrichen wurde.

Der Eispanzer des Vestisen erreicht immerhin eine Höhe von 1450 Meter und schickt mehrere Gletscherzungen in die angrenzenden Täler und Fjorde hinab. Der Austisen ist fast genauso hoch, wobei der eisfreie Istind, einer dieser Nunataker, noch einmal um 150 Meter aus der Eiskappe herausragt. Die bekannteste Gletscherzunge auf dieser Seite ist der **Østerdalsisen**, der meistbesuchte Gletscher Nordnorwegens.

Ein kleines Boot bringt im Sommer regelmäßig Touristen über den Svartisvarnet zum Gletscher. Die kurze Bootsfahrt ist ein Zeitrafferausflug in die Erdgeschichte: Anfangs sind die Seeufer noch von sattem Grün überzogen, doch zum See-Ende hin reichen die völlig vegetationslosen Felswände immer weiter nach oben. Über den kahlen, blankgeschliffenen Felsen versuchen zunächst Flechten Fuß zu fassen, darüber taucht dann das erste zarte Grün auf, und die Bergkuppen sind sogar mit verkrüppelten Bäumen bewachsen.

Mit etwas Fantasie kann man sich gut vorstellen, wie noch vor 100 Jahren das ganze Tal vom Eis bedeckt war und die Eisbrocken des Østerdalsisen im See trieben. Die Vegetation tut sich schwer, das Terrain, das Jahrtausende unter dem Eis begraben war, wieder in Besitz zu nehmen. Heute hat der Østerdalsisen viel weiter oben schon wieder einen neuen Gletschersee geschaffen, in dem auch im Sommer malerisch verstreut Eisschollen treiben.

So eindruckvoll sich Jostedalsbreen, Svartisen und viele andere Gletscher präsentieren, sie sind doch nur Zwerge im Vergleich zu den Eisriesen der Vorzeit. Wie viele Eiszeiten Norwegen über sich ergehen lassen mußte, ist nicht bekannt – die jeweils letzte verwischt die Spuren ihrer Vorgänger. Wie hat wohl das Urgebirge Skandinaviens ausgesehen? Vor dem eisigen Schliff waren die Berge höher als heute, alles Weitere sind aber nur Vermutungen. Die heutige Landschaft markiert das vorläufige Ende einer Geländeformung mittels Eishobel: Fjorde, Fjells, Seen, Findlinge oder Moränen – fast jede Landschaftsform verdankt Norwegen dem Eis. Zahlreiche der reizvollsten Täler sind entwässerte Fjorde, und die Inseln und Schären vor der Küste sind einst vergletscherte und dann glattgeschliffene Hügel.

Als das Eis noch über 2000 Meter dick auf Norwegen lastete, stöhnte die Erdkruste. Das enorme Gewicht drückte selbst das härteste Gestein um 100 Meter ein. Erst wurde es abgehobelt und dann wie mit Sandpapier glattpoliert. Die riesigen Mengen Sand und Schutt, die dabei übrigblieben, wurden irgendwo in der Landschaft abgeladen oder im Meer deponiert. Tiefeingeschnittene Täler und schroffe Gipfel entstanden, aber auch fruchtbare Ebenen, Seen, Fjorde und Flüsse wurden völlig neu modelliert.

Norwegens Küstenlinie besteht aus unzähligen Fjorden, die wie riesige Finger tief in das Land hineingreifen und sich meist weiter verästeln. Diese charakteristischen Einschnitte sind besonders eindrucksvolle Relikte der Eiszeit. Der Sognefjord in der Nähe von Bergen beispielsweise ist 200 Kilometer lang, und die Felswände, die zu beiden Seiten bis zu 1200 Meter aus dem Wasser ragen, fallen unter dem Meeresspiegel noch einmal genauso steil 1200 Meter ab.

Welche Macht muß hinter dem Gletscher gesteckt haben, der diesen Fjord geformt hat! Er schob sich einst vom Gebirge im Osten herunter und grub dabei ein immer tiefer werdendes Tal in den Meeresgrund. Als die Fjordtiefe 90 Prozent der Gletscherdicke erreichte, begann das Eis im Wasser zu schwimmen und verlor seine gestalterische Kraft. Die Eismassen, die nachdrückten, schoben Unmengen Gestein vor sich her, das sich schließlich am Fjordausgang ablagerte. So formte das Eis aus einem einst V-förmigen Flußtal ein weites, U-förmiges Trogtal. Ein solch gigantischer Hobel konnte auch mehr als 1000 Meter hohe Berge zu Schutt verarbeiten und die Reste anschließend ins Meer verfrachten.

Vom Gletscher geschliffen, vom Wasser geformt – am Svartisen.

Auch der Svartisen ist geschrumpft. Die Gletscherzunge Østerdalsisen reichte vor 50 Jahren noch bis an den Svartisvatn.

STRÖME AUS EIS

Sie sind die wahren Gestalter der spektakulären Szenerie: Die Gletscher haben der norwegischen Landschaft ihr Gesicht gegeben. Ohne die zerfurchten eisigen Zungen gäbe es keine Paßstraßen und keine beeindruckenden Blicke in die Tiefe.

MUSEUM

NORWEGISCHES GLETSCHERMUSEUM

Das Museum liegt in Fjaerland am Ende des gleichnamigen Fjordes. Seit der Fertigstellung des 6 km langen Tunnels unter der Südspitze des Jostedalsbreen ist Fjaerland nicht nur über den Fjord, sondern auch mit dem Auto von Skei aus zu erreichen. 1995 soll auch die Straße nach Sogndal fertig sein. Dann bildet Fjaerland nicht mehr den Endpunkt einer Sackgasse.
Ausstellungen, Schautafeln und Experimente informieren umfassend über alles Wissenswerte zum Thema Gletscher. Schon der Gletscherfilm von Ivo Caprino im Superbreitwandformat ist ein sehenswertes Kunstwerk.
Juni – August 9 – 19 Uhr;
April, Mai und September, Oktober 10 – 16 Uhr.

JOSTEDALSBREEN

Seit 1991 ist die Eiswelt des Jostedalsbreen Nationalpark. 1230 km² zwischen Sognefjord und Nordfjord unterliegen seitdem strengen Naturschutzbestimmungen. Zwei Informationszentren bilden die erste Anlaufstelle:

BREKATEDRALEN

Die Gletscherkathedrale, die „Brekatedralen" in der kleinen Ortschaft Gjerde, ist das neuerbaute Informationszentrum im Jostedalen. Der architektonisch interessante Bau ist zwei durch eine Gletscherspalte getrennten Eistürmen nachempfunden. Touristeninformation, Multivisionsschau und Ausstellungen. Außerdem beginnen hier die geführten Gletscherwanderungen.
Täglich 9 – 21 Uhr.

JOSTEDALSBRE NASJONALPARKSENTER

Das 1993 eröffnete Informationszentrum liegt am Strynsvatn nahe der kleinen Ortschaft Oppstryn. Das Zentrum zeigt Ausstellungen und Filme zu Natur- und Gletscherthemen. Täglich werden Berg- und Gletschertouren sowie Besuche auf traditionellen Höfen angeboten. Verleih von Gletscherausrüstungen und Booten.
Mai – September 9 – 19 Uhr;
April und Oktober 10 – 17 Uhr.

Von den 25 Gletscherzungen des Jostedalsbreen sind einige relativ problemlos zu erreichen:

NIGARDSBREEN

Der Nigardsbreen zieht jedes Jahr die meisten Touristen an. Von Gaupne am Lustrafjord sind es noch 37 km auf einer gut ausgebauten Straße durch das Jostedalen bis zum Gletschersee. Von dort bringt ein kleines Boot die Besucher fast bis an den Gletscher. Touren auf dem Eis organisiert das Informationszentrum in der Brekathedrale. Das Angebot reicht von kurzen Ausflügen auf das Eis, die auch für „Gletscherneulinge" geeignet sind, bis hin zu anspruchsvollen Touren.

AUSTERDALSBREEN

Der Ausflug zum Austerdalsbreen ist schon etwas aufwendiger. Von Hafslo sind es 38 km bis zur Tungastølen Alm, die letzten Kilometer davon auf einem mautpflichtigen Weg.
Vom Parkplatz aus dauert die Wanderung auf einem markierten Weg noch 1 1/2 Std. bis zum Anfang der Gletscherzunge, weitere 30 Minuten sind es bis zum steilen Eisabbruch. Lohn der Mühe ist ein Naturerlebnis ohne Busladungen eiliger Besucher.

BRIKSDALSBREEN

Auf der Westseite des Gletschers liegt der Briksdalsbreen, neben dem Nigardsbreen traditionell der Hauptanziehungspunkt.
Die Straße von Olden führt am grünen Oldevatn entlang. Von hier sind es nur noch 45 Minuten bergauf bis zum Eisabbruch.
Direkt neben dem Weg fließt das Schmelzwasser des Gletschers ab und bildet einen tosenden Wasserfall.
Es werden auch Kutschfahrten zum Briksdalsbreeen angeboten, die Wagen werden von kleinen, kräftigen Fjordpferden gezogen.

Touristenströme im Gletschermuseum in Fjærland.

Dieses Schaubild zeigt die geologische Struktur eines Gletschers.

KJENNDALSBREEN & BØDALSBREEN
Wer die Westseite des Jostedalsbreen etwas abseits der Hauptrouten erkunden will, sollte einen Abstecher zum Kjenndalsbreen oder Bødalsbreen machen. Ausgangspunkt für den Besuch beider Gletscherzungen ist der kleine Ort Loen, 6 km nördlich von Olden.

HARDANGERJØKULEN

Seit es die Bahnlinie von Oslo nach Bergen gibt, kann man in Finse direkt am Fuß des Hardangerjøkulen aussteigen. Er ist zwar „nur" der sechstgrößte Gletscher Norwegens, mit bescheidenen 80 km^2 Fläche, aber seine exponierte Lage macht ihn zur Sehenswürdigkeit. Mit einer Höhe von 1800 m überragt er die umgebende Hochebene um mehrere hundert Meter. Von Finse sind es 2 Stunden Fußweg bis zur Blåisen-Gletscherzunge. Neben diesem kurzen Ausflug zum Blåisen ist auch die Umrundung des Gletschers auf markierten Wegen lohnend. Die Tour dauert 3 Tage und verläuft immer nahe der Abbruchkante des Gletschers. Auf der Westseite wälzt sich bei Rembesdalseter eine weitere Gletscherzunge zu Tal.
Tourenverlauf:
1.Tag: Finse-Rembesdalseter, 7 Std.
2.Tag: Rembesdalseter-Kjeldebu, 8 Std.
3.Tag: Kjeldebu-Finse, 8 Std.
Übernachtung in Finse, Rembesdalseter und Kjeldebu in Hütten, des norwegischen Bergvereins. (Siehe auch Kapitel „Wandern")

FOLGEFONN

Eingeklemmt zwischen dem Hardangerfjord und einem seiner vielen Seitenarme, dem Sørfjord, liegt der Folgefonn, Norwegens drittgrößter Gletscher, dessen Eiskappe schon immer ein Hindernis für die Bewohner der Gegend war. So suchten sie schon früh nach Übergängen, um sich den weiten Weg über den Sørfjord, vorbei an Utne, zum Hardangerfjord zu verkürzen.
Auch der Tourismus begann hier früh: Schon vor gut 100 Jahren kamen die ersten Engländer und Deutschen und schwärmten von den engen Tälern, den Wasserfällen und den Gletschern.
Bester Ausgangspunkt ist Odda: Von hier führt eine 6 km lange Stichstraße an den Folgefonn heran. Am Ende der Straße liegt ein kleines Gehöft. Die Menschen im Tal lassen sich auch von der Kälte des nahen Gletschers nicht vertreiben und bauen ihr Gemüse an. Der Wanderweg führt anfangs durch üppige Farnwälder, danach weiter ansteigend über Geröllfelder. Bis zur Gletscherzunge des Buarbreen dauert es vom letzten Gehöft 1 ½ Std. Von oben hat man einen guten Blick ins Buartal und auf den Sørfjord.
Der Westseite des Folgefonn nähert man sich am besten von Jondal am Hardangerfjord, wo eine Straße durch das Krossotal hinauf bis zum Parkplatz des Sommerskigebietes auf 1200 m Höhe führt.

SVARTISEN

Was der Jostedalsbreen für das südliche Norwegen, ist der Svartisen für Nordnorwegen. Die größte Attraktion am Svartisen stellt die Gletscherzunge des Østerdalsisen dar. 10 km nördlich von Mo i Rana zweigt von der E 6 die Straße ins Røvassdalen ab. Sie führt bis zum Svartisvatn, von dort geht es mit dem Boot über den Gletschersee und dann sind es noch 2 km Fußweg bis zum Gletscher.
Mit respektvollem Abstand zum Eis kann man problemlos noch ein Stück am Rand der Gletscherzunge aufsteigen.
Direkt am Polarkreis, im Gebiet des Svartisen und des Saltfjells, liegt auch Norwegens größtes Höhlensystem: die Grønligrotte. Aus dem weichen Kalkstein hat das Wasser Spalten und Gänge und manchmal regelrechte Labyrinthe herausgewaschen. Ausgangspunkt ist das Røvassdalen, auf halbem Weg zum Svartisen. Vom Parkplatz sind es noch 20 Minuten Fußweg bis zum Eingang der Grønligrotte. Die Höhlentour führt zu einem unterirdischen Fluß, einem Wasserfall und einem großen Felsbrocken, den der Gletscher hierher gebracht hat. Im Sommer täglich 10 – 19 Uhr geführte Besichtigungen.

Insider News

BØYABREEN & SUPHELLEBREEN
Vom Norwegischen Gletschermuseum in Fjærland ist es nur ein Katzensprung bis zur realen Gletschererfahrung: Die Eiszungen des Bøyabreen und des Suphellebreen sind von dort gut zu erreichen.
Mit dem Auto fährt man in Richtung Skei und biegt kurz vor dem Tunnel rechts ab. Schon vom Parkplatz aus ist der extrem steile Eisabbruch des Bøyabreen zu sehen.
Zum Suphellebreen biegt man zunächst bei Bøyane ab und fährt noch 3 km bis zum Parkplatz. Von hier aus kann man auf einem steilen Weg die 1000 Höhenmeter bis zur Flatbrehytta in Angriff nehmen.

11 Winter

Auf Skiern in die Unendlichkeit

Skilanglauf ist norwegische Nationalleidenschaft – in Loipen und endlosen Weiten.

Das Wintersportzentrum **Geilo** und das **Hallingdal** verschwinden in der Ferne, allmählich wird die Landschaft immer wilder, und auch an den sonnigen Südhängen bleiben die letzten Krüppelbirken zurück. In weiten Serpentinen geht es immer höher, bis schließlich die Hochebene erreicht ist. Kurze Zeit später fährt der Zug in **Finse** ein, Nordeuropas höchstgelegene Bahnstation. Der Blick aus dem rechten Zugfenster fällt auf das **Hallingskarvet**, einen langgestreckten Tafelberg, auf der linken Seite ist am Horizont der **Hardangerjøkulen** zu erkennen. Der Gletscher sticht in der ansonsten völlig flachen Ebene sofort ins Auge. Er sieht aus, als ob ein Troll seinen umgestülpten Kochtopf hier vergessen hätte.

Finse besteht nur aus einigen Häusern entlang der Bahnlinie Oslo-Bergen, ist aber ab Ostern einer der beliebtesten Ausgangspunkte für Unternehmungen in der **Hardangervidda**. Jetzt, Mitte Februar, hat die Wintersportsaison noch nicht begonnen, und der Bahnsteig ist deshalb menschenleer.

„Neste stasjon Hallingskeid", so kündigt der Zuglautsprecher unser Ziel an. Der Zug hält in einem der unzähligen Bretterverschläge, die die Schienen vor Schneeverwehungen schützen, aber erst das aufmunternde Kopfnicken des Schaffners auf unsere Frage hin, ob dies wirklich der Bahnhof sei, läßt uns ans Aussteigen denken. Also werfen wir unser Gepäck aus dem Zug, springen hinterher und stehen kurz darauf allein und etwas verloren auf den Schienen. Erst ein Blick auf das kleine, fast völlig zugeschneite Holzschild mit dem Schriftzug „Hallingskeid" beseitigt die letzten Zweifel – wir sind wirklich angekommen und nicht Opfer eines dummen Scherzes geworden. Alle Ausgänge aus dem „Bahnhof" sind meterhoch verschneit, also müssen wir bis zum Ende des Schneeschutztunnels gehen, um nach draußen zu gelangen.

Die verschneite Hütte des norwegischen Bergwandervereins in Hallingskeid.

Am Abend in der Berghütte vertreibt das knisternde Feuer im Ofen die Kälte und Müdigkeit allmählich aus den Knochen.

Die Hütte des Norwegischen Bergwandervereins in **Hallingskeid** liegt direkt an der Bahnlinie und ist innen urgemütlich – allerdings erst, wenn das Holz im Ofen knistert und sich die wohlige Wärme gegen die winterliche Kälte durchgesetzt hat. Am Abend wird die Ausrüstung sortiert, die Karte für die morgige erste Etappe studiert, und dann unternimmt jeder noch eine Testrunde auf Skiern – egal, ob nun

Wachs oder Schuppen unter den Brettern ist. Der mit einer Eisschicht überzogene Schnee glitzert märchenhaft schön in der tiefstehenden Sonne, er scheint aber wohl eher etwas für Schlittschuhe zu sein.

Am nächsten Morgen werden wir mit blauem Himmel bei -14 Grad Celsius verwöhnt – genau das richtige Wetter für eine Hardangervidda-Durchquerung. Nur der schneidende Wind läßt ahnen, daß es hier im Februar noch sehr ungemütlich werden kann. Das Gepäck, immerhin mehr als 30 Kilogramm pro Person, kommt auf die „Pulkas", und dann geht es in weiten Bögen den Berg hinunter. Die typisch norwegischen Schlitten mit dem starren Bambusgeschirr, die sich schon bei vielen Expeditionen bewährt haben, begeistern auch uns, denn die schwere Winterausrüstung läßt sich so viel besser als im Rucksack transportieren.

Die Bahnlinie, die sich in vielen Kurven, immer wieder unterbrochen von Schneeschutztunneln, durch das Gebirge schlängelt, wird allmählich zu einem dünnen Band am Horizont. Endlich sind wir allein in der endlosen Schneelandschaft. Die Skier suchen sich knirschend ihren Weg über die eisig glitzernde, sonnenbeschienene Schneedecke. Am Nachmittag stehen wir auf einem zugefrorenen See. Inzwischen bläst ein kräftiger Wind, und der Schnee fegt an uns vorbei. Es ist Zeit, das Zelt aufzubauen, denn im Februar sind die Tage noch kurz. Aber erst nach langem Suchen finden wir ein einigermaßen windgeschütztes Plätzchen. Der erste warme Tee, zubereitet mit geschmolzenem Schnee, ist der Auftakt eines langen Abends im Zelt.

Am nächsten Morgen zeigt uns die Hardangervidda die Zähne: Der Wind ist zum Sturm geworden und zerrt am Zelt. Auch die Landschaft hat sich über Nacht verändert: Bizarre Schneefahnen ziehen über die endlose Ebene und verschleiern die Sonne. Der Aufenthalt im Freien wird immer ungemütlicher, trotz Seidenmaske und völlig zugezogener Anorakkapuze schmerzt das Gesicht, die aufgewirbelten Eiskristalle treffen die letzten freien Quadratzentimeter Haut wie Nadelstiche. Jeder Schritt gegen den Wind wird zur Qual – äußerst hilfreich wäre es jetzt, wenn man mit Skiern und Pulka rückwärts laufen könnte...

Der Sturm arbeitet an der Landschaft, als gelte es, laufend neue Kunstwerke zu schaffen. Er formt den Schnee zu immer neuen Mustern, es entstehen endlose Waschbretter und Wellenmuster, die an das Wattenmeer erinnern. Die faszinierende Dynamik der Wanderdünen aus Schnee steht denen aus Sand in nichts nach. Aber die Pulkas müssen über all diese Kunstwerke, die dann plötzlich nur noch Stufen und Löcher sind, gezerrt und gehoben werden, was den Blick für die Schönheit der Schneelandschaft doch erheblich trübt. Endlich taucht die **Rembesdalseter-Hütte** im diffusen Licht des wirbelnden Schnees auf. Heute möchte niemand zelten, und alle freuen sich auf die behagliche Wärme des Ofens.

In dieser vereisten Felslandschaft sollte man Verkehrsschilder beachten!

Rembesdalseter liegt in einer atemberaubenden Landschaft: unter uns der See, darüber die steilen Abhänge des **Hardangerjøkulen**. Die letzte Eintragung im Hüttenbuch stammt vom September des Vorjahres, der einsame Wanderer hinterläßt eine melancholische Schilderung des ersten herbstlichen Schneefalls. Tagelang lag die Hardangervidda unter einem bleiern grauen Himmel, deshalb beschloß er deprimiert, vorzeitig den Weg nach Finse zu nehmen.

Uns bringt der nächste Tag strahlenden Sonnenschein und die ersehnte Windstille: ideales Wetter, um sich in der Landschaft umzutun. Die Morgensonne taucht den Gletscherabbruch in ein warmes Licht und läßt die großen blauen Eisblöcke besonders plastisch gegen den weißen Schnee hervortreten. Plötzlich können wir einen Blick in den Fjord werfen, in dem sich tief unten die 1000 Meter hohen Felswände spiegeln. Unerreichbar ist die Wasseroberfläche, kein Weg führt nach unten, denn die Felsen brechen fast senkrecht ab.

Auf dem Weg in Richtung Süden werden die Berge langsam runder, alles wird weiträumiger. Das ist endlich die typische **Hardangervidda**: Stille, Einsamkeit, kein Baum, kein Strauch, nur schneebedeckte Wildnis. Schon seit Stunden sehen wir unsere heutige Unterkunft, die **Kjeldebu-Hütte**. Sie wirkt zum Greifen nahe, aber die klare Luft und die endlose Weite narren das Auge immer wieder.

Das Wetter ist launisch in der Hardangervidda. Während es gestern noch -25 Grad waren, ist die Quecksilbersäule heute bis kurz unter Null geklettert. Aber der Himmel ist bedeckt, und es schneit. Die Kontraste verschwinden, alles ist nur noch weiße Watte. Anstiege und Abfahrten lassen sich nicht mehr unterscheiden, und das Gefühl für die Skier geht verloren, Es ist nicht einmal mehr auszumachen, ob sie noch gleiten oder noch stillstehen. Paradoxerweise beträgt die Sichtweite bestimmt noch 100 Meter, trotzdem ist es das klassische „White Out". Unter diesen Bedingungen beginnt für uns eine Irrfahrt, zwar nach Kompaß, aber letztendlich doch ohne Ziel. Als wir gerade darüber rätseln, ob wir wohl gerade einen zugefrorenen See überqueren oder noch über die brettebene Hardangervidda laufen, taucht plötzlich ein Schatten in der Schneelandschaft auf. Völlig verdutzt erwidern wir sein kurzes „Hei", und schon verschwindet die Gestalt mit federnden Bewegungen im „White Out". Für uns ist der einsame Skiläufer fortan der „Yeti". Wer allein auf der Hardangervidda unterwegs ist und obendrein statt des typisch norwegischen leuchtendroten Fjellanoraks ganz in Weiß durch den Schnee läuft, muß sich diesen Spitznamen schon gefallen lassen!

Wir jedoch haben nicht die geringste Ahnung, wo wir uns befinden, und beschließen, das Zelt aufzubauen. Plötzlich wird es wieder kälter, das Thermometer fällt in kurzer Zeit auf -25 Grad, aber die Luft ist immer noch sehr feucht, alles überzieht sich mit dickem Rauhreif und Eisblumen. Das Zelt wird im Licht der Kerze zum glitzernden Eispalast.

Erst am Morgen klart das Wetter auf, und wir sehen, daß wir direkt an einem Staudamm gezeltet haben, der natürlich auf der Karte eingezeichnet ist. Gegen Mittag treffen wir auch den „Yeti" wie-

Mit einem norwegischen Schlitten unterwegs auf Skitour im Jotunheimen.

der, der sich jetzt als bärtiger, windgegerbter Einzelgänger entpuppt. Nach einigen gemeinsamen Kilometern in Schweigen kommen wir mit ihm ins Gespräch. Für Arne ist es ganz selbstverständlich, auch im Winter allein ins Gebirge zu gehen. Die neun Bergregeln kennt er zwar, aber die Grundregel „Geh nie allein" ignoriert er einfach. Als norwegisches Urgestein und mit dem siebten Sinn der Orientierung ausgestattet, mag das ja angehen, von uns möchte jedenfalls keiner allein im „White Out" stehen. Arne kennt nicht nur die Hardangervidda wie seine Westentasche. Er geht jedes Jahr auf Skitour, am liebsten im Januar oder Februar, wenn noch niemand unterwegs ist. So befreit er die Lungen und die Seele am besten von der städtischen Enge.

Dieser Urnorweger, in dessen Adern noch viel Wikingerblut fließen muß, würde in der Betonwüste New Yorks wahrscheinlich keine drei Tage überleben. Irgendwann verabschiedet er sich mit einem kurzen „God Tur" und ist bald nur noch ein Punkt in der weiten Schneelandschaft – ein Symbol der hier grenzenlosen Freiheit.

Für uns geht es von jetzt an bei guter Sicht in 30-Kilometer-Etappen nach Süden, wo uns in **Immingfjell** nach neun Tagen der erste bewohnte Ort erwartet.

Die **Hardangervidda** ist im Februar eine menschenleere Schneewüste mit extremem Wetter, eine trotz der südlichen Lage arktische Landschaft im Urzustand. Nur selten kann man sich in Europa noch so intensiv mit der Natur auseinandersetzen wie in der winterlichen Hardangervidda. Auf der weiten Hochebene konnte der Mensch nie dauerhaft Fuß fassen, zu extrem ist hier das Klima, zu karg die Vegetation.

Aber sechs Wochen später erwacht die touristische Infrastruktur der Hardangervidda zum Leben. Dann sind die Tage länger, die Sonne hat Kraft, und die meisten Skirouten sind so gut markiert, daß man sich kaum noch verlaufen kann. Zu Ostern herrscht Hochbetrieb, denn für die Norweger hat die Skitour in der Osterwoche Tradition. Dann werden Thermoskanne und Isomatte in den Rucksack gepackt, und der rote Anorak mit dem Fellkragen darf natürlich auch nicht fehlen. Zu Ostern haben die Høyfjellshotels kein Bett mehr frei, und jeder, der eine Hütte im Gebirge besitzt, nutzt sie entweder selbst oder überläßt sie Freunden oder Bekannten. Aber auch, wenn wirklich alle Norweger gleichzeitig beschlössen, ins Gebirge auf Skitour zu gehen, sie würden sich trotzdem nie auf die Füße treten, das Land bietet unendlich viel Platz.

Otta im Gudbrandsdal liegt direkt an der E 6, hier zweigt die Serpentinenstraße nach Mysuseter

Nebelschleier steigen auf über der winterlichen Landschaft in Gudbrandsdalen.

Eine menschenleere Schneewüste mit extremem Wetter: Die Hardangervidda ist eine arktische Landschaft im Urzustand.

Wintereinsamkeit in der Hardangervidda.

ab. Mysuseter ist eine kleine Almsiedlung, die aus ein paar Ferienhütten und einem Høyfjellshotel besteht. In Mysuseter endet die Straße. Wer weiter in den **Rondane-Nationalpark** will, muß auf die Skier umsteigen.

Über Weihnachten nach Norwegen? Auf Skitour? Ist es dort um diese Zeit nicht stockfinster und viel zu kalt? Allgemeines Kopfschütteln, als wir erzählen, daß es ins Rondane-Gebirge gehen soll. Geplant ist eine Skitour von Hütte zu Hütte, ohne Zelt und ohne Pulka, trotz der kalten und dunklen Jahreszeit ein Unterfangen ohne Extremcharakter.

Der Rondane-Nationalpark besteht aus 600 Quadratkilometern unberührter Wildnis, in der keine Straßen oder Häuser die Einsamkeit stören. Die einzige touristische Infrastruktur sind die Selbstversorgerhütten des norwegischen Bergwandervereins, die auch zu Weihnachten geöffnet sind. Das ist der Grund, warum wir uns das Rondane-Gebiet ausgesucht haben, denn die Hütten liegen hier so dicht beieinander, daß auch die kurzen Wintertage ausreichen, um abends immer ein Dach über dem Kopf zu haben. Außerdem gibt es in jeder Hütte Proviant, was den Rucksack angenehm leicht macht.

Der Weg in den Nationalpark führt anfangs in einem breiten Flußtal bergauf, die schneebedeckten Berge sind noch sanft gerundet, aber je näher wir dem zentralen Rondane-Massiv kommen, desto höher und schroffer werden sie. Unser erstes Ziel ist die **Rondvassbu-Hütte**, die an einem langgestreckten See inmitten von 2000 Meter hohen Bergen liegt. Im Sommer und zu Ostern hat Rondvassbu fast Hotelcharakter, in der Nebensaison ist aber nur ein kleines Gebäude mit 20 Matratzenlagern geöffnet. Überraschenderweise sind wir nicht allein, das schöne Wetter hat auch einige Norweger von ihrem Weihnachtsbraten weg in die Berge gelockt.

Am nächsten Morgen hängt das enge Tal voller Wolken. Da aber der Weg auf dem zwischen den Felswänden eingeklemmten See entlang führt, gibt es keinerlei Schwierigkeiten mit der Orientierung. Schon am Nachmittag hat sich die Landschaft total verändert, das alpine Zentralmassiv liegt hinter uns. Um **Døralseter** ist alles viel weiträumiger, und die Spuren der letzten Eiszeit sind noch deutlich zu sehen. Das abschmelzende Eis hat weiträumige Kieselterrassen und große Sandflächen hinterlassen, die nur leicht mit Schnee bedeckt sind.

Schon um drei Uhr nachmittags färbt der Sonnenuntergang den Himmel leuchtend orange, und als Kontrast dazu hängen in den düsteren Bergen am Horizont dicke, graue Schneewolken.

Über zugefrorene Flüsse, ihr Wasser für sechs Monate in seiner Bewegung erstarrt, geht es am nächsten Tag durch eine völlig vegetationslose Landschaft, die einer Abraumhalde gleicht. Auch die dünne Schneedecke kann den trostlosen Eindruck nicht verwischen. Wir sind an einem der trockensten Plätze Norwegens: Hier fällt nur ganz selten Regen oder Schnee, denn die feuchte Luft, die mit den vorherrschenden Westwinden vom Meer kommt, verliert ihre Fracht bereits an den hohen Bergen des Rondane-Massivs.

Bjørnhollia war früher eine typische Almsiedlung, heute werden die Gebäude vom norwegischen Bergwanderverein genutzt. Die Häuser im Blockhausstil, aus dicken, mittlerweile verwitterten Balken errichtet, die Dächer noch teilweise mit Gras gedeckt, könnten in jedem Freilichtmuseum stehen. Hier treffen wir drei junge Norweger. Knut, Erik und Bjørn haben ihren Hund vor die Pulka gespannt und so das Silvestermenü, einschließlich einiger Flaschen Wein, auf die Hütte geschafft. Ihre Steaks sind vorzüglich und natürlich nicht mit den „kjøttboller“, den Fleischklößchen aus der Dose zu vergleichen, die in der Speisekammer stehen. Um Mitternacht begrüßen wir das neue Jahr mit zwei Raketen, aber wohin wir auch schauen, keine Reaktion. Dann holen die drei den Hochprozentigen aus der Pulka, aber der Selbstgebrannte ist so furchteinflößend, daß wir ihn alle mit heißem Kaffee verdünnen. Am Neujahrstag geht die Skitour bei herrlichem Wetter zu Ende – eine

Woche endloser Sonnenauf- und -untergänge, keine Spur von ewiger Dunkelheit.

Auch wenn Norweger nicht mit Skiern an den Füßen geboren werden, wie ein Sprichwort behauptet, bekommen sie die ersten Bretter doch vor den ersten Schuhen. Ob Langläufer wirklich länger leben, sei dahingestellt, aber in Norwegen haben sie Spaß – sehr viel Spaß. Skilanglauf ist Sport und Lebensart zugleich. Ob direkt vor den Toren Oslos, in den ausgedehnten Waldgebieten Telemarks oder auf den kargen Hochebenen: Überall durchziehen unzählige Kilometer markierter und gespurter Loipen die Landschaft. Da die Temperaturen in Norwegen um einige Grade unter denen der Alpen liegen und meterhoher Schnee die Hochgebirge bis in den April hinein überzieht, ist die Wintersaison lang. Aber fast noch wichtiger ist die Schneequalität, denn Langläufer sind wesentlich stärker von der Schneebeschaffenheit abhängig als Pistenfahrer. Konstante Temperaturen unter Null und eine geringe Luftfeuchtigkeit sind Garanten für guten Loipenschnee. Loipen oberhalb der 1000-Meter-Marke haben in den Alpen Seltenheitswert. Wärmeeinbrüche und Tauwetter treffen Skilangläufer deshalb härter als Abfahrtsläufer, die sich auf die Gletscher zurückziehen können. Norwegische Loipen liegen meist über der Baumgrenze und haben monatelang den besten Schnee, den man sich wünschen kann.

Neben der Provinz Telemark ist das **Gudbrandsdal** das bekannteste Skigebiet Norwegens mit unzähligen Loipen auf den angrenzenden Hochebenen zu beiden Seiten des breiten Tales. Schon Ende Oktober fällt der erste Schnee, und im November wird die Wintersaison eröffnet. Das trockene Binnenklima sorgt für viel Sonnenschein und feinkörnigen, guten Schnee. Die Skigebiete im Gudbrandsdal sind von Oslo aus bequem zu erreichen. Die E 6 ist auch im Winter gut in Schuß, die Dovre-Bahn fährt bis nach **Dombås**. Regelmäßige Busverbindungen runden die Infrastruktur ab.

Lillehammer ist der erste Anlaufpunkt im südlichen Gudbrandsdal. Im Zuge der Olympiavorbereitungen wurden die vorher schon tollen Loipen noch einmal verbessert. Insgesamt 400 Loipenkilometer kann Lillehammer zusammen mit seinen Nachbarorten Hornsjø, Nordseter, Mesnalia und Sjusjøn anbieten. 60 Kilometer nördlich von Lillehammer liegt das kleine Städtchen **Ringebu**. Der Ort selbst hat wenig Charme, aber hier zweigt die Straße ins Ringebufjell ab. Das ausgedehnte Langlaufgebiet an den Ausläufern des Rondane-Gebirges ist außerhalb Norwegens noch so gut wie unbekannt.

Auf der Westseite des Gudbrandsdals, zwischen den Orten Tretten und Vinstra, beginnt das Reich Peer Gynts. Hier warten in den Nadelwäldern und im Gebirge einige hundert Kilometer präparierte Loipen auf Langläufer. Ein ganz besonderes Erlebnis ist die **Peer-Gynt-Loipe**, eine mehrtägige Skiwanderung von Hotel zu Hotel. Also Tourenskilauf auf die einfache und doch komfortable Art!

Nur im Sommer sind die Fährschiffe in Richtung Norwegen randvoll mit Urlaubern, im Winter verlieren sich die paar Autos auf den gähnend leeren Fährriesen. Alles jettet nach Süden, denn Winterurlaub in Norwegen machen nur wenige Individualisten. Befürchten viele eisige Tagestemperaturen, oder schreckt die angeblich so lange Dunkelheit während der Wintermonate ab? Oder sind die Superskipässe und nächtelanges Aprés-Ski doch spannender als abgelegene Hütten auf dem weiten, menschenleeren Fjell?

Überall durchziehen unzählige Kilometer markierter und gespurter Loipen die Landschaft.

Auf Skitour unterwegs bei klirrender Kälte.

WINTERWUNDERLAND

Spätestens seit den Olympischen Spielen von Lillehammer weiß es die ganze Welt: Die Norweger sind im Schnee in ihrem Element und lassen sich durch niedrige Temperaturen in ihrem Bewegungsdrang nicht bremsen! Im Zuge des olympischen Spektakels erhielt Norwegen auch als Paradies für Skifahrer und vor allem Langläufer endlich die ihm gebührende Aufmerksamkeit.

Die meisten Wintersportgebiete Norwegens liegen im Südosten des Landes.
In Telemark sind es das Lifjell, das Haukelifjell und der Hochgebirgsteil des Setesdal. Bekannte Wintersportorte sind Gautefall, Hovden, Rauland, Rjukan und Vrådal.
Im Hallingdal und Numedal liegen die Wintersportorte Geilo, Gol, Hemsedal, Nesbyen, Nore/Uvdal und Ål sowie Finse auf der Hardangervidda.
Das flächenmäßig größte Wintersportgebiet läuft unter der Bezeichnung „Troll Park". Es ist ein Zusammenschluß von Østerdalen, Gudbrandsdalen, Valdres, Finnskogen und Peer Gynts Reich. Außerdem umfaßt das Gebiet die Hochgebirgsregionen von Rondane, Dovrefjell und Jotunheimen.
Die Preise für Skipässe entsprechen etwa denen in den Alpen. Ein Tagespaß für Hemsedal kostet beispielweise 190 NOK, für den Winterland-Paß (gültig für Geilo, Hemsedal, Ål und Uvdal) muß man für 2 Tage 350 NOK, für 7 Tage 895 NOK auf den Tisch legen. Skischule 4 Tage: 300 NOK, Skiverleih 160 NOK pro Tag.

Wer hier zu Besuch kommt, muß erst die Haustüre freischaufeln.

SKIGEBIETE

■ Telemark

GAUTEFALL
Etwa 30 km westlich von Skien in einer waldreichen Gegend. Kleines Skizentrum mit 6 Liften und 7 Abfahrten. Langläufer finden hier gut 100 km präparierte Loipen.

HOVDEN
Südlich der Hardangervidda im Setesdal. Zwischen 800 und 1250 m hoch gelegen.
Das Gebiet ist von November bis Mai schneesicher. Mit 12 km Pisten, verteilt auf 11 verschiedene Hänge, und einer Abfahrt von immerhin 2600 m zählt Hovden zu den größeren Skigebieten.
Auf Langläufer warten 130 km präparierte Loipen.

RAULAND
Kleines Skigebiet südwestlich von Rjukan. 150 km präparierte Loipen zum Großteil über der Baumgrenze. In Vierli Winterland gibt es Norwegens erstes Schlittencenter mit mehreren Abfahrten und einem speziellen Schlittenlift.

RJUKAN
Rjukan selbst liegt in einem tief eingeschnittenen Tal, wo im Winter monatelang die Sonne nicht über die Berge schaut.
Aber die Skigebiete liegen auf den angrenzenden Hochflächen, in Gaustablikk, Kvitavann, Gvepseborg, bei der Rjukan Fjellstue und in Skinnarbu.
Die Loipen erstrecken sich in einer Höhe zwischen 800 und 1000 m, teils im Wald, teils über der Baumgrenze.

Hunderte von Kilometern ziehen sich Loipen durch Norwegen.

VRÅDAL
Dieses kleines Alpinzentrum am Nordende des Sees Nisser hat 50 km Loipen zu bieten.

Hallingdal und Numedal

Das riesige Wintersportgebiet in und um Hallingdal und Numedal ist auch unter der Bezeichnung „Winterland“ bekannt. Hier liegen einige der berühmtesten Wintersportorte Norwegens.
Die Lifte in den Skigebieten Geilo, Hallingskarvet, Hemsedal, Uvdal und Ål können mit dem Winterland-Paß benützt werden.
Es stehen insgesamt 71 alpine Abfahrten und 90 km Pisten zur Verfügung. Da die Skigebiete dicht zusammenliegen, ist diese Liftkarte ein attraktives Angebot.

GEILO
Drittgrößter Ferienort Norwegens zwischen Oslo und Bergen an der Bergenbahn.
Geilo ist bekannt für seine hervorragenden Skianlagen: 18 verschiedene Lifte mit 32 Abfahrten sorgen für Abwechslung.
Langläufer finden hier 130 km präparierte Loipen und Anschluß an das riesige Tourengebiet der Hardangervidda. Geilo bietet auch außerhalb der Pisten ein gutes Unterhaltungsangebot.

GOL
5 Skilifte mit mittelschweren Abfahrten.
Am Golsfjell liegt an der Baumgrenze ein ausgezeichnetes Loipennetz von 250 km Länge. Familienfreundliches Gebiet mit ruhiger Atmosphäre.

HEMSEDAL
Eines der größten Skigebiete Skandinaviens mit guter Pistenvielfalt. 25 Pisten, die längste mißt immerhin 6 km. Langläufer finden hier 90 km gespurte Loipen.
Hemsedal gibt sich jung:
Zum Skizirkus gehören hier Buckelpiste, Half-Pipe, Telemarkski, Paragliding und Aprés-Ski.
Es zählt zu den schneesichersten Gebieten. Saison ist von November bis Mai.

NESBYEN
Nesbyen ist mit 120 km gespurten Loipen in erster Linie für Langläufer interessant. Darüber hinaus gibt es hier aber auch ein kleines Skigebiet.

NORE UND UVDAL
Nore u. Uvdal haben sich erst vor kurzem dank eines großen Skizentrums und 100 km Loipen zu einem bekannten Skigebiet gemausert.

ÅL
Ål hat nur 6 Lifte, aber im Wald und im Gebirge werden 300 km Loipen gespurt.

UNTERKUNFT

SOLLI SPORTELL
Moderne Anlage mit Hotelzimmern, Appartements und Ferienhäuser. Sauna und Solarium.
DZ etwa 3200 NOK pro Woche.
Geilo, Tel. 32 09 11 11.

KNUTS HYTTEGREND
7 km von Geilos Zentrum.
Hüttendorf von hohem Standard.
Direkt an der Loipe.
Hütte für 4 Personen etwa 3200 NOK pro Woche.
Kikut, Tel. 32 09 47 24.

HEMSEDAL HOTELLL
3 km vom Zentrum von Hemsedal, direkt an der Loipe. Skibus und Badezentrum.
DZ etwa 3500 NOK pro Woche.
Hemsedal, Tel. 43 06 22 50.

Troll-Park

Gudbrandsdal, das Zentrum des sogenannten „Troll-Park-Gebiets“, ist das Tal der Täler. Es ist sowohl im Winter als auch im Sommer die wichtigste touristische Schlagader des ganzen Landes. Die Infrastruktur im Tal ist entsprechend ausgebaut.
Die Legende erzählt von einem König, der den Göttern seinen Sohn schenkte. Der Sohn hieß Brand. So soll das längste Tal Norwegens seinen Namen erhalten haben.
Das Gudbrandsdal beginnt bei Bjorli, westlich vom See Lesjaskogvatn, 612 m über dem Meer, und endet nach 203 km am Nordende des Mjøsa-Sees.
Das weiträumige Tal blickt auf eine lange bäuerliche Kultur zurück.
An seinen sanften Hängen stehen auch noch heute viele alte Bauernhöfe. Die Landschaft gehört zu den schönsten, die Norwegen zu bieten hat.
Im Zusammenhang mit den Olympischen Winterspielen im Jahr 1994 sind um Lillehammer und im Gudbrandsdal einige neue Skigebiete entstanden, die bereits vorher existierenden wurden zudem erheblich verbessert.
Im Nordwesten der Region liegt das Jotunheimen mit den höchsten Bergen des Landes, im Westen das Reich Peer Gynts, im Osten das Rondane und im Norden das Dovrefjell.

Vater und Sohn sind bei klirrender Kälte unterwegs zum Eisangeln.

Gudbrandsdal

HAFJELL
Hafjell bei Øyer war der Austragungsort des olympischen Slaloms und Riesenslaloms.
8 Skilifte und 23 Pisten mit einem Höhenunterschied von 850 m sind seit den olympischen Spielen für jedermann zugänglich. Daneben durchziehen 400 km präparierter Loipen das Gebiet.

KVITFJELL
Kvitfjell liegt in der Gemeinde Ringebu, 50 km nördlich von Lillehammer entfernt. Hier wurden der olympische Super-G und die Abfahrt ausgetragen. Die beiden Anlagen haben 4 km anspruchsvolle alpine Pisten.

RINGEBU
Ringebu ist der Ausgangspunkt für das Langlaufgebiet auf dem Venabygdfjell. Hier gibt es 400 km präparierte Loipen. Sie führen durch Waldgelände, einige verlaufen aber auch oberhalb der Baumgrenze am Rand des Rondane-Gebirges.

NORDSETER, ØYER & SJUSJØN
Nordseter, Øyer und Sjusjøn sind die Langlaufgebiete vor der Haustür von Lillehammer. Das Loipenangebot ist riesig, über 400 km werden präpariert. Die meisten Spuren verlaufen zwischen 800 und 1000 m Höhe, teils im Wald, teils im Gebirge.

ESPEDALEN
Das Espedalen liegt ungefähr 20 km westlich vom Gudbrandsdal und verläuft parallel zu diesem. Das Gebiet ist in erster Linie für Langläufer interessant.

GAUSDAL & SKEI
9 Skilifte mit 17 Abfahrten unterschiedlicher Schwierigkeit und 220 km präparierte Loipen.

GOLÅ
Golå liegt im Reich von Peer Gynt. Das Langlaufgebiet liegt durchschnittlich 900 m hoch, ist aber durch den Ausblick auf die hohen Berge in der Umgebung abwechslungsreich. 6 Skilifte bedienen 13 Abfahrtspisten.

Auch in Lillehammer werden bald die Lichter ausgehen.

MYSUSETER, RAPHAMN, HØVRINGE & RONDABLIKK
Wintersportorte am Rondane-Nationalpark. Von allen Orten aus führen markierte Loipen bis in den Nationalpark hinein. Eine großartige Hochgebirgslandschaft mit grandiosen Ausblicken auf die 2000er Gipfel ist garantiert.

Lillehammer

Sehenswertes Stadtzentrum, besonders die Fußgängerzone mit den alten Holzhäusern, den Geschäften und Cafés zählt zu den stimmungsvollsten in Norwegen.

INFORMATIONEN

Informationen erteilt das Touristenbüro:

LILLEHAMMER TURISTKONTOR
Lilletorget 1
N-2600 Lillehammer
Tel. 61 25 92 99

SEHENSWÜRDIGKEITEN

FAHRZEUGHISTORISCHES MUSEUM
Eine Sammlung von Fahrzeugen von den Anfängen des Autos bis in die Gegenwart.
15.6. – 31.8. täglich 10 – 18 Uhr.

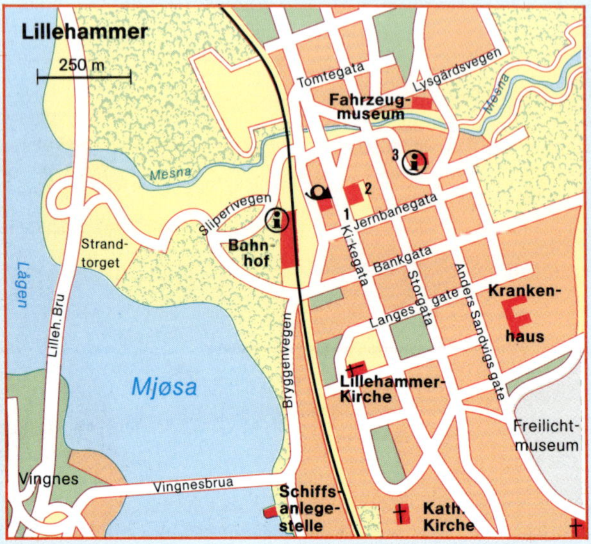

GEMÄLDESAMMLUNG DER STADT LILLEHAMMER
Bedeutende Sammlung norwegischer Kunst vom 19. Jahrhundert bis in die Gegenwart.
Di – Fr 11 – 19 Uhr; Sa 11 – 15 Uhr; So 12 – 15 Uhr.

DER OLYMPIAPARK
Das Herz des Olympiageländes liegt ganz in der Nähe des Stadtzentrums.
Die Sprungschanzen, die Håkon-Halle mit der Kletterwand und das Birkebeiner-Stadion sind zu besichtigen.

LYSGÅRDBAKKENE
Vom Schanzenturm schweift der Panoramablick über die Sprunganlage und die Stadt.
Es ist ein beliebtes Ausflugsziel mit Restaurant und Souvenirladen.
10 – 20 Uhr.

BOB- UND RODELBAHN
Der Betonkanal schlängelt sich in vielen Kurven durch den Wald zu Tal. Im Sommer besteht die Möglichkeit, als Gast im Bob mit Rädern mit einem erfahrenen Piloten mitzufahren. Ein einmaliges Erlebnis, die Bobbahn mit 100 km/h hinunterzurasen.
12 – 18 Uhr.

FREILICHTMUSEUM MAIHAUGEN
Zum bekannten Freilichtmuseum nahe Lillehammer siehe Kapitel „Museen & Stabkirchen".

SKIBLADNER
Der älteste Raddampfer der Welt verkehrt regelmäßig auf dem Mjøsa-See von Lillehammer über Hamar nach Gjøvik.
Abfahrt Di, Do, Sa in Gjøvik um 9.30 Uhr, Ankunft in Lillehammer um 14.45 Uhr, Abfahrt in Lillehammer um 15 Uhr, Ankunft in Gjøvik um 19.45 Uhr.

UNTERKUNFT

HØYFJELLSHOTELL
Direkt an den Loipen bzw. Wanderwegen von Nordseter nahe Lillehammer. Schwimmbad, Sauna, Bar und Restaurant.
DZ etwa 900 NOK.
2614 Nordseter, Tel. 61 26 40 04.

GJESTEBU
Einfache Unterkunft zu günstigen Preisen.
Gamlevn. 110, 2600 Lillehammer, Tel. 61 25 43 21.

RINGEBU HOTEL
40 km nördlich von Lillehammer.
Bar und Restaurant.
DZ etwa 650 NOK.
Ringebu. Tel. 61 28 00 11.

■ Trysil

Trysil ist Norwegens größtes Skigebiet mit 21 Liften und 62 verschiedenen Abfahrten aller Schwierigkeitsgrade. Die längste zusammenhängende Abfahrt ist 5,5 km lang. Das Ski-Eldorado ist von November bis Anfang Mai schneesicher.

UNTERKUNFT

TRYSIL HOTEL
60 km östlich von Lillehammer.
Trysil, Tel. 62 45 08 33
DZ im Sommer etwa 650 NOK, sonst etwa 1000 NOK.

SKITOUREN

Wer nicht nur auf Loipen langlaufen möchte, sondern die für Norwegen typische Skitour auf Langlaufskiern ausprobieren möchte, dem bietet der Norwegische Bergwanderverein DNT alle Möglichkeiten. Fast alle Berghütten sind auch im Winter geöffnet (siehe Kapitel „Wandern").
Als besonderer Service werden zu Ostern viele Routen im Gebirge mit „Kvistern" markiert. Im Abstand von wenigen Metern stehen dann entlang der Strecke Reisigstäbe, was die Orientierung ungemein erleichtert. In allen interessanten Gebirgsregionen wie Setesdal, Jotunheimen, Hardangervidda, Rondane und Dovrefjell werden viele 100 km Skiwanderwege markiert. Der DNT schickt auf Wunsch eine Übersicht über die markierten Routen, gibt Hinweise zum Verhalten im winterlichen Gebirge und macht Ausrüstungsvorschläge.

Vor den Eisschnellaufwettbewerben in der Hamar Olympic Hall.

Insider News

GOLF MIT BUNTEN BÄLLEN
Das norwegische Hemsedal ist vermutlich der einzige Ort, der Wintergolf auf einer verschneiten 9-Loch-Anlage anbietet. Die Regeln weichen etwas vom Sommergolf ab. Vor allem aber wird mit orangfarbenen Bällen gespielt, sicherheitshalber ...!
Im März findet jeweils ein mehrtägiges Turnier statt. Die Spieler kommen aus der ganzen Welt. Die Teilnahmegebühr beträgt 40 DM.
Information und Anmeldung:
Hemsedal Turistkontor
P.B.3, N-3560 Hemsedal
Tel. 32 06 01 56

12 Geschichte

Wikinger und Wohlfahrtsstaat

Die lange Geschichte Norwegens reicht von der Bronzezeit über die Wikinger bis zur Moderne.

Wegen der Klimabedingungen erreichte die bäuerliche Kult

Wie vor Jahrtausenden ziehen auch noch heute Rentierherden durch einsame Schneelandschaften Nordnorweg

er Jungsteinzeit lediglich eine niedrige Entwicklungsstufe.

An einem klaren Wintermorgen standen die Jäger an der Küste und beobachteten eine Rentierherde, die langsam am Horizont verschwand. Sollten sie den Tieren folgen, oder würde das Eis brechen? Wenn es die Rentiere trug, müßte es auch für sie dick genug sein, also zogen sie hinter den Tieren her gen Norden, auf den riesigen Gletscher zu. Als sie näher kamen, entdeckten sie einen schmalen Streifen Land vor dem Eis...

So könnten die ersten Menschen am Ende der letzten Eiszeit nach Westnorwegen gekommen sein. In ihrer neuen Heimat suchten sie sich Felsvorsprünge als Unterschlupf oder bauten ihre Zelte auf. Sie sammelten Beeren, Pflanzen und Muscheln, fingen Fische und jagten Wild. Ihre Waffen und Geräte fertigten sie aus Stein, Knochen, Holz oder Tierhäuten.

Später erst lernten sie den Hausbau. In der Nähe von **Fredrikstad** wurden die Reste eines 5500 Jahre alten Hauses aus der Steinzeit gefunden, dessen Wände aus geflochtenen Zweigen bestanden. Die Zwischenräume waren mit Lehm abgedichtet.

Ungefähr 4000 v. Chr. begannen die Bewohner mit dem Ackerbau, sie ernteten Hafer und Weizen und hielten sich Haustiere. Die Kenntnisse davon müssen Besucher aus dem Süden mitgebracht haben.

Eine der prähistorischen Felszeichnungen.

Ein rekonstruiertes Wikingerschiff in Sandefjord.

Der Nachwelt haben die frühen Norweger eine ganze Reihe **Helleristninger** hinterlassen, mit viel Aufwand in Felsen geschabte und geschliffene Felszeichnungen, die für uns wahre Bilderbücher der Menschheitsgeschichte sind, zu denen nur leider der erläuternde Text fehlt. Die Abbildungen zeigen oft Tiere in Bewegung, Menschen kommen höchstens einmal als Jäger vor. Viele der Helleristninger entstanden in der **Steinzeit**, später kamen sie dann noch einmal in der bronzezeitlichen Bauernkultur zwischen 1500 und 500 v. Chr. in Mode. Die meisten Helleristninger sind vom künstlerischen Standpunkt betrachtet relativ primitiv. Trotzdem waren die Menschen der Bronzezeit schon in der Lage, ästhetische Gebrauchsgegenstände anzufertigen. Deshalb wird vermutet, daß die Herstellung von Felszeichnungen an entlegenen Orten, fernab von jeder Ansiedlung, an Fjorden, Buchten oder Stromschnellen, eher eine magische Kulthandlung gewesen sein könnte.

Ab 1800 v. Chr. breitete sich der Einsatz von **Bronzegegenständen** in ganz Skandinavien aus. Das Metall verdrängte aber nur langsam die Werkzeuge aus Stein, Knochen und Holz. Nur der Ackerboden wurde immer häufiger mit Pferd und Pflug bearbeitet. Die Oberschicht baute Höfe, die Menschen lernten spinnen und weben, und Kleider aus Schafwolle lösten die Fellbekleidung ab. Die auffälligsten Hinterlassenschaften der Menschen aus der Bronzezeit sind gewaltige Grabhügel und vergrabene Schätze in Mooren und Geröllfeldern.

In den Hochmooren lag die Zukunft der Menschen – das **Eisen**. Die Kelten waren die ersten, die die Eisengewinnung beherrschten. Die ältesten norwegischen Anlagen entstanden um 100 v. Chr. In mit Holzkohle befeuerten Hochöfen aus Stein und Erde wurde das Erz geschmolzen. Mit den neuen eisernen Geräten konnte der Boden effektiver bearbeitet werden. Dadurch stiegen die Erträge, und die Bevölkerung wuchs.

In den Jahrhunderten nach Christi Geburt wurden die großen Höfe immer reicher, die Menschen im Norden trieben intensiv Handel mit den Römern und Franken. Sie füllten ihre Gräber mit prachtvollem Gold-, Silber- und Bronzeschmuck. Dank der Werkzeuge und Nägel aus Eisen konnte auch die Zeit der Wikinger anbrechen, die ab dem achten Jahrhundert an den Bau ihrer Langschiffe gingen.

Der Angriff auf das Kloster Lindisfarne an der Ostküste Englands im Jahr 793 markiert den Beginn der **Wikingerzeit**. Er leitete einen 250 Jahre anhaltenden Eroberungszug ein – zum Leidwesen der unterjochten Völker, wie eine Quelle aus Lindisfarne berichtet:
„Die Heiden kamen aus nördlichen Ländern über das Meer, wie stechende Wespen, und streiften umher wie wilde Wölfe. Sie raubten und töteten nicht nur Zugtiere, Schafe und Ochsen, sondern sogar Priester, Diakone, Mönche und Nonnen. Und sie kamen zur Kirche in Lindisfarne und verwüsteten alles mit ihrer grausamen Plünderung. In heiliger Stätte gruben sie den Altar aus und raubten alle Schätze in der heiligen Kirche. Manche Bauern töteten sie, andere führten sie in Fesseln fort."

Schwedische, dänische und norwegische Wikinger drangen bis in die Steppen Rußlands, zum Schwarzen Meer und zum Mittelmeer, im Norden bis nach Island und Grönland und im Westen bis nach Amerika vor, das sie „Vinland" nannten. Bei ihren Eroberungsfahrten waren sie bestimmt nicht zimperlich, aber die Wikinger waren nicht nur eine Horde mordender Barbaren, sondern auch geniale Schiffbauer und Seefahrer, die geschäftstüchtig Handel trieben und große Gebiete kolonisierten. Sie bauten Steinhäuser, innen mit aufrecht stehenden Holzplanken verkleidet, mit Dächern aus Birkenrinde und Torf und einer Feuerstelle, die mitten im Raum lag.

Zu dieser Zeit bestand Norwegen aus vielen Kleinkönigtümern. Erst dem Wikinger Harald Hårfarge gelang es, aus dem zerstrittenen Land ein vereinigtes Königreich zu machen. In der entscheidenden Schlacht bei **Håfrsfjord**, in der Nähe des heutigen Stavanger, siegte der wegen seiner Haarpracht auch Harald Schönhaar genannte Eroberer schließlich gegen die verfeindeten Kleinkönige. Damit kehrte aber noch kein Frieden im Land ein, denn während seiner Herrschaft und erst recht nach seinem Tod im Jahre 930 brachen blutige Kämpfe um sein Erbe aus. Aber keiner seiner Nachfolger erwies sich als stark genug, das Königreich zusammenzuhalten, und auch das Christentum, das Harald Schönhaar von seinen Englandfahrten mitgebracht hatte, konnte sich in Norwegen nicht so richtig etablieren.

Erst **Olav Haraldsson** gelang wieder für eine gewisse Zeit die Einigung des Landes. Er bahnte dem Christentum endgültig den Weg, ließ alte Opferstätten zerstören, baute Kirchen, setzte Priester ein und machte sich auch gleich zu deren Oberhaupt. Aber auch er hatte Widersacher, die sich schließlich mit dem dänischen König Knut verbündeten und Olav zunächst vertrieben. Aber er gab nicht klein bei und kehrte 1030 zur Entscheidungsschlacht nach **Stiklestad**, im Norden von Trondheim, zurück. Olav Haraldson wurde getötet, ein Jahr später aber heiliggesprochen, und fortan pilgerten die Menschen aus ganz Europa zu seinem Grab. Als Olav der Heilige, Rex perpetuum Norvegiae, als Norwegens ewiger König, ging er in die Geschichte ein. Mit seiner Herrschaft war auch die große Zeit der Wikinger vorbei, und das **Mittelalter** begann.

Das 12. und 13. Jahrhundert brachte Norwegen einen beträchtlichen Aufschwung, weil der Staatsapparat zum ersten Mal richtig funktionierte. Die Macht lag in dieser Zeit beim König und der Reichsversammlung, die sich aus Kirchenvertretern und der Aristokratie zusammensetzte. Mit der Zeit dehnten die norwegischen Könige ihr Machtgebiet bis auf die schwedischen Provinzen Jämtland, Härjedal und Bohuslän aus und annektierten darüber hinaus Island und Grönland.

Die Kirche hatte sich etabliert, Mönche und Priester kamen aus dem Ausland und brachten die europäische Kultur auch in den Norden. Die Klöster der Augustiner, Benediktiner und Zisterzienser bildeten einen Hort der Kultur und der aufblühenden Naturwissenschaft.

Die alten Zentren Bergen, Trondheim und Stavanger verloren an Bedeutung, und Oslo wuchs zu Beginn des 14. Jahrhunderts von einer unbedeutenden Ansiedlung zur wichtigen Stadt heran. Fast im gesamten Mittelalter beherrschte die deutsche **Hanse** den Handel von Bergen aus. Norwegen war auf den Import von

Auf ihren Entdeckungsfahrten gelangten die Wikinger bis nach Amerika.

König Harald „Schönhaar“ brachte das Christentum nach Norwegen, unter König Olav dem Heiligen wurde es Staatsreligion.

Getreide angewiesen und brauchte im Gegenzug Abnehmer für seinen Trockenfisch. Die Bevölkerung nahm im Mittelalter weiter zu, wahrscheinlich lebten damals gut 400.000 Menschen in Norwegen.

Im Sommer 1349 jedoch kam die **Pest** mit einem Schiff aus England nach Bergen. Die Seuche wurde durch Ratten übertragen und verbreitete sich rasend schnell in den größer gewordenen Ansiedlungen. Sie tötete schließlich mehr als die Hälfte der Bevölkerung. Der Volksglaube stellte sich die Pest als eine alte Frau vor, die durch die Dörfer zog – kehrte sie mit dem Besen, starben alle, hatte sie aber einen Rechen dabei, überlebten einige wenige die Krankheit.

Nach den Pestjahren waren viele Siedlungen ausgestorben oder verlassen, und ganze Landstriche verfielen. Es setzte eine Umverteilung im großen Maßstab ein, indem sich die Überlebenden in der Folgezeit die besten Anwesen sicherten. Aber es dauerte lange, bis sich das Land von diesem Aderlaß erholte, und noch um 1500 brachten die wenigen Steuerzahler nur halb soviel Geld in die Staatskassen wie in der Zeit vor der Pest. Der Geldmangel schwächte auch die Position des Königs, was schließlich zur **Kalmarer Union** im Jahr 1397 führte, als Erich von Pommern zum König des gesamten Nordens gekrönt wurde.

Während der Olav-Spiele wird die Schlacht von Stiklestad nachgespielt.

Die Union zwischen Norwegen, Schweden und Dänemark sollte nicht lange halten, aber auch nach dem Zerfall blieb Norwegen mit Dänemark, der damals im Norden dominierenden Macht, verbunden. 1536 hatten es die Dänen dann endlich geschafft, sich das Königreich Norwegen ganz einzuverleiben. Von nun an bildete es nur noch einen Teil Dänemarks. Ostern 1537 war die norwegische Niederlage schließlich komplett, als Bischof **Olav Engelbrektsson** Trondheim verlassen mußte und in die Niederlande flüchtete. Norwegens letzter katholischer Erzbischof hatte den Kampf gegen einen Lutheraner verloren, der zum neuen König von Norwegen und Dänemark gewählt wurde.

Während der Unionszeit verfiel Norwegen in eine politische Lethargie, ohne jedoch seine nationale Identität zu verlieren.

Die nun folgende sogenannte „Unionszeit" sollte fast 300 Jahre dauern. Norwegen wurde von Kopenhagen aus regiert, und König Christian und der dänische Adel arbeiteten zielstrebig auf die Schwächung des norwegischen Königreiches hin. Aber das Land behielt auch in diesen schwierigen Zeiten immer seine Identität. Dänisch war zwar Amtssprache, aber das Norwegische hielt sich hartnäckig in den Köpfen der Menschen. Während der Union wuchs die Bevölkerung beträchtlich und erreichte fast die

Millionengrenze. Neben dem Fischfang spielte der Holzhandel eine große wirtschaftliche Rolle, denn seit der Erfindung der mit Wasserkraft betriebenen Sägen konnte das Holz viel effektiver bearbeitet werden. Im Land entwickelte sich allmählich eine wohlhabende Schicht von Beamten und Großbürgern.

Auch die Silbermine von Kongsberg und die Kupfervorkommen in Røros sorgten vom 17. Jahrhundert an für eine blühende Wirtschaft.

Von 1807 bis 1814 entschied sich Dänemark-Norwegen in den Napoleonischen Kriegen für Frankreich und kämpfte gegen Großbritannien. Da Napoleon seine Kriege verlor, wurde Dänemark im **Kieler Frieden** gezwungen, Norwegen an Schweden abzutreten.

Die Norweger erkannten den Kieler Frieden jedoch nicht an und beriefen ihrerseits eine verfassungsgebende Versammlung in **Eidsvoll** ein. Am 17. Mai 1814 wurde eine neue Verfassung verkündet. Daran erinnert der alljährlich begangene Nationalfeiertag. Die Schweden ließen sich aber nicht einschüchtern und erzwangen die Union. Zwar mußte König Christian Frederick abdanken, aber die Verfassung wurde von den neuen Machthabern akzeptiert. Sie stellte das Ende des Absolutismus in Norwegen dar. Von nun an hatte die Volksvertretung, das **Storting**, die gesetzgebende, der König die vollziehende und die Gerichte die rechtsprechende Gewalt inne. Als Zeichen der Union wurde den Norwegern eine Unionsflagge aufgezwungen, die in der oberen Ecke die schwedischen Farben zeigte, die die meisten Norweger aber verächtlich als „Heringssalat" bezeichneten.

Immer wieder gab es Widerstand gegen die Union mit den Schweden, denn die Norweger forderten mehr Rechte für sich und strebten nach Autonomie. In dieser Zeit kam es zu einem weiteren Bevölkerungswachstum, der landwirtschaftlich nutzbare Boden wurde knapp, und die Menschen drängten auf der Suche nach neuen Arbeitsplätzen in die Städte, wo aber die Möglichkeiten, der Armut und dem Elend zu entfliehen, beschränkt waren.

Ab 1825 setzte deshalb eine große **Auswanderungswelle** in die Neue Welt ein. Erst waren es die Quäker auf der Suche nach Religionsfreiheit, dann zog der Traum von einem besseren Leben immer mehr Menschen nach Amerika. Bis 1930 hatten mehr als 800.000 Menschen Norwegen verlassen, ein Land, dessen Boden ihnen auch bei härtester Arbeit kein sicheres Auskommen bieten konnte. Heute leben in Amerika fünf Millionen Menschen mit norwegischer Abstammung – also mehr als die heutige Gesamtbevölkerung Norwegens!

Ein Handelskontor der Hanse, die im Mittelalter Norwegens Wirtschaft kontrollierte.

Nach einer Volksabstimmung am 7. Juni 1905, bei der sich mehr als 99 Prozent der Norweger gegen eine Fortführung der Union mit Schweden ausgesprochen hatten, wurde das Land endlich wieder selbständig.

In einer weiteren Volksabstimmung entschied sich das norwegische Volk für die Monarchie, und das Storting wählte am 18. November 1905 den dänischen Prinz Carl zum König. Er nahm den Namen Håkon VII. an und wurde der erste unabhängige König Norwegens seit mehr als 500 Jahren.

Die Industrie wuchs, aus Bauern wurden Arbeiter und aus Weiden Städte. Elektrizität wurde in großem Maßstab aus Wasserkraft erzeugt und versorgte die Industrie mit billiger Energie. 1905 gründete Sam Eyle die Düngemittelfabrik **Norsk Hydro**, die sich schnell zum führenden Unternehmen des Landes entwickelte. Der Einstieg in die Erdölförderung vor der Küste brachte dem Unternehmen einen ungeahnten Aufschwung. Heute beschäftigt Norsk Hydro mehr als 30.000 Mitarbeiter. Mit der Industrialisierung verlor die Landwirtschaft zunehmend an Bedeutung. Waren einst mehr als 40 Prozent der Norweger in der Landwirtschaft beschäftigt, sind es heute nur noch 5 Prozent.

Nach 1905 entschied sich Norwegen für eine Politik der strikten **Neutralität**, die sich selbst im Ersten Weltkrieg aufrechterhalten ließ – wenn auch nur unter größten Schwierigkeiten. Denn das traditionell gute Verhältnis zu Großbritannien führte zu Spannungen mit Deutschland, und deutsche U-Boote versenkten in der Folgezeit die Hälfte der norwegischen Handelsflotte, wobei mehr als 2000 Seeleute umkamen. Dennoch verzichtete Norwegen auf Gegenschläge und aggressive Vergeltungsaktionen. Nach Ende des Ersten Weltkrieges litt Norwegens Wirtschaft unter der weltweiten Rezession. Erst ab den frühen dreißiger Jahren setzte ein merklicher Aufschwung ein.

Auch beim Ausbruch des Zweiten Weltkrieges erklärte Norwegen seine Neutralität, trotzdem besetzten deutsche Streitkräfte am 9. April 1940 strategisch wichtige Punkte an der norwegischen Küste. Sie trafen auf wenig Widerstand, nur bei der Festung **Oscarsborg** im Oslofjord wurde ein deutsches Schlachtschiff, die „Blücher", versenkt. Diese kurze Verzögerung beim Einmarsch ermöglichte aber der Königsfamilie, der Regierung und dem Storting die Flucht. Am 7. Juni 1940 flohen König und Regierung nach Großbritannien, um von dort aus den Widerstand fortzusetzen.

Die Widerstandsbewegung wurde zwar von Jahr zu Jahr stärker, aber erst nach der Kapitulation Deutschlands übernahm der zivile Widerstand die **Festung Åkershus** und hißte dort nach fünf langen Jahren erneut die norwegische Fahne. Am 7. Juni 1945, genau fünf Jahre nach seiner Flucht, betrat König Håkon VII. wieder norwegischen Boden.

Nach Ende des Zweiten Weltkriegs setzte auch in Norwegen ein einzigartiges Wirtschaftswachstum ein, und der Wiederaufbau ging wesentlich schneller voran als erwartet. Jetzt zog es immer mehr Menschen in die großen Ballungszentren, besonders die Jugend verließ die abgelegenen Gehöfte und Dörfer. Dank der reichen Erdölvorkommen in der Nordsee entwickelte sich Norwegen zu einem der wohlhabendsten Länder der Welt. Vom Boom der Petro-Chemie profitierten auch weitere Industriezweige. Als unmittelbare Folge dieser wirtschaftlichen Entwicklung erreichten der Lebensstandard, das System der sozialen Sicherheit und das Gesundheitswesen ein Niveau, das weltweit Maßstäbe setzte.

1949 trat Norwegen dem Verteidigungsbündnis der NATO bei. Nach dem Tod von König Håkon VII. im Jahr 1957 übernahm sein einziger Sohn Olav V. den Thron. 1960 wurde das Land Mitglied der europäischen Freihandelszone EFTA. Ein Beitritt in die EG wurde 1972 in einer Volksabstimmung von 53 Prozent der Norweger abgelehnt. Im Jahre 1991 starb König Olav V. im Alter von 87 Jahren, und sein Sohn Harald V. übernahm die Regentschaft. 1992 brachte das Storting bereits den vierten Antrag auf eine Mitgliedschaft in der Europäischen Gemeinschaft auf die Tagesordnung. Zwei Jahre später war das Volk somit von neuem aufgerufen, über den umstrittenen Beitritt zu entscheiden.

Am 28.11.1994 entschieden sich die Norweger erneut gegen den EU-Beitritt.

Denkmal für einen Birkebeiner in Lillehammer.

AUF SPURENSUCHE

Die Wikinger sind zweifelsohne die historisch berühmtesten Norweger. Aber viele Jahrtausende zuvor nahmen bereits Menschen das Land am Meer in ihren Besitz. In ganz Norwegen findet man die eindrucksvollen Spuren der Frühzeit.

DER SAGAZEITWEG

Die Straße 110 in der Provinz Østfold führt zwischen Skjeberg und Fredrikstad an vielen Stätten der norwegischen Frühgeschichte vorbei. Hier konzentrieren sich auf nur 11 km viele Helleristninger und bronzezeitliche Grabfelder.

SOLBERG
3000 Jahre alte Helleristninger aus der Bronzezeit. Über 100 Felszeichnungen sind zu besichtigen.

HORNES
Großes Helleristninger-Feld, das ebenfalls 3000 Jahre alt ist. Einen Höhepunkt bilden 21 Schiffe, von denen die meisten inklusive der Mannschaft dargestellt sind.

GUNNARSTORP
Riesige Grabhügel aus der Bronzezeit.

HUNN
Aus 13 Steinen bestehende Steinkreise aus der Zeit nach Christi Geburt. Außerdem erheben sich hier mehrere große Grabhügel, in denen viele Grabbeigaben aus Bronze, Glas und Keramik gefunden wurden.

RAVNEBERGET
Auf einem Hügel gelegene befestigte Anlage aus dem 4. oder 5. Jahrhundert nach Christus.

BEGBY
Mehrere 3000 Jahre alte Helleristningerfelder zu beiden Seiten der Straße.

FELSZEICHNUNGEN

HJEMMELUFT
Eines der größten Felder mit Felszeichnungen liegt in der Finnmark bei Alta. Die 3000 bis 6000 Jahre alten Bilder stehen seit dem Jahr 1985 auf der World Heritage List der Unesco. Durch das riesige Feld führt ein 5 km langer Fußweg.

Weitere Helleristninger:

VINGEN
Abseits der Hauptrouten an der Küste Westnorwegens, südlich von Maløy. Vingen ist nur mit dem Boot von der Insel Bremangerlandet aus zu erreichen. Zweimal wöchentlich organisierte Fahrten vom kleinen Hafen Klubben aus nach Vingen.

SOLBAKK
In der Provinz Rogaland. In der Nähe des Prekestolen, 6 km nördlich von Jørpeland, befinden sich Felszeichnungen am Strand.

BARDAL
In der Provinz Nord-Trønelag. Die Felszeichnungen aus der Stein- und Bronzezeit sind 11 km nordwestlich von Steinkjer bei Bardal zu besichtigen.

SEHENSWÜRDIGKEITEN

MUSEUM MAIHAUGEN
In Lillehammer, im Museum Maihaugen, schildert eine exzellente Ausstellung die Geschichte Norwegens. „Wie das Land unser wurde" zeigt Norwegen von der Eiszeit bis zur Gegenwart.
Täglich 9 – 19 Uhr.

HAFSFJORD
Der Hafsfjord war Schauplatz der Schlacht zwischen Harald Schönhaar und den norwegischen Kleinkönigen. An der Nordseite des Fjords südwestlich von Stavanger steht ein Denkmal mit zum Himmel ragenden drei Schwertern.

EIDSVOLL
Der Herrenhof von Eidsvoll ist die Wiege der norwegischen Verfassung. Das Museum liegt 80 km nördlich von Oslo und ist täglich von 10 – 15 Uhr geöffnet.

Als man noch in Meilen maß.

WIKINGERHOF
In der Provinz Sogn og Fjordane hat man bei Øvre Årdal im Moadalen einen Wikingerhof mit mehreren Häusern ausgegraben.

SOGNEFJORD WIKINGERCENTER
In Balestrand, gleich an der Fähre, liegt das Sognefjord Wikingercenter mit einem rekonstruierten Hof aus der Wikingerzeit. 10 – 18 Uhr.

SUNNMØRE FREILICHTMUSEUM & MITTELALTERMUSEUM
In Borgund, in der Provinz Møre og Romsdal nahe beim Zentrum von Ålesund, läßt das Sunnmøre Freilichtmuseum 50 alte Gebäude lebendig werden. Das Mittelaltermuseum wurde über einer mittelalterlichen Ansiedlung gebaut.
Mo – Fr 11 – 15 Uhr;
Sa u. So 12 – 16 Uhr.

FESTUNG OSCARSBORG
Die Festung Oscarsborg am Oslofjord ist im Sommerhalbjahr für Besichtigungen geöffnet. Informationen beim Touristenbüro Drøbak.

Insider News

ZURÜCK IN DIE BRONZEZEIT
In Høvag, 20 km westlich von Kristiansand, läßt es sich leben wie vor 3000 Jahren. In einem Bronzezeithaus mit 40 Schlafplätzen erzählt Helge, der Hausherr, bei historisch authentischen Mahlzeiten davon, wie die Menschen damals lebten.
Information: SYD NORGE AS,
P.B. 91, 4601 Kristiansand,
Tel. 38 07 10 08.

13 Berühmte Norweger

Helden der Nation

Innere Unruhe, Abenteuerlust, Entdeckerdrang und Genialität – eine brisante Mischung aus Charakterzügen trieb die Norweger immer wieder zu körperlichen und künstlerischen Höchstleistungen.

Der Mund ist zu einem stummen Schrei des Entsetzens aufgerissen, die Hände liegen an den Ohren, die Frauengestalt ist voller Angst vor etwas Unbekanntem, das nur in ihr selbst existiert. Die dunkel gekleideten Männer, die in der Ferne auf der hölzernen Landungsbrücke verschwinden, können nicht der Grund für das Entsetzen sein, sie sind nur unbeteiligte Spaziergänger. Über der Fjordlandschaft hängt ein wellenförmiger, blutroter Himmel, der die gespenstische Szene noch verstärkt.

Edvard Munch (1863–1944).

„Der Schrei" ist **Edvard Munchs** bekanntestes und ausdrucksstärkstes Bild, in dem viele die Geburt des Expressionismus sehen. Das Bild spiegelt aber auch die seelische Verfassung des Malers wieder, der über sein Werk sagte: „Ich stand allein, bebend vor Angst. Mir war, als ginge ein mächtiges, unendliches Geschrei durch die Natur."

Munch führte ein Leben am Rand der Selbstzerfleischung, geprägt von persönlichen Katastrophen und Enttäuschungen, die schließlich in Nervenzusammenbrüchen und Klinikaufenthalten gipfelten. Und genau diese Themen tauchen immer wieder in seinen Bildern auf: „Das kranke Kind", „Melancholie", „Angstgefühl", „Eifersucht", „Todeskampf" und „Die tote Mutter" – die Motive von Angst, Verlassenheit und Ausgeliefertsein ziehen sich unübersehbar durch Munchs Werk.

„Der Schrei" – die Geburt des Expressionismus.

1863 wurde Edvard Munch geboren, kurz darauf zog die Familie in die Nähe der Hauptstadt **Kristiania**, wie Oslo bis 1925 hieß. Der Vater war Arzt für die Armen, der Familie ging es wirtschaftlich schlecht. Trotzdem war das Familienleben harmonisch, bis eine Reihe von Katastrophen über die Munchs hereinbrach.

„Mein Zuhause war ein Zuhause der Krankheit und des Todes", sagte er selbst über sein Leben. Als er gerade fünf Jahre alt war, starb die Mutter an Tuberkulose, neun Jahre später die ältere Schwester, ebenfalls an Schwindsucht. Mit 13 Jahren erkrankte auch der junge Edvard und glaubte sich dem Tod nahe. Nach diesen traumatischen Erlebnissen der Kindheit war es nicht verwunderlich, daß er sein Leben lang immer wieder versuchte, diese Erinnerungen in seinen Bildern aufzuarbeiten.

Munch war ein unruhiger Geist. Vor allem nach der ersten dreiwöchigen Reise nach Paris wurde sein Lebenstempo immer schneller. Er zog für drei Jahre nach Frankreich, lebte ebenso lange in Berlin, kehrte zwischenzeitlich nach Kristiania zurück und reiste schließlich rastlos von Ausstellung zu Ausstellung durch ganz Europa. Sein hektischer Lebensstil ließ ihn 1908 zusammenbrechen, er mußte sich zur Behandlung in eine Kopenhagener Nervenklinik begeben. 1889 verbrachte Munch zum ersten Mal einen Sommer in **Åsgårdstrand**. Acht Jahre später kaufte er sich in dem kleinen Ort an der Südküste in der Nähe von Horten eine Fischerhütte aus dem 17. Jahrhundert. Ein bedeutender Teil seiner Werke entstand in Åsgårdstrand, und er selbst sagte einmal über diese Zeit: „Ich sitze in dem einzigen angenehmen Haus, in dem ich je gewohnt habe, meinem Haus in Åsgårdstrand." Im **Munch-Museum** in Oslo hängt zwar ein repräsentativer Querschnitt der Werke des bekanntesten norwegischen Malers, über ihn selbst erfährt man allerdings nur wenig in dem modernen Bau. Allenfalls Bruchstücke lassen sich aus seinen Bildern erahnen. Wer wirklich etwas über ihn erfahren will, muß nach Åsgårdstrand fahren.

Der kleine Ort liegt ungefähr eineinhalb Stunden von Oslo entfernt an der Westküste des Oslofjords. Schon im letzten Jahrhundert war Åsgårdstrand mit dem Dampfer von Oslo aus gut zu erreichen. Deshalb traf sich hier auch die Osloer Künstlerszene.

Das Åsgårdstrand von heute ist ein typisches Südküstenstädtchen mit weißgestrichenen Holzhäusern, hinter deren Zäunen die Blumen südländisch üppig blühen. Im Juli wird das Städtchen von der Sonne verwöhnt, und das strahlende Weiß der Häuser vor dem tiefblauen Himmel blendet das Auge. Åsgårdstrand ist ein verschlafener Ort. Um die Mittagszeit sind die Straßen menschenleer, alles versinkt in einer trägen Ruhe, und auf dem Rasen hinter dem Strand liegen die Menschen und genießen die Wärme.

Munch zu Ehren haben die Stadtväter von Åsgårdstrand eine Straße nach ihm benannt, welche zu seinem so geliebten Lykkehuset führt. In seinem kleinen Glückshaus, das etwas oberhalb des Strandes liegt, ist heute ein Museum untergebracht. Neben dem kleinen gelben Wohnhaus steht noch ein roter Schuppen, der ihm als Atelier diente, und im Garten des „Munchparken“ steht eine schlichte Büste des berühmtesten Bürgers von Åsgårdstrand. In seinem Wohnhaus ist alles so geblieben, wie es zu Munchs Lebzeiten war: Die Bettdecke ist glattgezogen, das Mobiliar ist spartanisch, ein Tisch, ein Stuhl. Dann ist da noch der Wandschrank voll allerlei Flaschen mit Medizin und Alkohol. In diesen Räumen spielte sich auch der dramatischste Vorfall seiner wilden Jahre ab, als sein Revolver während einer Auseinandersetzung mit Tulla Larsen losging, einer Frau, zu der er immer ein äußerst zwiespältiges Verhältnis hatte. Die Umstände dieses Streits, die ihn ein Stück Finger kosteten, wurden nie genau geklärt.

In Åsgårdstrand malte Munch mehrere Variationen seines Strandmotivs „Die Mädchen auf der Brücke“. Damals existierte noch eine lange Holzbrücke, die zu dem Dampfschiffkai hinausführte. Sie wurde 1894 gebaut, aber schon zehn Jahre später wieder abgerissen. Heute führt an ihrer Stelle eine Steinmole zu den Yachten im Hafen. Wer heute auf die Mole hinausläuft, fin-

Munchs Arbeitszimmer in Åsgårdstrand, wo viele seiner Werke entstanden sind.

Seit der Sonderbund-ausstellung 1912 in Köln begann man Munchs „Schweinereien“ als expressionistische Kunst anzuerkennen.

Knut Hamsun (1859–1952).

det noch ziemlich genau die Stelle, an der die drei Mädchen gestanden haben müssen. Die Uferstraße ist zwar neu hinzugekommen, der große Baum und das weiße Haus stehen aber noch an ihrem Platz. Der Besitzer des Åsgårdstrand Hotel hat sich dann auch die Mühe gemacht, drei Mädchen in Kleidern aus der Zeit um die Jahrhundertwende auf der Mole zu plazieren und Munchs Motiv nachzustellen. Ein Foto davon wirbt jetzt für Åsgårdstrand im Prospekt des Touristenbüros.

Auch in **Kragerø** – etwa 60 Kilometer südlich von Åsgårdstrand – gibt es einen „Edvard Munch Vei", aber sonst sind seine Spuren dort völlig verweht. Nach seinen wilden Jahren war er 1909 nach Kragerø gezogen, um „Die Geschichte" zu malen. Sein Haus brannte 1939 ab, und das moderne Kragerø scheint sich seines berühmten Bewohners kaum zu erinnen.

Anfangs waren Edvard Munchs Bilder als Schmierereien bezeichnet worden, seine ersten Ausstellungen ernteten im In- und Ausland nur Hohn, Spott und Verachtung. Erst allmählich entwickelte sich ein Verständnis für seine Themen und seine Malerei, und bald wurde er mit den ganz Großen der Malerei auf eine Stufe gestellt. Auch in seinem Heimatland lobte man ihn mittlerweile in den höchsten Tönen, er wurde sogar mit der Wanddekoration der Osloer Universitätsaula beauftragt.

Am 23. Januar 1944 starb Edvard Munch und hinterließ sein umfangreiches Gesamtwerk der Stadt Oslo, die im Jahr 1963 das Munch-Museum eröffnete.

Die Spuren eines weiteren berühmten Norwegers, **Knut Hamsun**, sind heute – 40 Jahre nach seinem Tod – über das ganze Land verstreut. Geboren wurde er am 4. August 1859 auf dem Hof Garmostraedet in der Nähe von **Lom**, getauft in der alten Stabkirche von Garmo, die jetzt in Lillehammers Freilichtmuseum Maihaugen steht. Bald nach seiner Geburt zog die Familie, der es wirtschaftlich nie gut ging, ins Nordland, auf den Hof Hamsund auf **Hamarøy**. Dort gibt es heute ein kleines, zu Ehren Hamsuns eingerichtetes Museum mit einer liebevollen Sammlung von Erinnerungsstücken. Aber nirgendwo ist die Begegnung mit Knut Hamsun so lebendig und intensiv, wie in dem alten Handelsort **Kjerringøy**, 40 Kilometer nördlich von Bodø. Der Ort taucht in seinen Werken als Sirilund auf:

„Eines schönen Tages, Mittwoch, den 16. April, kam ich an den Handelsort Sirilund. Hier lebte der Kaufmann Mack, der große Herr. Hier lebte neben ihm auch der gute Mann Benoni Hartvigsen, er war reich und half allen. Diese beiden waren zu gleichen Teilen Besitzer Sirilunds und aller Fahrzeuge und Unternehmungen. Geht zu Mack oder zu Hartvigsen, zu welchem ihr wollt! Sagten die Leute auf dem Heimvitjaboot zu mir. Ich ging zum Hof hinauf, sah mich um und beschloß, vorbeizugehen, denn alles war so groß und vornehm hier, wo der alte Mack seinen Wohnsitz hatte. Dagegen ging ich um die Mittagszeit zu Benoni Hartvigsens Haus und stellte mich vor. Da ich kein großer Herr war, sondern nur mit meiner Büchse und einigen einfachen Kleidern in einem Bündel ankam, bat ich bescheiden um Unterkunft in der Knechtstube auf Sirilund, bis Tag und Zeit käme."

So beginnt Knut Hamsun seinen Roman „Rosa". Der Student Parelius, der in Sirilund Station macht, könnte auch Hamsun selbst gewesen sein, der in seiner Jugend auf Wanderschaft ging und eine Zeitlang als Hausierer umherzog, ehe er sich immer mehr zum Schreiben hingezogen fühlte. Daß Hamsun einmal Landstreicher war, verrät nicht nur sein Roman gleichen Titels, dieses Motiv taucht in seinen Werken immer wieder auf.

Das Nordland, in dem der Schriftsteller einen Großteil seiner Kindheit und Jugend verbrachte, hat ihn mit Sicherheit am stärksten geprägt. Deshalb tauchen auch immer wieder Menschen und Orte aus Nordnorwegen in seinem Romanen auf. Auf der Suche nach Erfolg und Identität ist er nicht nur viel herumgekommen, er hat auch mehrmals seinen Namen geändert. Geboren wurde er als Knud Pedersen, dann nannte er sich nach dem Hof seiner Eltern Knut Pedersen Hamsund, verkürzte seinen Namen auf Knut Hamsund, bevor ein simpler Druckfehler in einer Zeitschrift, den er nie berichtigte, ihn schließlich zu Knut Hamsun machte.

Aber trotz aller Wanderschaft blieb ein Ort für ihn prägend: Kjerringøy, das nach der kleinen Kjerringinsel benannt ist, die – vom Festland nur durch einen schmalen Sund getrennt – einen sicheren Hafen bildet. Seit Jahrhunderten kamen Schiffer und Fischer nach Kjerringøy auf dem Weg zu den Lofoten, zeitweise lagen Hunderte von Booten am Strand, und die Fischer übernachteten im Handelshaus.

Kjerringøy war bereits im 17. Jahrhundert ein bekannter Hafen, aber seine Blütezeit begann erst, als Christian Lorentzen Sverdrup im Jahr 1803 die Geschicke des Handelsplatzes zu lenken begann. Sein Nachfolger **Erasmus Zahl**, der in Sirilund als Kaufmann Mack auftaucht, machte ein riesiges Vermögen mit den großen Heringsfängen der damaligen Zeit, trotzdem verblaßte der Ruhm von Kjerringøy allmählich. Der Handel mit dem Fischfang suchte sich andere Wege, und der Platz wurde aufgegeben. 1959 übernahm die Provinz Nordland die verbliebenen Gebäude, um dieses einmalige Kulturdenkmal für die Nachwelt zu erhalten.

Eben dieser Erasmus Zahl spielte in Hamsuns Leben eine entscheidende Rolle: Der Neunzehnjährige hatte gerade den Roman „Bjørger" fertig geschrieben, als er in seiner finanziellen Not beschloß, den reichen Zahl in Kjerringøy aufzusuchen. Der las zwar sein Manuskript nicht, gab ihm aber 1000 Kronen als Startkapital. Hamsun machte sich gleich an die Arbeit, überzeugt, daß er von nun an nur noch Schriftsteller sein wollte. Ein Entschluß, der ihm in der Folgezeit viele Entbehrungen bescheren sollte, bis er mit dem Roman „Hunger" den Durchbruch schaffte.

Der Rundgang durch Kjerringøy ist ein Rundgang durch Hamsuns Bücher und ein Blick in die Geschichtsbücher des letzten Jahrhunderts. 15 Gebäude stehen heute auf dem Museumsgelände: Rote, weiße und gelbe Holzhäuser und Schuppen prägen das Bild, beherrschend sind das Hauptgebäude, das große Warenlager und der Kaufladen. Überall stehen noch alte Gerätschaften und Boote herum, so als ob die Menschen diesen Platz in Eile verlassen hätten. Der Kaufladen kapitulierte erst 1955 vor der modernen Zeit, in seinem Innern herrscht noch heute die eigentümliche Atmosphäre eines alten Kramladens. Mit ein wenig Phantasie sieht man fast den mächtigen Erasmus Zahl hinter der Theke stehen und Knut Hamsun zur Tür hereinkommen.

„Der Siebenschläfertag ist vorüber. Die Fahrzeuge sind mit Klippfischen nach Süden gesegelt, und die Trockenfelsen liegen verödet da. Schon fängt der Wald an sich zu entlauben. Auf

Hier, in Kjerringøy, verbrachte Knut Hamsun einen Großteil seines Lebens.

Zwischen Verehrung und Verachtung: Hamsuns Romane fanden begeisterte Leser, sein Verhältnis zu den Nazis sah man aber als Verrat.

Sirilund ist es gleichsam ruhiger geworden. Wächter Svend und Ole Menneske haben einige Leute mit sich genommen und sind nun fort, und Bramaputra, die Ursache vieler munterer und gefährlicher Unruhe unter den Männern, ist ebenfalls ihres Weges gezogen. Ah, aber es sind noch eine Menge Menschen zurückgeblieben, all die Schauerleute, die Ladengehilfen, die Knechte, der Schmied, der Bäcker, der Böttcher, zwei Müller, alle Frauen, der Haftelmacher, der Oberkörper Jens Kindsvater, der Gemeindearme Fredrik Mensa, der im Bett liegt und Nahrung zu sich nimmt und nie vom Leben erlöst wird."

Nach seiner Nordlandzeit war Hamsun immer auf Reisen, nirgendwo hielt es ihn lange. Er versuchte es für einige Jahre in Amerika, ging nach Südostnorwegen, nach Kristiania, Lillesand und Helsinki, machte eine ausgedehnte Reise nach Rußland, Persien und in die Türkei. Die Rastlosigkeit seines Lebens endete erst 1918, als er sich auf dem Gut **Nørholm**, seinem Altersruhesitz, einrichtete. Es war der Ort, an dem er am längsten, bis zu seinem Tod im Jahr 1952, lebte.

Nørholm, ein altes, weißes Herrenhaus an der Südküste zwischen Lillesand und Grimstad, liegt heute direkt an der Hauptstraße, und Tausende von Autos brausen täglich daran vorbei. Neben seinem großen Haus benötigte Hamsun auch hier sein „Dichterhäuschen", ein kleines, armseliges Holzhaus, ein Stück von allem Trubel entfernt. Nur dort konnte er arbeiten. Schon immer hatte er sich zum Schreiben zurückgezogen, dann war er für niemanden ansprechbar.

Für seinen Roman „Segen der Erde" bekam Hamsun im Jahr 1920 den Nobelpreis für Literatur

H. Ibsen (1828–1906).

B. Bjørnson (1832–1910).

E. Grieg (1843–1907).

F. Nansen (1861–1930).

verliehen. Das Buch stellt einen Lobgesang auf den ursprünglichen Menschen, den Bauern dar, der sich die Wildnis urbar macht und das Brachland kultiviert:

„Droben im Ödland hat jede Jahreszeit ihre Wunder, aber immer und unveränderlich sind die dunklen, unermeßlichen Laute von Himmel und Erde, das Umringtsein nach allen Seiten hin, die Waldesdunkelheit, die Freundlichkeit der Bäume. Alles ist schwer und weich zugleich, kein Gedanke ist da unmöglich. Nördlich von Sellanraa lag ein ganz kleiner Teich, eine Lache, nur so groß wie ein Aquarium. Da tummelten sich winzige Fischkinder, die nie größer wurden; sie lebten und starben und waren zu nichts nütze, lieber Gott, zu rein gar nichts! Eines Abends stand Inger da und horchte auf die Kuhglocken. Sie hörte nichts, denn alles war totenstill ringsum, aber plötzlich vernahm sie Gesang aus dem Aquarium. Er war sehr schwach und beinahe nicht vernehmlich, nur wie hinsterbend. Das war das Lied der kleinwinzigen Fische. Sellanraa lag so günstig, daß die Bewohner jeden Herbst und Frühjahr die Wildgänse, die über das Ödland hinflogen, sahen und ihr Rufen und Locken in der Luft droben hören konnten, es klang wie verwirrtes Reden. Und dann war es, als stehe die Welt still, bis der Zug vorüber war. Fühlten sich die Menschen da nicht von einer Art Schwäche überfallen? Sie nahmen ihre Arbeit wieder auf, aber zuvor taten sie einen tiefen Atemzug, ein Hauch aus dem Jenseits hatte sie gestreift."

Erst 1945, mit 86 Jahren, mußte sich Hamsun für seine Sympathien mit Nazi-Deutschland und dessen Blut-und-Boden-Ideologie verantworten. Er wurde verhaftet und 1948, aufgrund seines hohen Alters, lediglich zu einer beträchtlichen Geldstrafe verurteilt.

GENIE & ABENTEUER

Forscher und Künstler – die Liste der norwegischen Nobelpreisträger ist lang. Die extremen Herausforderungen der rauhen Natur und die Auseinandersetzung mit sich selbst trieben zahlreiche Nachfahren der Wikinger zu körperlichen und künstlerischen Höchstleistungen.

BERÜHMTE NORWEGER

ROALD AMUNDSEN

(1872 – 1928)
Amundsen war der erste, der mit der „Gjøa“ von 1903 bis 1906 die Nordwestpassage durchfuhr. Danach widmete er sich der Erforschung der Pole. Als der Amerikaner Robert Peary ihm 1909 am Nordpol zuvorgekommen war, konzentrierte er sich auf den Südpol. In einem Wettlauf mit dem Engländer Robert Scott war Amundsen der glücklichere und erreichte am 15.12.1911 als erster den Südpol. In den Jahren danach versuchte er, den Nordpol per Flugzeug und Luftschiff zu erreichen. Mit dem Luftschiff „Norge“ gelang ihm 1926 der Flug von Norwegen über Spitzbergen und den Pol bis nach Alaska. Bei der Rettungsaktion für eine Luftschiff-Expedition verunglückte er 1928 und blieb verschollen.

R. Amundsen (1872–1928).

BJØRNSTJERNE BJØRNSON

(1832 – 1910)
1858 schrieb Bjørnson den Text für die norwegische Nationalhymne: „Ja, vi elsker dette landet.“ – „Ja, wir lieben dieses Land.“ Ein Satz, der auch heute den Norwegern noch leicht und gern über die Lippen kommt. Zu Beginn seines schriftstellerischen Schaffens schrieb Bjørnson Erzählungen über das bäuerliche Milieu, wandte sich dann mehr und mehr dem dramatischen Genre und dem Theater zu. Er leitete das Theater in Bergen, später wurde er Direktor des Kristiania Theaters. Er war sein Leben lang ein vehementer Kämpfer für Frieden, Freiheit und soziale Gerechtigkeit. 1903 erhielt er für sein Gesamtwerk den Nobelpreis für Literatur .

HENRIK IBSEN

(1828 – 1906)
Ibsens Markenzeichen ist seine grimmige Miene. Angeblich gibt es nur ein Bild, auf dem der weltberühmte Dramatiker lächelt. Ibsen ist vermutlich der weltweit meistgespielte Bühnenautor Norwegens. Oft mußte er um seinen Erfolg kämpfen, um den finanziellen und um den künstlerischen. Er war Theaterdirektor in Bergen und Oslo, lebte aber lange Jahre im Ausland. Er schrieb gesellschaftskritische Werke über willensstarke Persönlichkeiten. Seine bekanntesten Dramen sind: „Peer Gynt“, „Nora oder ein Puppenheim“, „Gespenster“ und „Hedda Gabler“.

FRIDTJOF NANSEN

(1861 – 1930)
Nansen war Abenteurer, Wissenschaftler, Politiker und Diplomat. 1888 durchquerte er als erster auf Skiern Grönland von Osten nach Westen. 1893-1896 begab er sich mit der „Fram“ auf Driftfahrt durch das Polarmeer und kam mit Skiern so nah an den Pol wie keiner zuvor. 1897 wurde Nansen Professor für Zoologie in Kristiania (Oslo). Danach war er norwegischer Gesandter in London, leitete 1918 die Rückkehr der Kriegsgefangenen aus Rußland, regte die Schaffung eines Nansenpasses für staatenlose Flüchtlinge an und erhielt 1922 den Friedensnobelpreis.

EDVARD GRIEG

(1843 – 1907)
Griegs Leben und Werk sind eng mit der Villa Troldhaugen bei Bergen verbunden. Auf dem „Hügel der Trolle“ ließ er sich 1885 ein stattliches Haus bauen, in dem er bis zu seinem Tod wohnte. Heute ist Troldhaugen ein Museum. Griegs bekanntestes Stück ist zweifellos die Musik zu Ibsens Schauspiel „Peer Gynt“. Inspiriert durch die norwegische Volksmusik, versuchte er in seinen Kompositionen, Natur in Musik umzusetzen.

THOR HEYERDAHL

(geb. 1914)
Schon von Kindesbeinen an stand fest, daß Heyerdahl Forscher und Entdecker werden würde. Nach seinem Zoologiestudium verbrachte er 1937 ein Jahr zu Studienzwecken auf der ostpolynesischen Insel Fatu Hiva. Damit war seine Abenteuerlust so richtig geweckt, und es folgte eine Reihe spektakulärer Expeditionen. Mit dem Balsaholzfloß Kon-Tiki über den Pazifik, auf die Galapagos-Inseln und die Osterinsel, mit dem Papyrus-Boot Ra über den Atlantik, mit der Tigris-Expedition von der Persischen Bucht nach Dschibuti. Heyerdahls Leben liest sich wie ein einziges Abenteuer, und auch heute, als 80jähriger, reist der Norweger noch immer durch die Welt.

SIGRID UNDSET

(1882 – 1949)
Von den über 30 Werken, die Sigrid Undset geschrieben hat, sind die Romantrilogie „Kristin Lavranstochter“ und der Roman „Olaf Audunssohn“ die bekanntesten. Für diese historischen Saga-Epen erhielt sie 1928 den Nobelpreis. In ihren Romanen und Novellen beschäftigte sie sich außerdem mit der Stellung der Frau in der Ehe und ihrer Rolle im Spannungsfeld sozialer, ethischer und religiöser Anforderungen. 1940-1945 lebte sie im amerikanischen Exil.

NORWEGEN VON A–Z

◀ *Über eine Fallhöhe von 182 Metern stürzt der Vøringfoss zu Tal.*

Geographie

Mit einer Fläche von 324.000 km^2 ist Norwegen das fünftgrößte Land Europas, mit gut 4,2 Millionen Einwohnern jedoch äußerst dünn besiedelt. Statistisch gesehen leben damit 13 Menschen auf einem Quadratkilometer, aber die Bevölkerungsdichte ist extrem inhomogen. 80% aller Norweger leben in unmittelbarer Nähe der Küste, wobei der Süden und der Westen die größten Ballungsgebiete sind.

Vom Kap Lindesnes im äußersten Süden, auf dem 57. Breitengrad, sind es 1750 km bis zum Nordkap, das ungefähr auf dem 71. Breitengrad liegt.

Norwegen ist ein gebirgiges Land, die Hälfte liegt höher als 500 m, ein Viertel sogar über 1000 m, und damit bereits oberhalb der Baumgrenze. Die höchsten Berge Norwegens sind gleichzeitig die höchsten Skandinaviens und erreichen knapp 2500 m. Die große Nord-Süd-Ausdehnung und die starken Höhenunterschiede zwischen Küste und Hochgebirge machen Norwegen zu einem Land der extremen Gegensätze.

Fjorde prägen das Bild Westnorwegens, Gebirge und weite Täler sind im Landesinnern vorherrschend. Eher untypisch präsentiert sich das Gebiet um den Oslofjord bis zum Mjøsasee sowie das wellige Gelände von Jaeren südlich von Stavanger: Der Hauptteil der 3% landwirtschaftlich genutzten Flächen befindet sich in diesen wenigen Flachlandgebieten.

Das Spektrum der Landschaftsformen ist äußerst vielfältig, es reicht von ausgedehnten Waldgebieten, weiträumigen Tälern, kargen Hochebenen, vegetationslosen Hochgebirgen und Gletschern bis zum arktischen Plateau der Finnmarksvidda.

Klima

Das in Nord-Süd-Richtung verlaufende Skanden-Gebirge unterteilt Norwegen in einen maritimen Westteil und einen kontinentalen Ostteil. Der Küste bringen die vorherrschenden südwestlichen Winde das ganze Jahr über feuchtes und stürmisches, aber mildes Wetter. Paradebeispiel dafür ist Bergen, die regnerischste Stadt Europas, die pro Jahr 2000 mm Niederschläge, fast ausschließlich als Regen, über sich ergehen lassen muß.

Die Lebensader Norwegens bildet der Golfstrom, der seine warmen Wassermassen aus dem Golf von Mexiko bis zum Nordkap bringt. Deshalb sinkt die Wassertemperatur entlang der gesamten Küste nie unter 5° C. Dadurch bleiben auch die Häfen im hohen Norden das ganze Jahr über eisfrei. Diese gewaltige Warmwasserheizung des Golfstroms sorgt auch dafür, daß Norwegen nicht annähernd so kalt ist wie Grönland oder Sibirien, die auf vergleichbaren Breitengraden liegen.

In Norwegen sehr beliebt: Moltebeeren.

Weiter landeinwärts, östlich des Skanden-Gebirges, herrscht Kontinentalklima mit heißen trockenen Sommern und kalten Wintern. Die feuchte Luft, die vom Meer hereindrängt, regnet sich am Gebirge ab. Deshalb bekommen die Gebiete im Windschatten oft nur noch 500 mm Niederschlag pro Jahr ab. So mußten sich die Bauern in den östlichen Tälern schon früh Gedanken um eine künstliche Bewässerung ihrer Felder machen.

Liegt an der Küste nur selten eine geschlossene Schneedekke, versinken die weiter östlich gelegenen Landesteile für Monate im Schnee – hier liegen deshalb auch alle bekannten Wintersportgebiete. Temperaturen unter -20° C – an der Küste unbekannt – sind im Landesinnern keine Seltenheit.

In Südostnorwegen scheint die Sonne im Durchschnitt über 2000 Std., in Westnorwegen dagegen nur knapp 1500 Std. pro Jahr.

Flora und Fauna

Die Vegetation Norwegens ist jung, denn erst vor ca. 10.000 Jahren begann das Eis abzuschmelzen, und die Pflanzen fingen an, sich ihren Lebensraum zurückzuerobern.

5 verschiedene Vegetationszonen gibt es in Norwegen:

Der **nordeuropäische Laubwald** ist nur in einem schmalen Streifen im äußersten Süden

Eine Elchkuh mit ihrem Kalb.

und Südosten vorhanden. Er ist sehr artenarm, am häufigsten kommt die Rotbuche vor. Dieser Waldtyp hat unter den hemmungslosen Rodungen des Menschen besonders stark gelitten.

Nach Norden hin geht der Laubwald in die Zone des **nordeuropäischen Mischwaldes** über, wobei der Anteil der Nadelbäume deutlich überwiegt. An Laubbäumen sind Birken, Eschen, Spitzahorn, Erlen, Pappeln und Weiden in dieser Vegetationszone vorherrschend.

Der **boreale Nadelwald**, auch **Taiga** genannt, besteht nur aus Fichten und Kiefern, am Boden gibt es einige Kräuter und Sträucher. In Norwegen ist er weniger dominierend als in Finnland.

An den borealen Nadelwald schließt sich im Norden die **subarktische Region** oder **Waldtundra** an; beherrschend ist hier die Zwergbirke.

In der **Tundra** im äußersten Norden Norwegens wachsen nur Moose, Flechten, Heidekraut, und nur wenige Zwergsträucher können sich halten. Die extrem kurze Vegetationsperiode läßt kein üppiges Pflanzenwachstum mehr zu.

Als **alpine Tundra** wird die baumlose Vegetationsform im Gebirge bezeichnet. Sie ist in ganz Norwegen zu finden, im Süden über 1000 m, im Norden schon über 500 m. Klassisches Beispiel für die alpine Tundra ist die Hardangervidda.

Das Wappentier Skandinaviens ist der **Elch**. Der „König der Wälder" bringt bis zu einer halben Tonne auf die Waage. Wer sich nicht die Mühe einer Elchsafari machen will, hat gute Chancen, auch vom Auto aus eines dieser imposanten Tiere zu sehen. Elche sind zwar recht scheu, halten sich aber immer mal am Straßenrand auf. Waren sie im letzten Jahrhundert schon fast ausgerottet, bevölkern heute rund eine halbe Million Elche wieder die Wälder Skandinaviens. Trotz der Elchjagd vermehren sich die Tiere weiter und verursachen mittlerweile erhebliche Waldschäden.

Wilde **Rentierherden** leben auf der Hardangervidda. In Nordnorwegen werden die Rentiere von den Samen gezüchtet und sind fast schon zahme Haustiere.

Neben Hasen, Rehen, Füchsen und Lemmingen gibt es in Norwegen auch noch einige Braunbären, Wölfe, Vielfraße, Polarfüchse und Luchse. Sie alle meiden die Menschen, und „Normalurlauber" werden sie wohl kaum jemals zu Gesicht bekommen.

Ganz anders ist es mit den Seevögeln, die zu Zigtausenden die Vogelfelsen vor der Küste bevölkern. Papageientaucher, Alken, Lummen, Austernfischer, Krähenscharben und viele Möwenarten veranstalten auf ihren Brutplätzen ein Riesenspektakel und lassen sich auch durch Besucher nicht stören.

Bevölkerung

Mehr als 20% der Norweger leben im Ballungsraum Oslo. In den drei großen Provinzen im Norden dagegen, die ein Drittel der Landesfläche ausmachen, sind es nur 10%. Dieses Verteilungsmuster ist seit Jahrhunderten erstaunlich konstant. Auch wenn viele Menschen aus dem Nordland abwandern, wird dieser Verlust durch eine höhere Geburtenrate im Norden weitgehend ausgeglichen. Das Bevölkerungswachstum liegt bei 0,3%, ist aber rückläufig.

Der Ausländeranteil ist mit 0,8% extrem niedrig. Ausländische Mitbürger werden eher zähneknirschend geduldet, und politisches Asyl ist fast ein Fremdwort in Norwegen.

Die bekannteste Minderheit im Lande sind die Samen, die grenzüberschreitend den äußersten Norden Skandinaviens bewohnen. Die Schätzungen über ihre Zahl gehen auseinander, auf norwegischem Gebiet leben wahrscheinlich 25.000, von denen aber mittlerweile viele assimiliert sind.

Sprache

Warum leistet sich ein kleines Land wie Norwegen den Luxus von zwei verschiedenen Sprachen? Eigentlich ist die Auseinandersetzung um die beiden Sprachen gar nicht so wichtig, denn Norwegisch sprechen sie alle. Obendrein hat das Norwegische große Ähnlichkeit vor allem mit dem Dänischen, aber auch mit dem Schwedischen. Norweger, Dänen und Schweden können sich also mehr oder weniger problemlos verständigen. Nur in der Schriftsprache

Zeit für einen Plausch beim Einkaufen bleibt immer

sind sich die Norweger nicht einig, ob nun **bokmål** oder **nynorsk** besser ist.
Der Streit um die beiden Schriftsprachen hat seinen Ursprung in der langen Union mit Dänemark. In dieser Zeit war das Dänische Schriftsprache, aber mit dem wiedererwachenden Nationalbewußtsein nach der Auflösung der Union gehörte zur Identitätsfindung der Norweger auch eine eigene Schriftsprache.
Aber schnell kristallisierten sich zwei Strömungen heraus: Einige wollten das Dänische norwegisieren, daraus entwickelte sich das „riksmål“, die Reichssprache. Andere wollten eine neue Sprache schaffen, die auf alten norwegischen Dialekten beruhte – heraus kam das „landsmål“.
Um die Verwirrung komplett zu machen, wurden beide Sprachen 1929 umbenannt. Aus dem „riksmål“ wurde „bokmål“, und aus dem „landsmål“ wurde „nynorsk“. Seit 1985 sind beide Schriftsprachen offiziell anerkannt, mit festgelegten Quoten in Rundfunk und Fernsehen, zweisprachigen Formularen bei Behörden und Geldscheinen, auf denen „Norge“ und „Noreg“ steht. Heute ist „nynorsk“ eindeutig in der Minderheit und wird in Zukunft wahrscheinlich noch weiter zurückgedrängt. In Westnorwegen hat es, speziell bei der Landbevölkerung, noch viele Anhänger, aber das Wirtschafts- und Kulturleben und der Ballungsraum Oslo bevorzugen „bokmål“.

Wirtschaft
Die riesigen Öl- und Gasvorkommen vor der Küste haben Norwegens Wirtschaft in den 80er Jahren einen gewaltigen Schub gegeben. Gegenwärtig ist der Ölboom etwas abgeebbt, die Wirtschaft kämpft – im Gleichschritt mit dem restlichen Europa – mit erheblichen Schwierigkeiten, was sich unter anderem auch in einer steigenden Arbeitslosenquote niederschlägt.
Heute sind zwei Drittel der erwerbstätigen Bevölkerung im Bereich der Dienstleistungen tätig, ein Viertel arbeitet in der Industrie. In den Traditionsberufen Fischerei, Landwirtschaft, Holzwirtschaft und Rentierzucht arbeiten nur noch gut 5% der Erwerbstätigen.
Durch den Niedergang des kommerziellen Walfanges und die kontinuierliche Reduzierung der Fangquoten hat der Fischfang an wirtschaftlicher Bedeutung verloren. Als Ersatz für den Rückgang der Seefische begann man mit der Aquakultur, der Zucht von Lachsen in großen Käfigen in Fjorden und Buchten vor der Küste.
Norwegen ist nach Großbritannien der zweitgrößte Erdöl- und Erdgasproduzent in Europa. Obendrein befindet sich Norwegen in der glücklichen Lage, fast die gesamte Produktion exportieren zu können. Die Erdölvorkommen der Felder Statfjord, Ekofisk und Frigg reichen noch 50 Jahre, die Erdgasvorkommen wahrscheinlich sogar noch 100 Jahre. Das dürfte die finanzielle Zukunft des Landes für geraume Zeit sichern, insbesondere, da die Erdölgesellschaften Norsk Hydro und Statoil fest in norwegischer Hand sind. Die wichtigsten Felder sind durch eine Pipeline mit Mitteleuropa verbunden.
Die traditionell starken Wirtschaftszweige Bergbau, Eisen- und Stahlindustrie haben in letzter Zeit an Bedeutung verloren. Die Gruben in Kongsberg und Røros sind stillgelegt, die Steinkohleförderung auf Spitzbergen ist rückläufig, und die Eisen-, Stahl- und Aluminiumindustrie kämpft mit ihrem Umweltsünderimage.
Eng verwoben mit der Industrie und Wirtschaft des Landes ist die Gewinnung von Energie durch Wasserkraftwerke. Norwegen ist einen konsequenten Weg gegangen und hat auf Atomstrom vollständig verzichtet. Auch Kohlekraftwerke spielen keine Rolle. Die fast unbegrenzt zur Verfügung stehende, saubere Energie hat die Norweger jedoch zu regelrechten Energieverschwendern gemacht. Doch mittlerweile regt sich auch Protest gegen den Bau neuer Wasserkraftwerke, zu groß sind die Eingriffe in das Ökosystem.

Tourismus und Umwelt

Der Tourismus spielt in Norwegen eine zentrale Rolle, besonders in den traditionellen Bauerntälern Setesdal, Hallingdal und Gudbrandsdal. Aber auch in den Fjellgebieten und auf einigen Inseln vor der Küste bringen die Touristen viel Geld in die Kassen und verhindern damit eine weitere Abwanderung der Bevölkerung in den Ballungsraum Oslo. Bisher halten sich die Bausünden in Grenzen, trotzdem sind die Norweger vorsichtig geworden und haben den Neubau von Ferienhäusern reglementiert.

Steigende Touristenzahlen bedeuten mehr Geld, gleichzeitig sind die Norweger selbst viel reisefreudiger geworden und geben mehr Geld aus, als der heimische Tourismus einnimmt. Speziell die Ferienziele in der Sonne sind bei den Norwegern heiß begehrt.

Während in einigen Gemeinden Südnorwegens der Tourismus mittlerweile die Haupteinnahmequelle bildet, kann Nordnorwegen kaum von den Feriengästen leben, auch wenn sich im Sommer ganze Wohnmobilkolonnen gen Nordkap bewegen. Schließlich dauert die Saison nur 2 oder 3 Monate, den Rest des Jahres versinkt der Norden im Dornröschenschlaf.

Wer einmal in Norwegen war, kommt immer wieder. Hotelurlauber und Pauschalreisende sind in der Minderheit, Camping und Hütten sind viel beliebter. Auch der Urlaub im Wohnmobil hat in den letzten Jahren einen regelrechten Boom erlebt, was von den Norwegern allerdings mit gemischten Gefühlen gesehen wird. Die großen Wohnmobile sorgen auf den engen und kurvigen Straßen für erhebliche Verkehrsprobleme, und das wilde Campen entlang der Straßen schadet der Natur. Außerdem bringen Wohnmobilisten alle Lebensmittel und Gebrauchsartikel von zu Hause mit, somit lassen sie wenig Geld im Land und richten relativ viel Schaden an.

Früher als andere Staaten haben sich die Skandinavier mit dem Umweltschutz befaßt und mußten feststellen, daß der saure Regen eine ernsthafte Bedrohung für ihre Gewässer ist. Besonders in Südnorwegen litten die Seen und Flüsse, und die Fische starben. Tragisch ist dabei, daß 90% des Schwefels, der Hauptursache des sauren Regens, über die Luft aus Großbritannien und Mitteleuropa importiert wird. Als schnell wirkende Maßnahme, die aber nichts an den Ursachen ändert, sind die Norweger dazu übergegangen, Seen und Flüsse zu kalken. 25.000 Tonnen Kalk werden jährlich über den Gewässern ausgebracht.

Die Norweger geben mittlerweile viel Geld für den Umweltschutz aus, besonders ihre Aluminium- und Zellulosefabriken sollen sauberer werden. Aber die größten Probleme liegen nach wie vor jenseits der Grenzen. Das Atomkraftwerk bei Murmansk gilt als unsicher, die importierte Schwefeldioxid- und Schwermetallbelastung durch die grenznahe russische Stadt Nikel ist gewaltig.

Die staatliche Umweltpolitik liegt in den Händen des 1972 eingerichteten Umweltministeriums, das mit dem Landwirtschafts-, Fischerei-, Öl- und Energieministerium in Umweltfragen zusammenarbeitet. In den einzelnen Provinzen des Landes übernehmen die Umweltschutzabteilungen „miljøvernavde-linger“ seit 1982 den Umweltschutz vor Ort.

ABENTEUERPARKS

Freizeitparks mit den verschiedensten Attraktionen wie Karussell, Wasserrutsche, Trampolin, Minizoo, Minigolf, Vogelpark etc. befinden sich an folgenden Orten:

Hardanger Feriepark,
in der Nähe von Kinsarvik am Hardangerfjord.

Havanna Badeland,
10 km südlich von Stavanger.

Gesucht und gefunden haben sich Hummel und Anemonenblüten.

Mit der Fähre unterwegs zu den Lofoten-Inseln.

Hunderfossen Familiepark,
15 km nördlich von Lillehammer.
Kongeparken,
27 km südlich von Stavanger.
Kristiansand Tierpark,
11 km östlich von Kristiansand, direkt an der E 18.
Lilleputthammer,
20 km nördlich von Lillehammer.
Panorama Spielpark,
in Bodø.
Røyksundkanalen,
in Bømlo, auf einer Insel vor der Westküste, 26 km nördlich von Haugesund.
Skarnes Lekeland,
an der Straße 2 zwischen Skarnes und Kongsvinger.
Telemark Sommerland,
in Bø.
TusenFryd,
an der E 6 und E 18, auf dem Weg von Oslo nach Moss.

ALKOHOL

Außer Bier gibt es in Supermärkten keinen Alkohol. Der Verkauf von Wein und Spirituosen ist den staatlichen **Vinmonopolet**-Läden vorbehalten, die es aber nur in größeren Städten gibt.
Viele Hotels und Restaurants haben eine Schankgenehmigung, angekündigt mit **alle rettigheter.** An Sonn- und Feiertagen dürfen allerdings keine hochprozentigen Spirituosen ausgeschenkt werden. Die Alkoholpreise sind in Norwegen um ein Vielfaches höher als in Deutschland.

ANREISE

Mit dem eigenen Fahrzeug
Es gibt ungefähr 20 verschiedene Fährverbindungen nach Norwegen. Welche die beste ist, läßt sich eigentlich nicht beantworten, selbst die billigste Variante ist schwer zu ermitteln. Zu unterschiedlich sind die einzelnen Tarife und Ermäßigungen: Es gibt Nachtfahrten, Wochendpreise, Kabinenzuschläge, Kurzurlaubspreise, Pkw-Preise mit 5 Personen, Wohnmobilpreise bis zu einer bestimmten Größe oder Höhe, Hauptsaison- und Nebensaisonpreise. Dann spielt natürlich noch eine Rolle, ob man aus Berlin, Hamburg oder Flensburg kommt. Man wird also nicht umhin kommen, sich die aktuellen Angebote zu besorgen und auf die eigenen Wünsche abzustimmen.
Deshalb sind die folgenden Angaben nur eine Orientierungshilfe. In der Hauptsaison sollte man alle Fähren rechtzeitig buchen, da sonst längere Wartezeiten einkalkuliert werden müssen. Bei den stündlichen Abfahrten der Vogelfluglinie mag das ja noch angehen, aber bei Fähren, die nur 1 – 2 mal täglich verkehren, sind zwei ausgebuchte Schiffe schon ärgerlich.

Mit der Fähre
• Deutschland nach Norwegen:
Kiel – Oslo, täglich, 20 Std., Color-Line. Komfortable und stressfreie Anreise, für Reisende ohne Auto recht preisgünstig, mit Auto dagegen teuer.

• Deutschland nach Dänemark:
Puttgarden – Rødby, stündlich, 1 Std., DB u. DSB.

• Dänemark nach Norwegen:
Hirtshals – Kristiansand, 4x täglich, 4 Std., Color-Line.
Hirtshals – Oslo, täglich, 8 Std., Color-Line.
Fredrikshavn – Larvik, 1 – 2x täglich, 6 Std., Larvik Line.
Fredrikshavn – Oslo, täglich, 9 Std., Stena Line.
Fredrikshavn – Moss, täglich, 7 Std., Stena Line.
Hangstholm – Egersund, täglich, 9 ½ Std., Fjord Line.
Hangstholm – Stavanger – Bergen, täglich, 15 ½ Std., Fjord Line.
Kopenhagen – Oslo, täglich, 15 Std., Scandinavian Seaways.

Adressen der Fährlinien:
• Color Line,
Oslokai,
D-24103 Kiel,
Tel. 0431/97 40 90.
• DB u. DSB (Vogelfluglinie),
Museumstr. 39,
D-22765 Hamburg.

- Deutsche Fährgesellschaft Ostsee (DFO), Industriestr. 8, D-18069 Rostock.
- Fjord Line, Karl Geuther GmbH, Martinistr. 58, D-28195 Bremen, Tel. 0421/17 60 362.
- Larvik Line, Reisebüro Norden, Ost-West-Str. 70, D-20457 Hamburg, Tel. 040/36 00 15 78.
- Lion Ferry, Martinistr. 58, D-28195 Bremen, Tel. 0421/1 49 70.
- Scandinavian Seaways, Jessenstr. 4, 22767 Hamburg, Tel. 040/3 89 03 71.
- Stena Line, Schwedenkai 1, D-24103 Kiel, Tel. 0431/90 99.
- TT-Line, Mattenwiete 8, D-20457 Hamburg, Tel. 040/3 60 11.

Mit der Eisenbahn
Internationale Züge verbinden Oslo täglich mit Mitteleuropa. Hierbei gibt es drei Hauptrouten:
1. Von Berlin nach Sassnitz, dann mit dem Zug auf die Fähre nach Trelleborg und weiter über Malmö und Göteborg nach Oslo.
2. Von Hamburg nach Puttgarden, dann mit dem Zug auf die Fähre nach Rødby (Vogelfluglinie), weiter über Kopenhagen zur Fähre von Helsingør nach Helsingborg und wieder über Göteborg nach Oslo.
3. Von Hamburg nach Hirtshals oder Fredrikshavn im Norden Dänemarks, mit der Fähre nach Kristiansand und weiter mit dem Zug nach Oslo.

Mit dem Bus
Die meisten Busse befahren ebenfalls die Strecke Hamburg, Göteborg, Oslo.
Wer nach Südnorwegen will, für den kommt die Expressbusverbindung von Hamburg über Flensburg nach Kristiansand und Stavanger in Frage.
Informationen und Reservierungen bei:
NOR-WAY Bussekspress
Bussterminalen
Galleri Oslo,
Schweigaardsgt. 8 – 10,
Tel. 22 17 52 90.

Mit dem Flugzeug
Fast alle internationalen Flüge kommen in Oslo-Fornebu an. SAS bedient die norwegische Hauptstadt täglich von acht deutschen Flughäfen sowie von Zürich und Wien aus. Flugzeiten und Preise erfahren Sie bei:
SAS, Am Flughafen,
Terminal Mitte,
60549 Frankfurt,
Tel. 069/69 45 31.
Daneben bestehen auch internationale Flugverbindungen nach Bergen, Stavanger, Kristiansand und Trondheim.

ÄRZTLICHE VERSORGUNG

Norwegen hat mit Deutschland immer noch kein Sozialabkommen geschlossen, d.h. Krankenscheine werden nicht anerkannt, entstehende Kosten von den Krankenkassen nicht erstattet. Ärzte müssen vor Ort bar bezahlt werden, die Kosten eines normalen Arztbesuches sind aber erfreulich niedrig. Das Risiko einer ernsthaften Erkrankung sollte aber trotzdem mit einer Reisekrankenversicherung abgedeckt werden. Die Nummern der „Ärztestationen“ befinden sich auf der zweiten Seite des Telefonbuches unter der Rubrik **legevakt.**

B

BADEN

Für Badeurlaube in Norwegen kommen in der Regel nur die Monate Juli und August in Frage, und der Sommer muß zudem einiges an Sonnenschein zu bieten haben, was nicht jedes Jahr der Fall ist. Außerdem muß man sich das richtige Gewässer aussuchen. Dies gilt

Jogging an einem der einsamen Sandstrände Norwegens.

natürlich nur für all jene, die Mindestansprüche an die Wassertemperatur stellen. Die kleinen Seen in Südnorwegen erwärmen sich schnell und eignen sich hervorragend zum Baden. Auch die Südküste mit ihren Sandstränden und Schären bietet unzählige Badestellen. Fjorde sind wegen ihrer großen Wassertiefe immer kalt und daher zum Baden eher ungeeignet. Sämtliche Seen und Flüsse im Gebirge kommen nicht in Frage, ihr Wasser ist auch im Sommer eiskalt.
Die Lofoten und Vesterålen haben zwar wunderschöne Sandstrände, aber selbst der Golfstrom vermag das Wasser nicht auf angenehme Temperaturen aufzuheizen.

BEHINDERTE

Im ganzen Land gibt es viele Einrichtungen, die vorbildlich auf die Belange von Behinderten eingestellt sind. Viele Hotels und Campingplätze sind behindertenfreundlich. Gehsteige, Fahrstühle und Eingänge eignen sich für Rollstuhlfahrer, und die Eisenbahn ist ebenfalls behindertengerecht umgebaut worden.
Detailinformationen bei:
Norges Handikapforbund
Postboks 9217 N-0134 Oslo
Tel. 22 17 02 55
Fax 22 17 61 77

C

CAMPINGPLÄTZE

Wildes Zelten ist prinzipiell überall erlaubt, aber das uneinsichtige Verhalten vieler Touristen verursacht zunehmend Umweltprobleme. In stark besuchten Gebieten, so entlang der Hauptrouten durchs Jotunheimen, sind mittlerweile alle Parkplätze für Camper tabu.
Bei 1400 Campingplätzen, die es landesweit gibt, fällt es aber nicht schwer, einen geeigneten Platz zu finden. Entlang der Touristenrouten liegen sie im Abstand von wenigen Kilometern. Der Norwegische Automobilverband (NAF) vergibt für den Komfort 1 – 5 Sterne, die aber nicht das Maß aller Dinge sind. Ein wunderschön gelegener Platz ist manchmal vielleicht wichtiger als der 3-Sterne-Komfort. Viele Plätze werden nur im Nebenerwerb betrieben: Wer ein einigermaßen ebenes Stück Wiese hat, versucht es halt. Auch hier hilft nur Anschauen. Die meisten Campingplätze vermieten auch einfache Hütten für 2 – 6 Personen. Viele bestehen nur aus einem Raum mit Etagenbetten, Kocher, Geschirr und Kühlschrank. Bettzeug muß man selber mitbringen. Informationen und eine Karte mit Campingplätzen gibt es bei:
Norges Automobil Forbund (NAF)
Storgate 2
N-0155 Oslo
Tel. 22 34 16 00

Kann man sich Campen noch romantischer vorstellen?

D

DIPL. VERTRETUNG

In Deutschland:
Königlich-Norwegische Botschaft
Mittelstr. 43
D-53175 Bonn
Tel. 0228/81 99 70
Fax 0228/37 34 98
In Norwegen:
Botschaft der Bundesrepublik Deutschland
Oscarsgate 45
N-0258 Oslo
Tel. 22 55 20 10
Fax 22 44 76 72

E

EINREISE

Für die Einreise nach Norwegen benötigen Deutsche, Österreicher und Schweizer einen gültigen Personalausweis oder Reisepaß, für Kinder bis zu 16

Frisch gefangene Meeresfrüchte gibt es hier in Hülle und Fülle.

Jahren genügt ein Kinderausweis, ab 10 Jahren mit Bild. Autofahrer benötigen nur den nationalen Führerschein. Die grüne Versicherungskarte wird empfohlen, das Nationalitätenkennzeichen ist Pflicht.

ESSEN UND TRINKEN

Kaum ein Norwegenreisender lobt die norwegische Küche. Sie gilt als recht eigenwillig, die Rede ist von absonderlichen, für mitteleuropäische Gaumen ziemlich ungewohnten Gerichten. Deshalb machen leider zu viele Touristen einen großen Bogen um die landestypische Kost.

Die **gatekjökken** beherrschen das Straßenbild mit solch intenationalen Spezialitäten wie Hamburgern, Pommes frites und Hot dogs. Wer den Mut hat, etwas tiefer in die nationale Küche einzusteigen, geht in eine der zahlreichen **kafeterien**, die das Rückgrat der Gastronomie bilden. Hier gibt es häufig ein **dagens rett**, auch **dagens lunch** genannt, einen Überraschungsteller mit einem Stück Fleisch, Kartoffeln und einer Gemüsebeilage. Manchmal sind es auch Spaghetti bolognese, hier kann man also risikolos und preisgünstig satt werden.

Interessant wird die norwegische Küche, wenn ein **koldtbord**, ein kaltes Büffet, auf den Tisch kommt. Auf den Fähren in Richtung Norwegen und in vielen Hotels gehören sie zum Standard. Dabei kann das koldtbord am Morgen, mittags oder abends serviert werden. Jedesmal sind sie ein Erlebnis und bieten einen reichhaltigen Querschnitt durch die norwegische Speisekammer, mit den allseits gelobten Fischspezialitäten, Salaten, kalten Fleischgerichten, Brot, Aufschnitt und verschiedenen Desserts. Jeder kann essen, soviel er mag, und es wird reichlich nachgelegt. Wer in Norwegen war und nicht wenigstens einmal ein „koldtbord“ probiert hat, ist quasi am Geirangerfjord, Beseggen und Nordkap vorbeigefahren.

Zu den typisch norwegischen Spezialitäten gehört die etwas gewöhnungsbedürftige Blutwurst, die mit Zucker und Butter serviert wird. Gleiches gilt für den **blodpudding**. Auch das **lungemos**, ein Lungenhaschee, ist nicht unbedingt jedermanns Geschmack.

Kjøttpudding und **kjøttkaker,** zwei Variationen aus Hackfleisch, ähneln Frikadellen oder Bouletten. Neben Schweine- und Rindfleisch kommt in Norwegen auch **elg** oder **reinsdyr** auf den Tisch. Elch- und Rentierfleisch sind fettarm und zeichnen sich durch einen angenehmen Wildgeschmack aus. Fisch steht, wie nicht anders zu erwarten, in jeglicher Form auf den Speisekarten. Lachs, gebraten, gedünstet, gegrillt oder geräuchert ist über alle Zweifel erhaben, aber auch der **gravet laks**, roh mit Pfeffer, Salz und Dill für 24 Stunden eingelegt, ist ein Leckerbissen.

Für den Alltagshunger sind **fiskeboller, fiskepudding** und **fiskekaker** gedacht. In jedem Supermarkt gibt es eine ganze Palette dieser Fischgerichte. Alle bestehen aus fein zermahlenen, mit Kartoffeln gebundenen Fischresten. Nur Norwegenenthusiasten oder wirkliche Feinschmecker finden dagegen Gefallen an **lutefisk** und **rakørret**. Lutefisk ist Stockfisch, der einige Tage in einer Lauge und anschließend in Wasser eingelegt wurde. Für viele Norweger ist dies ein traditionelles Weihnachtsessen, aber selbst bei den Einheimischen ist das Urteil über lutefisk gespalten. Rakørret ist vergorene, gesalzene Forelle, die vor dem Verzehr einige Monate reifen muß. **Torsketunger** sind die Zungen der vor den Lofoten gefangenen Dorsche, eine Delikatesse im Hohen Norden und gebraten auch ausländischen Gaumen durchaus zuzumuten.

Rømmegrøt stellt die urnorwegische Mahlzeit schlechthin dar, die heute oft in den Berghütten angeboten wird. Rømmegrøt ist eine fette Grütze aus saurer Sahne. Mit Grieß oder Mehl gebunden, wird sie mit

Zucker, Zimt und einer Butterkugel gegessen. Jede Region hat ihr eigenes Rezept für diese Kalorienbombe, die als vollständige Mahlzeit serviert wird.

Neben der Rømmegrøt ist **geitost** ein unbedingtes Muß. Geitost gilt nicht als Käse im herkömmlichen Sinn. Er wird zwar aus Ziegen- und Kuhmilch hergestellt, schmeckt aber wie Karamel und klebt am Gaumen. Mit dem Käsehobel vom Ein-Kilo-Block in feine Scheiben geschnitten, wird er aufs Brot gelegt und mit einem Teelöffel selbstgemachter Marmelade gegessen. Wer sich vor der Heimfahrt solch einen Block Geitost mit nach Hause nimmt, ist fast schon ein halber Norweger. Eine andere Käsevariante ist der **gammelost**. Übersetzt heißt das „alter Käse". So sieht er auch aus. Außerdem riecht er, als würde er schon längst nicht mehr auf den Eßtisch gehören.

Moltebeeren wachsen nur in Nordnorwegen, und weil die Norweger sich keine einzige dieser gelben, brombeerartigen Früchte entgehen lassen wollen, dürfen Ausländer sie schlichtweg nirgendwo pflücken. Mit Zucker und Schlagsahne serviert, ergeben sie einen vorzüglichen Nachtisch.

Schließlich noch etwas zur Brotmisere im Norden. Schwarzbrot oder Vollkornbrot wird man im Supermarkt vergeblich suchen, vielleicht fristet ein Päckchen importiertes Scheibenbrot in der hintersten Regalecke ein einsames Dasein. Sonst gibt es **loff**, ein Weißbrot, oder **kneippbrød**, das typische helle Mischbrot, das schon beim Anschauen in Krümel zerfällt. **Flatbrød** ist die hauchdünne Variante des Knäckebrots. Früher aus der Not heraus nur einmal jährlich gebacken und dann im Vorratsspeicher gelagert, hat es nichts von seiner Beliebtheit eingebüßt. Als Brotersatz oder zur Abwechslung bleiben dann noch **lefser** und **lumper**, weiche Fladen aus Kartoffelmehl, die in Aussehen und Geschmack ganz eindeutig an Pappe erinnern.

Als Nationalgetränk kommt für die Norweger nur **kafte** in Frage. Morgens, mittags, abends und um Mitternacht, immer steht die Kaffeekanne auf dem Tisch. Im Restaurant wird die erste Tasse bezahlt, die zweite ist frei oder zumindest billiger. Wo dies nicht mehr gilt, haben die Touristen eine alte Tradition verdorben.

Mineralwasser ist eine Rarität in Norwegen, die einzige heimische Quelle „Farris" kann sich wegen der fehlenden Konkurrenz „The King of Table Waters" nennen. Importware ist selten und teuer.

F FEIERTAGE & FESTE

Feiertage sind der 1. Januar, Gründonnerstag, Karfreitag, Ostermontag, 1. Mai (Tag der Arbeit), 17. Mai (Nationalfeiertag), Christi Himmelfahrt, Pfingstmontag, 23. Juni (Mittsommertag), erster und zweiter Weihnachtsfeiertag.

Wer über Weihnachten in Norwegen unterwegs ist, sollte sich rechtzeitig mit allem Notwendigen eindecken, denn viele Geschäfte und Hotels schließen vom 23. Dezember bis nach Neujahr.

Der Nationalfeiertag wird besonders in Oslo mit farbenfrohen und fröhlichen Umzügen begangen. Die Sommersonnenwende, die Nacht vom 23. zum 24. Juni, wird mit großen Lagerfeuern und viel Alkohol gefeiert, ähnlich wie der 29. Juli, der St. Olavs Tag, der Todestag Olavs des Heiligen im Jahre 1030.

Bei einem historischen Umzug in Lillehammer.

Die Norweger lieben es ausgesprochen, während der Sommermonate Festivals zu veranstalten. Holmenkollen Summer Festival, Gleng-Musikfestival, Schalentierfestival, Internationales Jazzfestival – die Liste ließe sich beliebig fortsetzen. Eine Übersicht über den aktuellen Terminkalender enthält das Reisehandbuch des Norwegischen Fremdenverkehrsamtes.

FEUER IM FREIEN

Vom 15. April bis zum 15. September ist es in ganz Norwegen verboten, im Freien Feuer zu machen.

FKK

Die Norweger sind noch etwas prüder als ihre schwedischen Nachbarn. FKK ist nicht ausdrücklich verboten, aber außer an speziellen Stränden oder wirklich abgelegenen Stellen frönt niemand der völligen Nacktheit, oben ohne dagegen ist üblich. Informationen über FKK-Strände gibt es beim:

Norsk Naturistforbund
Postboks 189
N-01102 Oslo 1

G

GELD

Die Währungseinheit ist die Krone, abgekürzt NOK, unterteilt in 100 Øre. Die Einfuhr von mehr als 25.000 Kronen muß beim Zoll angemeldet werden, ansonsten ist die Mitnahme von Fremdwährung in beliebiger Höhe erlaubt. 100 NOK entsprechen 24,– DM (Stand Nov. 94) Die Banken haben Mo – Fr von 8.15 – 15.30 Uhr geöffnet. Reiseschecks und Kreditkarten werden von den meisten Geschäften akzeptiert. Geldautomaten nehmen oft Visa, seltener die EC-Karte.

H

HAUSTIERE

Seit dem 1. Mai 1994 gelten neue Einfuhrbestimmungen für Haustiere. Danach ist die Mitnahme von Hunden und Katzen unter bestimmten Bedingungen erlaubt. Tierhalter können aber nur bedingt aufatmen, denn die Prozedur ist immer noch sehr kompliziert.
5 Monate vor der Einreise muß ein Antrag gestellt werden bei:

Statens karantenestasjon for dyr
Verkseier Furulundsveien 44
N-0668 Oslo

Zu den erforderlichen Nachweisen zählen eine Identitätsmarkierung des Tieres, eine Tollwutimpfung innerhalb des letzten Jahres sowie bei Hunden eine Impfung gegen Leptospirose und Hundestaupe.
Bei der Einreise müssen die von einem Tierarzt auf den Formularen bescheinigten Impfungen am Zoll nachgewiesen werden. Die erforderlichen Formulare und weitere Informationen gibt es beim Norwegischen Fremdenverkehrsamt.

I

INFORMATION

In Deutschland ist das Norwegische Fremdenverkehrsamt in Hamburg die erste Anlaufstelle für Informationen. Über die Btx-Seite *23 999 # stehen 500 Seiten aktuelle Informationen zur Verfügung. Außerdem gibt das Fremdenverkehrsamt jedes Jahr das **Offizielle Reisehandbuch** mit einer Fülle von Adressen und Routenvorschlägen heraus.

Norwegisches Fremdenverkehrsamt
Mundsburger Damm 27
D- 22 058 Hamburg 76
Tel. 040/22 71 08 10
Fax 040/22 71 08 15
Telefonische Auskünfte
Mo – Fr von 9 – 16.30 Uhr.
Das Büro ist für Besucher
Mo – Fr von 10 – 16.30 Uhr
geöffnet.

In Oslo ist gegenüber dem Rathaus ein neues Informationszentrum entstanden, das nicht nur für Oslo, sondern für das ganze Land zuständig ist.

Norges Informasjonssenter
Vestbaneplassen 1
N-0151 Oslo
Tel. 22 83 00 50
Fax 22 83 81 50
Geöffnet täglich 9 – 20 Uhr.

Ein weiteres Infozentrum befindet sich im Hauptbahnhof.
Oslo Sentralstasjon
Jernbanetorget 2, N-0154 Oslo
Tel. 22 17 11 24
Fax 22 17 66 13
Geöffnet täglich 8 – 23 Uhr.

Außerdem verfügt fast jede Stadt über eine regionale Touristeninformation, in kleineren Orten sind diese aber nur während der Hauptsaison geöffnet.

J

JEDERMANNSRECHT

Das Jedermannsrecht stellt Regeln für den Aufenthalt und die Fortbewegung der Menschen in

der Natur auf. Es sind in Jahrhunderten entstandene, niemals schriftlich in Paragraphen gefaßte Verhaltensregeln, die in ganz Skandinavien Gültigkeit haben. Das sehr großzügige Jedermannsrecht ist einmalig in Europa, aber nur in äußerst dünn besiedelten Gebieten praktikabel. Es ist in einer Zeit entstanden, als an Massentourismus noch nicht zu denken war. Seitdem nun auch nach Norwegen sehr viele Touristen reisen, scheint das Jedermannsrecht in Gefahr.
Eine simple Leitlinie prägt das Jedermannsrecht: Keine Anwesenheitsspuren hinterlassen! Das gilt für die Wohnmobilisten, die auf dem Parkplatz im Dovrefjell übernachten, ebenso wie für die Wanderer auf dem Beseggen. Längst nicht alle nehmen sich leider diese Regel zu Herzen.
Gerade die motorisierten Touristen, für die das Jedermannsrecht eigentlich nie gedacht war, sorgen immer wieder für negative Schlagzeilen.
Der Verhaltenskodex des Jedermannsrechts umfaßt konkrete Regeln.

Erlaubt ist:
• Freies Gelände zu Fuß und auf Skiern zu durchqueren, auch wenn es Privatbesitz ist. Gatter sind zu schließen. Zäune von Privatgrundstücken dürfen nicht überstiegen werden.
• Das Zelten ist überall für eine Nacht erlaubt, wenn einige 100 Meter Abstand zu Häusern und Ansiedlungen gehalten wird. Vermeiden Sie, den Eigentümern unnötig auf die Pelle zu rücken. Auch Sie möchten kein fremdes Zelt im Vorgarten haben.
• In allen Gewässern zu baden oder auf ihnen mit dem Boot zu fahren.
• Wildwachsende Blumen, Beeren, Pilze und Kräuter dürfen gesammelt werden, wenn sie nicht unter Naturschutz stehen.
• Lagerfeuer mit herumliegenden Ästen und Reisig zu machen, aber nicht vom 15.4. bis 15.9.

Verboten ist:
• Eingezäunte Privatgrundstücke oder landwirtschaftlich genutzte Flächen ohne Erlaubnis zu betreten.
• Das Fällen von Bäumen, das Abbrechen von Ästen, Zweigen und Baumrinde.
• Die Beschädigung von Vogelnestern und die Mitnahme von Eiern.
• Lagerfeuer auf Steinen zu entzünden, die Hitze läßt den Felsen zerspringen.
• Abfall zu hinterlassen oder ihn zu vergraben.
• Das Fahren außerhalb der befestigten Wege.

JUGENDHERBERGEN

Sie heißen im Norwegischen **Vandrerhjem** und bieten Leuten jeden Alters eine relativ preisgünstige Übernachtungsmöglichkeit. Viele der knapp 100 Jugendherbergen haben Einzel-, Doppel- und Familienzimmer. Wird es eng, werden Wanderer und Radfahrer bevorzugt aufgenommen, Voranmeldung ist deshalb ratsam. Viele Herbergen sind nur einige Monate während der Sommer- und Wintersaison geöffnet. Weitere Informationen:
Norske Vandrerhjem
Dronningensgt. 26
N-0154 Oslo
Tel. 22 42 14 10
Fax 22 42 44 76

K

KARTEN

Für die erste Planung eignet sich die Norwegenkarte von Kümmerly u. Frey im Maßstab 1:1.000.000, auf der ganz Norwegen mit erstaunlich vielen Details auf einem Blatt abgebildet ist.
Die Cappelen-Karten in 5 Blättern (deutsche Ausgabe von Kümmerly u. Frey) im Maßstab 1:325.000 und 1:400.000 ist in seinem Detailreichtum unerreicht, selbst Unterkünfte, Sehenswürdigkeiten und Wanderwege sind in den Karten eingezeichnet. Damit findet man jeden Wasserfall schnell und zuverlässig.
Für Wanderungen sind Karten im Maßstab 1:100.000 oder 1:50.000 erforderlich. Von vielen bekannten Wandergebieten gibt es ausgezeichnete Karten im Maßstab 1:100.000, die durch ihre farbige Gestaltung übersichtlicher sind, als die Karten im Maßstab 1:50.000.

KINDER

Norwegen ist ein kinderfreundliches Land! Das zeigt sich im Abenteuerpark, auf dem Campingplatz oder dem Rastplatz mit Spielplatz. Auch das Museum, das sich bemüht, den Kleinen spannende Unterhaltung zu bieten, oder die Norwegische Eisenbahn, die Spielabteile anbietet, zeugen davon, daß Kinder gerngesehene Gäste sind. Exemplarisch für die Bemühungen, Kinder ernst zu nehmen, ist das Museum in Oslo, das ausschließlich die Werke kleiner Künstler ausstellt.
Außerdem gibt es häufig Ermäßigungen für Familien bei Eintrittspreisen und Hotelüber-

Er hat ein abgeworfenes Rentiergeweih gefunden.

nachtungen. Fast alle Restaurants servieren Kindermenüs, Kinderstühle und Wickelräume gehören fast zur Standardausstattung.

KLEIDUNG

So vielfältig wie Wetter und Landschaft sollte auch die Kleidung für die Norwegenreise sein. Wer im Gebirge wandern will, sollte auch im Hochsommer den dicken Pullover, Handschuhe und Mütze, aber auch die kurze Hose mitnehmen. Wind- und regendichte Kleidung sind ebenso wichtig wie feste Schuhe. Die Skandinavier schwören auf Gummistiefel, was auch zum Wandern manchmal keine schlechte Idee ist.

KRIMINALITÄT

Norwegen ist nicht Italien oder Südfrankreich. Autodiebstahl ist in Norwegen – noch – kein Thema, die Handtasche wird einem wohl auch kein Motorradfahrer aus der Hand reißen, und den vollgepackten Wagen kann man eine Woche lang irgendwo am Straßenrand stehen lassen und auf Wandertour gehen. In einem Land, in dem es üblich ist, sein Haus nicht abzuschließen, wird es mit ziemlicher Sicherheit keine unliebsamen Überraschungen geben. Trotzdem gilt auch in Norwegen: Gelegenheit macht Diebe, vielleicht auch unter den Touristenkollegen. Deshalb sollte man ein Mindestmaß an nötiger Vorsicht walten lassen.

M

MEDIEN

Zeitungen

Die Kioske führen während der Sommermonate eine Auswahl großer deutscher Zeitungen und Zeitschriften. Ein Blick auf die letzte Seite der norwegischen Tageszeitungen liefert, auch ohne Sprachkenntnisse, die nötigen Wetterinformationen.

Fernsehen

Im Fernsehen werden fast alle ausländichen Spielfilme und Fernsehserien im Orginal mit norwegischen Untertiteln gesendet.

Radio

Das norwegische Radioprogramm auf UKW ist häufig eine endlose Folge von Lokalthemen. Was bleibt, sind deutsche Sender auf Langwelle und Kurzwelle.

MIETWAGEN

Mietwagen gibt es in fast allen größeren Städten, der nationale Führerschein ist ausreichend. Häufig gilt aber ein Mindestalter. Über internationale Firmen können PKW auch schon von Deutschland aus gebucht werden. Auch Wohnmobile können in Norwegen gemietet werden, die Preise liegen aber höher als in Deutschland.

MÜCKEN

Was wurde über die Plagegeister nicht schon alles geschrieben. Sie verdunkelten die Sonne und machten jeden Aufenthalt im Freien unmöglich. Das mag für bestimmte Gebiete zutreffen, speziell in Lappland können sie lästig werden. Mückensaison ist nur wenige Monate im Jahr, sie fällt aber leider mit der Hauptreisezeit zusammen. Im Gebirge über der Baumgrenze und am Meer geht es häufig sogar ohne Mückenschutz. Sonst helfen nur zweckmäßige Kleidung, das legendäre schwedische Dschungelöl, „djungelolja“ und das Erdulden der juckenden Stiche. Neben den „normalen“ Mücken hält Norwegen noch die winzigkleine Kriebelmücke bereit, die für viele juckende rote Punkte auf dem Körper sorgt.

N

NACHTLEBEN

Wer in Norwegen das Nachtleben sucht, wird keines finden und frustriert wieder nach Hause fahren. Selbst in Oslo, Bergen und Trondheim sind die Möglichkeiten sehr begrenzt. Alkohol ist teuer, Kneipen sind rar und Norweger keine Südländer. Zur Zeit der Mitternachtssonne ein Picknick mit Lagerfeuer am Strand, das ist der Höhepunkt des Nachtlebens im hohen Norden.

NATIONALPARKS

Gegenwärtig gibt es, Spitzbergen eingeschlossen, 20 Nationalparks, die 7% der Gesamtfläche des Landes ausmachen. Ihre Anzahl soll sich in den nächsten 15 Jahren verdoppeln, und bereits existierende Parks sollen vergrößert werden.

Die Nationalparks von Süd nach Nord:

Hardangervidda
3430 km², Telemark, Hordaland, Buskerud.
Die Hardangervidda ist ein Gebirgsplateau, durchschnittlich 1100 m über dem Meer. Einige wenige Berge ragen bis knapp 1700 m auf. Die Hochebene hat ein rauhes Klima, deshalb konnte sich auch nur eine Heidelandschaft mit vereinzelten verkrüppelten Bäumen ansiedeln.
Auf der Hardangervidda lebt Norwegens größte wilde Rentierherde mit einem geschätzten Bestand von 40.000 Tieren.
Das ganze Gebiet ist mit unzähligen Seen gesprenkelt. (siehe Kapitel 7)

Ormtjernkampen
9 km², Oppland.
Die höchste Erhebung des kleinsten Nationalparks ist der 1128 m hohe Ormtjernkampen. Ansonsten ist das Gebiet eine noch nie von Menschen gerodete oder bearbeitete Waldlandschaft mit Kiefern, Fichten und Birken.
Der Urwald ist die Heimat für eine artenreiche Fauna.

Jotunheimen
1140 km², Sogn og Fjordane, Oppland.
Mit Glittertind und Galdhøppigen liegen im Jotunheimen die höchsten Berge Norwegens, außerdem gibt es viele weitere Gipfel über 2000 m. Überwiegend ist Jotunheimen hochalpines Gelände, das mit großen Seen und Gletschern durchsetzt ist. (siehe Kapitel 7)

Jostedalsbreen
1230 km², Sogn of Fjordane.
Der Jostedalsbreen ist der größte Gletscher auf dem europäischen Festland. (siehe Kapitel 10)

Rondane
572 km², Oppland, Hedmark.
Norwegens ältester Nationalpark, der 1962 eingerichtet wurde. Rondane ist ein hochalpines Gelände mit vielen Gipfeln über 2000 m und ein extrem trockenes Gebiet.
Deshalb konnte sich hier kaum eine geschlossene Vegetation entwickeln. Weite Teile machen mit ihren Geröllfeldern einen trostlosen Eindruck. (siehe Kapitel 7).

Gutulia
19 km², Hedmark.
Der Nationalpark zwischen dem Gutulisjøen und der schwedischen Grenze liegt zwischen 600 und knapp 1000 m hoch und hat teilweise schon Gebirgscharakter. Seit 1916 wurde der Waldbestand nicht mehr gerodet. Seitdem hat sich der Urwald erheblich verdichtet. Einige Fichten und Kiefern sollen 300 – 400 Jahre alt sein. Das Kontinentalklima bringt heiße Sommer, kalte Winter und relativ wenig Niederschläge.

Femundsmarka
385 km², Hedmark, Sør-Trøndelag.
Jenseits der schwedischen Grenze grenzt der Rogen-Nationalpark an die Femundsmarka, so daß ein großes, zusammenhängendes Areal vor Eingriffen geschützt ist. Die Femundsmarka ist eine abwechslungsreiche Landschaft mit Kiefernwäldern, kargen Bergen und zahlreichen Seen und Flüssen. Mehr als die Hälfte des Nationalparks sind Hochebenen und kahle, sanft gerundete Berge. Im 18. Jahrhundert wurden Teile des Waldes abgeholzt, denn zur Metallverarbeitung in Røros wurden große Mengen Holzkohle benötigt. Der Femundsmarka Nationalpark ist durch Wanderwege und Touristenhütten erschlossen.

Dovrefjell
265 km², Oppland, Sør-Trøndelag.
Das Nationalparkgebiet wird durch den Fluß Driva, die E 6 und die Dovrebahn in zwei Teile geteilt. Das Gebiet liegt großteils über der Baumgrenze, mit der über 2000 m hohen Pyramide der Snøhetta als krönendem Gipfel. Das Gebiet war nie von Menschen besiedelt, deshalb ist die Tier- und Pflanzenwelt noch urwüchsig. (siehe Kapitel 7)

Gressamoen
180 km², Nord-Trøndelag.
Der Nationalpark erhielt seinen Namen von dem Bergbauernhof Gressamoen. Zwischen 300 und 1000 m Höhe gibt es naturbelassene Fichtenwälder, Seen, Sümpfe und Moore. Der Park ist kaum erschlossen.

Børgefjell
1087 km², Nord-Trøndelag, Nordland.
Der Børgefjell-Nationalpark gehört zum wenig erschlossenen Norden. Hier ist das Gefühl einer endlosen, unberührten Landschaft gegenüberzustehen noch ausgeprägter als im Süden. Der größte Teil des Nationalparks ist Hochgebirge, besonders im Westteil sind die Berge steil und schroff. Der Kvigtind ist mit 1703 m der höchste Gipfel. Die Baumgrenze liegt bei 600 m. Da viele Gebiete noch vor relativ kurzer Zeit von Gletscherr bedeckt waren, ist das Gebiet fast völlig v getationslos. Neben dieser kahlen Hochge birgslandschaft prägen zahlreiche Seen, Flüsse, Birkenwälder und Heideflächen da Landschaftsbild.

Saltfjell
2100 km², Nordland.
Der Saltfjell Nationalpark, der auch den Sva sen-Gletscher einschließt, ist von der Fläch her eines der größten geschützten Gebiete. Neben dem Svartisen-Gletscher sind die za reichen Höhlen sehenswert. (siehe Kapitel

Rago
170 km², Nordland.
Der Nationalpark nördlich von Fauske ist re tiv klein, grenzt aber an die schwedischen tionalparks Padjelanta, Stora Sjöfallet und rek. Zusammen bilden sie mit mehr als 50 km² das größte zusammenhängende Natio parkgebiet Europas. Der Rago ist die typisc Wildmarklandschaft Nordnorwegens, mit Seen, Flüssen, Gletschern und Bergen bis 1300 m Höhe. Das Gebirge besteht überw gend aus Granit und bietet der Vegetation nig Möglichkeiten zur Entfaltung. Deshalb es nur an wenigen Stellen eine dichte Pfla zendecke. Auch hier sind die Spuren der E zeit noch deutlich auszumachen, so die tie Schluchten im Gebiet des Storskogvatnet, die Ablaufrinnen der zurückweichenden Gl scher sind.

Øvre Dividalen
741km², Troms.
Der Nationalpark ist nach dem Dividalen b nannt, dem Tal in dem der gleichnamige F fließt. Der Nationalpark liegt in etwa auf de gleichen Höhe wie der Anderdalen Park. D die östlichere Lage steht er aber unter der Einfluß des Kontinentalklimas und hat dar viel kältere Winter. Der Nationalpark beste 80% aus Gebirge, zählt aber wegen seine reichen Tier- und Pflanzenwelt zu den inte santesten Gebieten. Trotz der Abgeschiede heit und der nördlichen Lage haben hier schon vor mehreren tausend Jahren Menschen gelebt, was Siedlungsspuren aus d Steinzeit beweisen.

Øvre Anarjakka
1290 km², Finnmark.
Der Nationalpark grenzt direkt an Finnlanc sich der Lemmenjoki-Nationalpark anschli

ieographisch gehört der Anarjåkka zur südli-
:hen Finnmarksvidda, einer riesigen Hoch-
bene, die zwischen 400 und 500 m über dem
/leer liegt und von unzähligen Seen und Flüs-
en durchzogen wird.
)ie Vegetation der Hochebene bilden Flechten,
Aoose und Krüppelbirken. Das Gebiet ist
is heute eine völlig unerschlossene Wildnis,
n der noch Bären, Wölfe, Luchse und Vielfraße
əben sollen.

nderdalen
8 km², Troms.
)er Ånderdalen-Nationalpark liegt auf Norwe-
ens zweitgrößter Insel Senja, die Besucher
urch ihre wilden Berge und tiefeingeschnitte-
en Fjorde begeistert. Der Nationalpark wird
eprägt durch Birken- und Kiefernwälder in
en Tälern und ansonsten nahezu kahle Berg-
uppen.

eisadalen
03 km², Finnmark.
er Nationalpark besteht aus dem Reisatal
nd der angrenzenden Hochebene der Finn-
narksvidda. Der Fluß hat sich einen tiefen
anyon durch die steil auf beiden Seiten auf-
agenden Berghänge gegraben.
ine ganz besondere Attraktion ist der 269 m
ohe Mollisfoss, einer der spektakulärsten
/asserfälle des Landes.

vre Pasvik
3 km², Finnmark.
er kleine Nationalpark liegt im Dreiländereck
orwegen, Finnland und Rußland. Kiefernwäl-
er, Moore und Seen prägen das Landschafts-
ld dieses weitab jeder menschlichen Ansied-
ng gelegenen Schutzgebiets.

tabbursdalen,
6 km², Finnmark.
er kleine Nationalpark am inneren Porsanger-
ord beherbergt auf dem 70. Breitengrad den
ördlichsten Kiefernwald.
e dominierende Landschaftsform ist das
abbursdalen, das am Anfang noch breit ist,
ch dann aber immer mehr zu einer Schlucht
rengt. Zu beiden Seiten des Flusses stehen
ffallend viele große Bäume, deren Alter auf
s zu 500 Jahre geschätzt wird.

ordvest-Spitsbergen, 3560 km²
orlandet, 640 km²,
ər-Spitsbergen, 5300 km². Auf der Hauptin-
l, die die Norweger Svalbard nennen, liegen
e drei Nationalparks, deren Gebiet zum Groß-
l aus Gletschern besteht.

NOTRUF

Einheitliche landesweite Notrufnummern gibt es nicht. Auf der Innenseite des Telefonbuches sind die regional gültigen Nummern für Polizei, Feuer und Krankenwagen durch ein rotes SOS hervorgehoben. In vielen Telefonzellen sind sie auf den ersten Blick zu sehen.

O ÖFFNUNGSZEITEN

Alle in diesem Buch aufgeführten Öffnungszeiten beziehen sich auf die Hauptsaison, also Juli und August. In der Nebensaison, die regional unterschiedlich beginnt, können erheblich eingeschränkte Öffnungszeiten gelten.
Da es in Norwegen kein Ladenschlußgesetz gibt, existieren auch keine einheitlichen Öffnungszeiten. Läden haben in der Regel von 9 – 16 oder 17 Uhr geöffnet, Donnerstag und Freitag manchmal länger, sonntags ist alles geschlossen. Die großen Supermärkte haben bis 19 oder 20 Uhr geöffnet. Tankstellen sind auch in Norwegen mittlerweile kleine Supermärkte und haben teilweise auch am Wochenende geöffnet. Obendrein sind sie beliebte Treffpunkte der Jugend, wenn sonst alles geschlossen ist.

P PARKEN

Die Parkplatzsuche ist auch in den großen norwegischen Städten ein Problem. Es gibt zuwenig Parkplätze, und die vorhandenen sind teuer. Spitzenreiter ist zur Zeit Bergen, wo die Kronen fast im Minutentakt in den Parkuhren verschwinden. In der Regel sind Parkscheine aus Automaten für die zu erwartende Parkzeit zu ziehen, die dann hinter der Windschutzscheibe deponiert werden. Diese bezahlte Parkzeit zu überziehen, bringt mit hoher Wahrscheinlichkeit ein hohes Verwarnungsgeld, denn es wird häufig kontrolliert, und auch für Ausländer gibt es kein Pardon.

POST

Post und Telefon sind in Norwegen getrennte Unternehmen.

Entspannung beim Spiel in einem norwegischen „Pub“.

Die Postämter haben in der Regel Mo – Fr 8.30 – 16.30 und Sa 8 – 13 Uhr geöffnet. Nur bei einem Teil der Postämter ist es möglich, vom Postsparbuch Geld abzuheben. Eine Liste hält die Deutsche Bundespost bereit.

Bei Postsendungen von Norwegen ins Ausland wird zwischen der schnelleren und etwas teureren Luftpost (A-Post) und der billigeren Landpost (B-Post) unterschieden.

S SPITZBERGEN

Die Norweger nennen diesen Archipel **Svalbard**, aber im Deutschen ist Spitzbergen immer noch geläufiger. Die Inselgruppe besteht aus 5 größeren und vielen kleinen Nordmeerinseln zwischen dem 77. und 81. Breitengrad. Außerdem wird auch noch die **Bäreninsel** und **Jan Mayen** zu Spitzbergen gerechnet.

Auf den Inseln leben knapp 4000 Menschen, fast alle in der Nähe des Isfjord und der Kohlegruben. Die Westseite der Inseln wird vom Golfstrom erwärmt. Deshalb hält hier noch ein Mindestmaß an Vegetation und eine reiche Fauna, was Vögel betrifft.

Der Ostteil ist arktisch, die Inseln sind hier fast vollständig kahl, häufig mit ewigem Eis bedeckt, und im Meer schwimmt auch im Sommer Treibeis. Überall herrscht Permafrost, nur im Sommer taut der Boden an der Oberfläche ein wenig auf. Von Spitzbergen sind es 900 km zum Nordkap und 1300 km bis zum Nordpol. Die durchschnittlichen Temperaturen liegen im Winter bei -10° bis -15° C, im Sommer um 5° C.

Wirtschaftliche Bedeutung hat der arktische Vorposten durch seine reichen Kohlevorkommen, die auch in den Zeiten des Kalten Krieges von den Norwegern in **Longyearbyen** und den Russen in **Barentsburg** gemeinsam einträchtig ausgebeutet wurden.

Touristen haben es auf Spitzbergen schwer, das Straßennetz umfaßt nur knapp 40 km, öffentlicher Transport existiert nicht, und die Eisbären machen längere Ausflüge auf eigene Faust schwierig und gefährlich. Auch wenn gerade das erste Hotel in Spitzbergen eröffnet hat, sind Individualreisen nur etwas für Kenner Spitzbergens. Eine Reihe von Reiseveranstaltern bietet verschiedene Ausflüge durch die Inselwelt Svalbards an.

Einer der bekanntesten Veranstalter ist **Svalbard Polar Travel**, der im Juli und August 3x pro Woche dreitägige Küstenkreuzfahrten veranstaltet. Das Schiff fährt in den Isfjord, vorbei an der russischen Grubenstadt Barentsburg, durch den Forlandssund bis zum Kongsfjord mit seinem mächtigen Gletscher. Weiter geht es auf den Spuren vergangener Walfangtage mit verschiedenen Landgängen. Neben dieser 3-Tages-Kreuzfahrt gibt es noch 5-Tages-Exkursionen entlang der Nordwestküste, eine achttägige Exkursion zu abgelegenen nördlichen und östlichen Gebieten Svalbards mit der Chance, Walrosse und Eisbären zu beobachten. Eines der interessantesten Angebote ist eine mehrtägige Wanderung durch Spitzbergen.

Der Reiz eines Spitzbergenbesuches liegt in der kargen arktischen Landschaft und den Lichtstimmungen während des viermonatigen Polarsommers, wenn die Sonne nicht mehr untergeht.

Informationen bei:
Svalbard Polar Travel
N-9170 Langyearbyen
Tel. 79 02 19 71
Fax 79 02 17 91
Spitsbergen Tours
Andreas Umbreit
Dammstr. 36
D-24103 Kiel
Tel. 0431-91678
Fax 0431-93733

Von Spitzbergen aus ist die Arktis nicht mehr weit.

In der Einsamkeit der norwegischen Bergwelt macht Angeln Freude.

SPORT

Angeln

Norwegen ist ein Paradies für Angler. Meer, Flüsse und Binnenseen sind fischreich, wobei der Lachs bei vielen Anglern am beliebtesten ist. Lachssaison ist vom 1. Juni bis 15. September. Die zehn ergiebigsten Lachsflüsse sind: Tana, Namsen, Gaula, Alta, Numedalslagen, Orkla, Neiden, Drammenselven, Malselven und Stjørdalselven.

Für das Angeln im Süßwasser ist eine staatliche **Angellizenz** erforderlich, die es auf allen Postämtern gibt. Die Gebühr beträgt ca. 100 NOK und wird mittels Zahlkarte überwiesen. Sie berechtigt zum Angeln in allen staatlichen Gewässern. Wer in privaten Gewässern angeln möchte, benötigt noch eine **Fiskekort**, die auf Campingplätzen, an Kiosken, in Hotels und bei Touristeninformationen zu erweben ist. Ihr Preis richtet sich nach der Gültigkeitsdauer, den vorkommenden Fischarten und der Menge des zu erwartenden Fanges. Die Fiskekort für gute Lachsflüsse kann recht teuer sein.

Das Angeln im Meer ist dagegen kostenlos. Jeder darf vom Ufer oder Boot aus mit Rute oder Handschnur sein Glück versuchen.

Die gesamte Ausrüstung muß vor dem Gebrauch desinfiziert werden, um die Übertragung von Fischkrankheiten zu verhindern. Vor einem Gewässerwechsel muß die Ausrüstung, inklusive Boot, Eimer und Stiefel getrocknet werden.

Weitere Informationen:

Norges Jeger-og Fiskerforbund
Hvalstadåsen 5
N-1364 Hvalstad
Tel. 66 78 38 60

Bergsteigen

Bergsteigen hat in den letzten Jahren in Norwegen einen riesigen Aufschwung erlebt, allerdings hauptsächlich bei Norwegern. Im Ausland ist kaum bekannt, daß auch Norwegen erstklassige Klettergebiete hat. Klassische Gebiete für Felskletterer sind das Jotunheimen, Hurrungane, Hemsedal und das Romsdal mit der Trollveggen und dem Romsdalshorn. Wer die lange Anfahrt bis zu den Lyngsalpen nicht scheut, findet dort ein fast völlig unerschlossenes Klettergebiet.

Das Romsdal bietet mit die schwierigsten und längsten Routen in ganz Europa. Die Einstiege liegen nur knapp über Meereshöhe, die Gipfel bringen es aber auf knapp 2000 m. Dazwischen liegen Wände mit senkrechtem oder überhängendem Fels. Viele vergleichen das Romsdal mit dem Yosemite und bezeichnen das Romsdalshorn als das Matterhorn Nordeuropas. Dazu kommt das rauhe norwegische Wetter, das bei Klettertouren zu zusätzlichen Problemen führen kann.

Wer nicht gleich extrem lange Klettertouren unternehmen will, findet in der Nähe von Oslo fast 1000 Routen aller Schwierigkeitsgrade. In den Klettergärten der Oslomark, bei **Kolsås** und **Hauktjern,** gibt es kurze Routen für Anfänger, aber auch viele Klettereien im 8. und 9. Schwierigkeitsgrad.

Die **Håkonshalle** in Lillehammer bietet eine der besten Kletterwände Norwegens, die immerhin 20 m hoch ist.

Informationen über norwegische Klettergebiete und Kursprogramme bei:

Skandinavisk Høyfjellsutstyr
Bogstadveien 1
N-0355 Oslo
Tel. 22 46 90 75

Auch der Norwegische Bergwanderverein hat ein umfangreiches Angebot an Kletterkursen:

Den Norske Turistforening
Abt. Norsk Tindeklubb
Postboks 1727 Vika
N-0125 Oslo
Tel. 22 83 25 50

Informationen über Tourenmöglichkeiten in den Lyngsalpen bei:

Lyngen Adventure
N-9060 Lyngseidet

Verschnaufpause während einer herbstlichen Radtour.

Drachenfliegen, Paragliding, Fallschirmspringen, Segelfliegen
Wer in die Luft gehen möchte, wird vom „Norsk Aeroclub" mit allen nötigen Informationen versorgt. Er verschickt eine Zusammenstellung der gerade gültigen Vorschriften und informiert darüber, welche Gebiete sich für welche Luftsportart besonders gut eignen.
Norsk Aeroclub
Møllesvingen 2
N-0854 Oslo
Tel. 22 69 03 11

Fahrradfahren
Norwegen gewinnt für Fahrradfahrer zunehmend an Attraktivität. Allerdings sollte man aufgrund der gebirgigen Landschaftsformen eine gewisse Fitneß mitbringen. Höhepunkte für Fahrradtouristen sind die Lofoten und der Rallarvegen über die Hardangervidda entlang der Bergenbahn. Nur äußerst gut trainierten Radfahrern ist eine Teilnahme am Rennen von Trondheim nach Oslo anzuraten. Die schweißtreibende Angelegenheit findet unter der Bezeichnung „Die große Kraftprobe" im Juni statt. Informationen und Startunterlagen zu der 540 km langen Strapaze erhält man bei:
Oslo Cyklekrets
Ekebergvn 101
1178 Oslo

Goldwaschen
Wer sich Reichtum vom Goldwaschen in Norwegen verspricht, sollte die Finger davon lassen. Wer sich einfach mal vom Goldfieber anstecken lassen will, kann sich eine Ausrüstung leihen und ein paar Stunden den Sand durchsieben, der allerdings schon durch viele Hände gegangen ist. Vielleicht sind am Ende des Tages einige golden schimmernde Krümel in der Pfanne. Der Goldrausch findet in der Finnmark statt und wird organisiert von:
Karasjok Opplevelser
Postboks 192
N-9730 Karasjok
Schulstad Adventures
Stabbursdalen
N-9710 Indre Billefjord
Levajok Fjellstue
N-9826 Sirma

Golf
Golf spielen kann man tageweise als Gast bei fast allen örtlichen Golfclubs. Die Mehrzahl der Golfplätze liegen in Süd- und Mittelnorwegen. Weitere Informationen bei:
Norges Golfforbund
Hauger Skolevei 1
N-1351 Rud
Tel. 67 56 88 00

Höhlen
Die meisten Höhlen liegen in der Provinz Nordland, denn dort gibt es viel Kalkstein, der vom Wasser leicht ausgewaschen wird. So entstehen teilweise große Höhlensysteme, einige sind mittlerweile auf geführten Touren zu besichtigen. Informationen bei:
Lom Bre- og Fjellførerlag
Lom Turistinformasjon
N-2686 Lom
Gammelgruva pa Løkken
Ferieveien Markedsforum
Postboks 1
N-7332 Løkken Verk
Polarsirkelen Reiselivslag
Boks 225
N-8601 Mo i Rana
Beiearn Grotteklubb
Bjørn Laukslett
N-8114 Tolla

Hundeschlittenfahrten
Mit einer kläffenden Meute Huskies durch die winterliche Wildnis zu fahren, ist ein einmaliges Erlebnis. Mittlerweile werden von vielen Veranstaltern nicht nur kurze Tagesausflüge, sondern auch ganze Tourenwochen angeboten. Das Vergnügen ist nicht ganz billig, da ein Hundegespann und der Musher in der Regel nur mit einer kleinen Gruppe auf Tour gehen. Das Erlebnis ist so aber viel intensiver, und die Huskies transportieren bei wenigen Teilnehmern einen Großteil des Gepäcks. Die meisten Anbieter gibt es in Nordnorwegen, aber auch der Norwegische Berg-

wanderverein hat Hundeschlittentouren im Angebot.
Togo Sledeturer
Odd Rydjord, Roterud
N-2600 Lillehammer
Jotunheimen Hundesenter
N-2680 Vagamo
Nowaja Adventure
Postboks 170
N-2614 Sjusjøen
Folgefonn Villmarksturer
Jostein Hatteberg
N-5470 Rosendal
Polar Mushing and Wildlife
Osvoll, Nyjord
N-8200 Fauske
Troms Adventure
Andslimoen
N-9200 Bardufoss
Finnmark Wildlife Services
Snekkernes
N-9710 Indre Billefjord
Canyon Huskies
Stengelsen
N-9500 Alta
Engholms Huskys
N-9730 Karasjok

Jagd
Wer in Norwegen auf die Jagd gehen will, wende sich mit Fragen zum Jagdrecht, zur Einfuhr von Waffen und zu Jagdzeiten an:
Direktoratet for Naturforvaltning
Tungasletta 2
N-7004 Trondheim

Kanu
Mit seinen zahlreichen Seen und Flüssen ist Norwegen ein ideales Land für Kanu- und Kajakfahrer. Es gibt viele Möglichkeiten zu längeren Touren auf ruhigen Gewässern, aber auch viele Wildwasser aller Schwierigkeitsgrade. Der Süden und Osten sowie der Telemarkkanal und die angrenzenden Gewässer eignen sich hervorragend für einen Kanuurlaub. Wer nicht sein eigenes Boot mitbringen möchte, kann auf vielen Campingplätzen Boote ausleihen.
Informationen über die örtlichen Touristenbüros, oder:
Norges Kajakkforbund
Hauger Skolevei 1
N-1351 Rud
Der Kajakverband gibt eine Informationsbroschüre mit Verleihstationen und Tourenbeschreibungen heraus. Außerdem sind mittlerweile viele detaillierte Kanuführer im Buchhandel erhältlich.

Aufgeregt tollen die Hunde vor dem Schlittenrennen herum.

Elvepadling
N. Flakstad und L. Ongstad
Wildwasserführer in Englisch
Kanuführer Femundsee und Røa
N. Wehrmann, Syro.
Kanuführer Sognefjord
K. Hartmann, Syro.

Mineralien
Die Provinz Telemark ist bekannt für die zahlreichen Gruben mit reichhaltigen Mineralienvorkommen. Während der Sommermonate sind einige der Gruben für Besichtigungen geöffnet. Informationen bei:
Telemark Reiser
Nedre Hjellegt. 18
N-3701 Skien.
Weitere interessante Adressen für Mineraliensammler sind:
Bergen Steinsenter
Bredsgarden 1 F, Bryggen
N-5003 Bergen
Naturhistorisk Museum
Museplass 3
N-5000 Bergen
Steinbui
N-5743 Flam
Stryn Steinsenter
N-6880 Stryn
Kongsberg Silbergrube
Bergwerksmuseum
N-3600 Kongsberg
Fossheim Steinsenter
N-2686 Lom

Mountainbiking
Mit dem Mountainbike in Norwegen unterwegs zu sein, ist eine phantastische Sache, denn es eröffnet die Möglichkeit, asphaltierte Wege und den Autoverkehr hinter sich zu lassen. Kleine Schotterpisten und Sandwege führen in die entlegensten Gegenden, die mit dem Auto kaum zu erreichen sind. Außerdem bewältigt ein Mountainbike Steigungen, wo ein normales Rad kapituliert.

Aber im Gelände haben Fahrräder nichts zu suchen, querfeldein durchs Gebirge zu fahren, fügt der Vegetation, die im Norden besonders empfindlich ist, irreparable Schäden zu. Auf einen kurzen Nenner gebracht heißt das: Wege, die noch mit geländegängigen Wagen zu befahren sind, vertragen auch ein Mountainbike, Wanderwege sind dagegen tabu.

Rafting

In den letzten Jahren sind viele Raftingzentren entstanden, die aber manchmal nur eine Saison lang Touren anbieten. Die Fahrt auf reißenden Wildwasserflüssen mit großen Gummibooten, die bis zu 8 zahlenden Passagieren Platz bieten, ist ein Erlebnis und mit geschulten Bootsführern auch gar nicht so risikoreich, wie es auf den ersten Blick aussieht. Raftingausflüge werden von folgenden Veranstaltern angeboten:

Sjoa Rafting
Vågå Turistkontor
N-2680 Vagamo
Flåteopplevelser
Postboks 227, N-2051 Jessheim
Dovrefjell Aktivitetssenter
N-2660 Dombas
Haukeli Høyfjellshotell
Vågslid
N-3895 Edland
Dagali-Voss Rafting
Skarskroken 10
N-0890 Oslo

Reiten

In ganz Norwegen gibt es mehrere 100 Reitzentren, die Pferde stunden- und tageweise vermieten oder Reitkurse anbieten. Häufig haben Reitzentren auch Pauschalurlaube im Angebot. Eine Zusammenstellung aller Reitzentren gibt es beim:

Norsk Rytterforbund
Hauger Skolevei 1
N-1351 Ruud
Tel. 67 51 88 00

Segeln

Selbst für erfahrene Segler ist die Navigation zwischen den unzähligen Inseln, Schären und Holmen nicht ganz einfach. Norwegen hat über 100 Gästehäfen, in denen Boote gegen eine geringe Gebühr eine Nacht vor Anker gehen können. Diese Häfen sind mit allen sanitären Anlagen für Besucher ausgestattet. Viele Gästehäfen liegen in Zentrumsnähe der Städte und ermöglichen so problemlos Landausflüge. Wer nicht mit dem eigenen Boot nach Norwegen kommt, kann in zahlreichen Orten Boote chartern.

Seekarten bei:
Norges Sjøkartverk
Postboks 60
N-4001 Stavanger
Eine Auflistung der Gästehäfen in dem Buch:
„Gästehäfen in Norwegen"
Nortrabooks
Wassersportverbände:
Kongelig Norsk Seilerforening
Huk Aveny 3
N-0287 Oslo
Kongelig Norsk Motorbat-Forbund
Frognerstranda 2
N-0271 Oslo

Tauchen

Das klare Wasser entlang der gesamten Küste und eine interessante Unterwasserfauna und -flora laden zu Tauchgängen ein. Außerdem warten vor der Süd- und Westküste viele Schiffswracks auf Erkundung. An der Küste haben sich viele Tauchzentren niedergelassen, die Kurse abhalten, Ausrüstungen verleihen und teilweise auch Unterkunft und Verpflegung im Angebot haben. Informationen über die gültigen Bestimmungen liefert:

Norges Dykkerforbund
Hauger Skolevei 1
N-1251 Ruud
Tel. 67 56 88 00
Die Adressen der einzelnen Tauchzentren haben die örtlichen Touristenbüros.

STROM

In Norwegen ist eine Wechselspannung von 220 Volt gängig.

Action ist angesagt beim River Rafting auf dem Trysil-Fluß.

T

TAX-FREE

In 2300 Geschäften mit dem Schild **Tax-Free for Tourists** können Urlauber aus dem Ausland billiger einkaufen als Einheimische. Egal, was man als Souvenir mitnehmen möchte, bei einem Warenwert über 300 NOK bekommt man die Mehrwertsteuer von 20%, abzüglich einer Gebühr, erstattet. Bedingung ist, daß die Ware nicht schon in Norwegen benutzt wird und spätestens 4 Wochen nach dem Kauf ausgeführt wird. Um in den Genuß dieses Preisnachlasses zu kommen, benötigt man einen Tax-Free-Einkaufsscheck, der im Laden ausgestellt wird. Durch die Vorlage des Reisepasses oder Personalausweises muß der außerskandinavische Wohnsitz nachgewiesen werden. Die Ware wird im Geschäft versiegelt. Auf den Flughäfen, den Fähren und an allen größeren Grenzübergängen gibt es Tax-Free-Schalter, die die Mehrwertsteuer in bar ausbezahlen. Das Tax-Free-System wird von einer Privatgesellschaft angeboten und kontrolliert, Zollbeamte haben mit der Erstattung nichts zu tun.
Genauere Auskünfte bei:
Norway Tax-Free Shopping AS
P.O. Box 48
N-1345 Österas
Tel. 67 14 99 01

TELEFON

Telefonieren kann man von den Telegrafenämtern und den roten Telefonzellen. In allen öffentlichen Telefonzellen kann man sich anrufen lassen, die Nummer steht auf dem Apparat oder ist in der Zelle angeschlagen. Die alten Münzfernsprecher nehmen 1- und 5-Kronen-Münzen, die neuen Apparate auch 10-Kronen. Seit 1993 sind alle Telefonnummern im Land achtstellig, die Vorwahl ist integriert. Diese achtstellige Nummer muß auch bei Ortsgesprächen gewählt werden.
Vorwahl aus Norwegen:
nach Deutschland 0049,
nach Österreich 0043,
in die Schweiz 0041.
Vorwahl nach Norwegen: 0047 und die achtstellige Telefonnummer.

TRANSPORT

Wer viel auf öffentliche Verkehrsmittel zurückgreifen will, dem ist der Kauf des „Rutebok for Norge" zu empfehlen, das an jedem Kiosk aufliegt. Damit lassen sich längere Wartezeiten bei Bussen, Eisenbahnen und Fähren vermeiden.

Eisenbahn

Das Streckennetz der **Norwegischen Staatsbahn (NSB)** umfaßt nur 4200 km. Der nördlichste Bahnhof ist Bodø.
Eine der günstigsten Möglichkeiten, in Skandinavien Bahn zu fahren, ist mit der **Nordtourist-Karte,** dem früheren Scanrailpaß. Die Karte ermöglicht 21 Tage lang unbegrenzte Fahrten in Dänemark, Finnland, Norwegen und Schweden (2. Klasse NOK 2020; 1. Klasse NOK 2690). Kinder zwischen 4 und 11 Jahren zahlen die Hälfte, Jugendliche zwischen 12 und 26 Jahren erhalten 25% Rabatt.
Außerdem gibt es Ermäßigungen für Senioren ab 67 Jahren oder Besitzer der **Kundenkarte**, die bei den sogenannten „grünen Abfahrten" 50% Ermäßigung bekommen. Das NSB-**Midtukebillet** ermöglicht an Wochentagen beliebig lange Fahrten zum ermäßigten Festpreis. Für alle Expreßzüge sind in der 1. und 2. Klasse Platzkarten nötig.
Informationen zu Preisen:
NSB Reisesenter
Oslo Sentralstasjon
Jernbanetorget 1
N-0154 Oslo 1
Tel. 22 36 80 85
Fax 22 36 64 84
Die wichtigsten innernorwegischen Bahnverbindungen:
Sørlandbahn
Oslo-Kristiansand-Stavanger, 550 km, 7 Std. 30 Min.
Bergenbahn
Oslo-Drammen-Hønefoss-Geilo-Finse-Bergen, 460 km, 7 Std.
Gudbrandsdalen
Oslo-Lillehammer-Otta-Dombås-Trondheim, 530 km, 7 Std. 15 Min.
Rørosbahn
Oslo-Røros-Trondheim, 530 km, 8 Std. 30 Min.
Nordlandbahn
Trondheim-Steinkjer-Mo i Rana-Fauske-Bodø, 600 km, 9 Std. 30 Min.

Busfahrten

Da das norwegische Eisenbahnnetz dünn ist, spielt der Busverkehr eine wichtige Rolle. Fast alle größeren Städte sind mit Bussen mindestens einmal täglich zu erreichen. Eine Gesellschaft, die mit Luxusbussen Langstrecken befährt, ist **NOR-WAY Bussekspress** (Karl-Johansgt. 2, N-0154 Oslo, Tel. 22 17 52 90). Kinder unter 4 Jahren fahren gratis, bis zum 16. Lebensjahr zahlen sie die Hälfte. Senioren ab dem 67. Lebensjahr zahlen ebenfalls nur die Hälfte.

Ausführliche Fahrpläne und Fahrpreise der wichtigsten Routen sind im **Ruteheft for Turister** enthalten.

Flugverbindungen
Das innernorwegische Flugnetz ist mit ca. 50 Flughäfen sehr dicht. Außerdem ist Fliegen durch die zahlreichen Rabatte recht preisgünstig. Die meisten Inlandsflüge werden von den Gesellschaften **SAS**, **Braathens Safe** und **Widerøe Norsk Air** durchgeführt.
Braathens Safe fliegt von Kristiansand über Stavanger, Bergen, Ålesund, Molde, Kristiansund, Trondheim, Bodø, Evenes, Tromsø und Svalbard bis nach Murmansk.
Über aktuelle Preise und Sondertarife informieren die Fluggesellschaften:
SAS Hauptbüro
Am Flughafen HBK 45
60549 Frankfurt/M.
Tel. 069/69 45 31
Braathens Safe
Postboks 55
N-1330 Oslo Lufthavn
Tel. 67 59 70 00
Widerøe Norsk Air
Postboks 82 Lilleaker
N-0216 Oslo
Tel. 22 73 65 00

TRINKGELD

Beim Restaurantbesuch ist es üblich, den Rechnungsbetrag aufzurunden, auch Taxifahrer erhalten in der Regel ein moderates Trinkgeld. Ansonsten ist es eher unüblich, Trinkgeld zu geben.

U UNTERKUNFT

Hotels
Die Bezeichnung Hotel ist in Norwegen gesetzlich geschützt. Nur Betriebe mit sehr hohem Standard dürfen sich Hotel nennen. Die Übernachtungspreise sind dementsprechend hoch, was aber kaum jemanden stört, denn Hotels werden überwiegend von Geschäftsleuten genutzt. In den Sommerferien, wenn die Geschäftsreisenden ausbleiben, gibt es für Touristen zahlreiche Preisnachlässe. Die vier verbeitetsten Rabattsysteme sind Fjordpass, Scandinavian Bonuspass, Best Western Hotelcheque und Nordic Passepartout.

Pensionen
Was wir als Pension kennen, taucht in Norwegen meist als Fjellstue, Gård, Gjestgard, Gjestgiveri, Pensjon, Hospits oder Turistheim auf. In allen ist der Komfort immer noch sehr gut, die Preise liegen aber etwas unter denen der Hotels. An den Straßen findet man außerdem häufig Schilder mit der Aufschrift „Rom“ oder „Vaerelser“. Dort werden auch Privatzimmer angeboten.

Idyllisch gelegen ist dieses Hotel in Borgund mit seiner Holzarchitektur.

Ferienhäuser
Hüttenurlaub ist typisch für Norweger, ungefähr jeder zweite Norweger hat ein Ferienhaus irgendwo im Gebirge. Viele dieser Hütten können von Deutschland aus über Reisebüros oder besser direkt bei einer norwegischen Agentur gemietet werden:

Norsk Hytteferie
Den Norske
Hytteformidling A.S.
Boks 3404 Bjölsen
N-0406 Oslo
Tel. 22 35 67 10
Fax 22 71 94 13
Fjordhytter
Den Norske
Hytteformidling A.S.
Lille Markev. 13
N-5005 Bergen
Tel. 55 23 20 80
Fax 55 23 24 04
Fjordtra-Nordreisen
Zweigertstr. 10
D-45130 Essen
Tel. 0201-79 14 43
Fax 0201-79 18 23

Alte Waldarbeiterhütten können über „Statskog“ gemietet werden. Der Standard reicht von primitiv bis luxuriös. Sie sind über das ganze Land verteilt:
Statskog
Hauptverwaltung
Postbox 433
N-7800 Namsos
Tel. 74 27 05 00

V – VERKEHR

Der Straßenzustand der Hauptverkehrsrouten ist überall gut, nur kleine Nebenstraßen sind häufig in schlechtem Zustand. Besonders im Westen und Norden sind die Straßen eng und kurvig, die Durchschnittsgeschwindigkeit ist deshalb nicht mit der in Mitteleuropa vergleichbar.
Die Norweger sind ein rücksichtsvolles und diszipliniertes Volk am Steuer. Geschwindigkeitsbegrenzungen werden penibel eingehalten – ein für uns völlig ungewohntes Verhalten.
In Ortschaften gilt Tempo 50 km/h, auf Landstraßen 80 km/h, auf einigen Schnellstraßen sind 90 km/h erlaubt. Anhängergespanne dürfen ungebremst 60 km/h fahren, gebremst 80 km/h. Einige Straßen sind für Wohnwagen überhaupt nicht geeignet, andere nur wirklich geübten Fahrern zuzumuten. Auch tagsüber muß mit Abblendlicht gefahren werden, die Promillegrenze für Alkohol liegt bei 0,5, und es gilt Anschnallpflicht. Bei Pannen hilft der NAF (Norges Automobil Forbund), der mit dem ADAC vergleichbar ist. Die Pannenhilfe ist für ADAC-Mitglieder kostenlos. Autoreparaturen sind allerdings sehr teuer, da die Stundenlöhne der Mechaniker unglaublich hoch liegen. An den touristischen Hauptrouten finden sich einige Notrufsäulen oder Patrouillendienste. Der NAF ist rund um die Uhr zu erreichen:

Norges Automobil Forbund
Storgt. 2
N-0105 Oslo
Tel. 22 34 16 00

Aufgepaßt – Elche von rechts!

Ab 1992 haben einige Straßen neue Nummern bekommen, es wird allerdings noch einige Jahre dauern, bis alle Schilder und Landkarten umgestellt sind. In diesem Buch sind – soweit möglich – die neuen Straßennummern angegeben.
Im Winter sind viele Hochgebirgsstraßen gesperrt, die Sperrung kann von Oktober bis Mai dauern. Auskünfte erteilt:
Vegmeldingssentralen
Tel. 22 65 40 40.
Einige besonders teure Straßen, Brücken oder Tunnel werden durch Wegegeld finanziert, was durch das Schild **Bompenger** angekündigt wird. Kleine Privatstraßen sind ebenfalls kostenpflichtig, hier wird das Geld in einem Umschlag an der Schranke deponiert.
Wer im Winter nach Norwegen fährt, wird mit den Straßenverhältnissen zu kämpfen haben. Eine geschlossene Schneedecke, festgefrorener Matsch oder spiegelblanke Fahrbahnen sind keine Seltenheit. Deshalb fahren alle Norweger von Anfang November bis Ende April mit Spikesreifen. Selbst mit Winterreifen und Schneeketten ist man diesen hoffnungslos unterlegen und wird häufig zum Verkehrshindernis. Wer außer der E 6 zwischen Oslo und Trondheim längere Strecken im winterlichen Norwegen fahren möchte, sollte sich am Fährhafen Spikesreifen ausleihen.

Das Tankstellennetz ist, außer im Norden, sehr dicht, bleifreies Benzin ist überall erhältlich. Die Benzinpreise liegen höher als in Deutschland, seit 1994 hat sich auch der Dieselpreis verdoppelt, damit ist Diesel kaum noch billiger als bleifreies Benzin.
Für die laufend steigende Zahl der Wohnmobilisten hat das Norwegische Umweltministerium ein landesweites Netz von Entsorgungsstationen eingerichtet. Abwasser und Chemietoiletten können dort umweltgerecht entsorgt werden. Die meisten Stationen sind auf Campingplätzen und an Tankstellen.

Z – ZEIT

In Norwegen gilt die MEZ, auch die Sommerzeit deckt sich mit der deutschen Zeit.

ZOLL

Bei der Einreise nach Norwegen dürfen Personen ab 16 Jahren folgende Tabakwaren einführen: 200 Zigaretten oder 250 g Tabak. Für Personen ab 20 Jahren sind folgende alkoholische Getränke frei: 1 l Spirituosen, 1 l Wein und 2 l Bier oder alternativ 2 l Wein und 2 l Bier. 4 l Wein oder Spirituosen und 10 l Bier können gegen einen hohen Zoll eingeführt werden.
Verboten ist die Einfuhr von: Fleisch (außer 5 kg Konserven pro Person), Eiern, Kartoffeln, Pflanzen, Medikamenten, Giftstoffen, Rauschgift, Waffen (für Jagdwaffen gelten Sonderregelungen), Munition, Sprengstoff, Ausrüstung für Krebsfang und Angelnetze.

REGISTER VON A–Z

FOTOGRAFEN:

Christian Nowak
außer:

P. André Hoffmann:
57, 81, 102 o, 105, 106, 119, 120, 122, 167, 168, 172, 188;
Fritz Dressler: 5(1), 6/7, 9, 13o, 66, 71, 100/101, 109, 110, 143, 150/151, 174, 185;
Hans Jürgen Sittig:
Titel, 5(1), 43, 62/63, 69, 73o, 76/77, 91o, 102 u, 123;
Hans Klüche: 10, 19 o, 40, 42, 46, 53, 166, 173, 179, 182;
Jan Greune:
3, 148/149, 169, 170, 175, 181, 184, 189;
AKG: 4(1), 5(1), 153, 160, 162, 164, 165;
Ulrich Mayer: 39 Mi, 47;
Roland E. Jung: 183;
Kunsthalle Hamburg/ published by Shorewood Reproduction Inc.: 158/159;
Nordis picture pool/ Peter Bünte:
4(1), 80 o, 84, 117, 186;
Uwe Marschel:
54, 78 u, 154;
Papentin: 114/115;
Trobitzsch: 146;
Scan-Foto/ Kjetil Rolseth: 147.

BERGEN
Osterøya
Voss
Hordaland
Vangsvatnet
Granvin
Ulvik
Eidfjord
Fana
Os
Osøyro
Bjørnafjorden
Hardangerfjorden
Tysnesøy
Stord
Leirvik
Bømlo
Kvinnherad
Rosendal
Folgefonna
Odda
Tyssedal
Kinsarvik
Lofthus
Ullensvang
Røldal
Haukeliseter
Sauda
Etne
Ølen
Skånevik
HAUGESUND
Karmøy
Kopervik
Åkrehamn
Skudeneshavn
Ryfylke
Suldalsvatnet
Sand
Nesflaten
Boknafjorden
Vindafjorden
Finnøy
Rennesøy
Randaberg
STAVANGER
Tananger
Sola
Sandnes
Jørpeland
Lysefjorden
Lysebotn
Prekestolen
Forsand
Sirdal
Bryne
Kleppe
Ålgård
Gjesdal
Stavanger-Bergen 5¾ h
Stavanger-Krokeide 5h